老会计教你怎么做好财会工作

真账实操版

朱菲菲◎编著

中国铁道出版社有限公司
CHINA RAILWAY PUBLISHING HOUSE CO., LTD.

内 容 简 介

这是一本从资深老会计的角度和高度介绍财会实务工作的书籍。全书共14章，首先从简单的财会人员职业素养和出纳工作出发，将读者带入财会工作中，然后根据会计电算化流程逐步介绍实际财会工作的建账、原始凭证的处理、记账凭证的填写及账簿和报表自动生成等工作，最后站在更高的角度讲解报表分析方法和合理避税手段。

本书语言精确严谨，理论概念被极大弱化，通过案例分析和具体操作方法，逐一讲解了实际财会工作中会遇到的各种情况和问题，以及处理办法。本书适合刚进企业工作的财会相关工作的人员阅读学习，同时也可作为财会知识入门人员和想要提高财会工作质量的读者的参考书。

图书在版编目（CIP）数据

老会计教你怎么做好财会工作:真账实操版/朱菲菲编著.
—北京：中国铁道出版社，2018.7（2019.7重印）

ISBN 978-7-113-24494-1

Ⅰ.①老… Ⅱ.①朱… Ⅲ.①财务会计 Ⅳ.
①F234.4

中国版本图书馆CIP数据核字（2018）第102636号

书　　名： 老会计教你怎么做好财会工作（真账实操版）
作　　者： 朱菲菲　编著

责任编辑： 于先军　　　　**读者热线电话：** 010-63560056
责任印制： 赵星辰　　　　**封面设计：** MXK DESIGN STUDIO

出版发行： 中国铁道出版社有限公司（100054，北京市西城区右安门西街8号）
印　　刷： 北京铭成印刷有限公司
版　　次： 2018年7月第1版　　2019年7月第3次印刷
开　　本： 700mm×1 000mm　1/16　**印张：** 22.75　**字数：** 271千
书　　号： ISBN 978-7-113-24494-1
定　　价： 59.80元

配套资源下载地址：
http://www.crphdm.com/2018/0518/14013.shtml

前言

PREFACE

很多新入职的财会人员在实际工作中，面对纷繁复杂的工作往往不知如何下手，不知道财务工作究竟要怎样着手开始，如何做才能做得好，效率才更高。

即使是企业职场中一些财会工作的“老手”，也常会在工作中犯错误。要知道，财务是一个企业经营发展的资金运作保障，财务工作做不好，企业经营会受到限制，再好的销售业绩也无法使企业管理更上一层楼。

所以，能够得心应手地做好财会工作是每一位财会人员努力的目标。但是这并没有很多人想象中那么容易，以为会算算术就能做好财会工作，这种想法并不准确。确实，要做好财会工作，算术好是最基本的工作技能，然而不仅如此，财会人员还要学会整理和分析数据，要明确会计核算科目并熟悉常用的会计凭证。

为了帮助更多的人深入了解企业实际发展过程中的财会工作内容，掌握切实有效的财会工作技能，真正培养起对财会工作的兴趣，我们编著了本书。

本书包括 14 章内容，具体章节的内容如下。

> 第 1 ~ 2 章是本书的开篇，旨在引导读者了解最基本的财会工作和财会人员需要具备的职业素养。另外，将出纳工作作为企业财会工作的开头，进行了简单的介绍。

> 第 3 ~ 12 章主要根据现代会计电算化流程，讲解了实际财会工作中，各环节的具体步骤与工作内容，从建账、处理原始凭证，到填制记账凭证、生成账簿和会计报表，每个环节都进行了详细介绍。

> 第 13 章主要介绍财务报表的分析工作，通过对各种财务报表数据的整理、汇总和分析，让读者和相关财会人员学会更高深的财务工作技能，为以后职业发展培养必要的财务数据分析能力。

> 第 14 章是对财会工作中的税务工作进行补充讲解，目的是为企业提供一些可行的、合理的避税办法。

本书写作风格轻松但不失严谨，以“一笔带过”的方式简单介绍了一些理论知识，而以严肃、严谨且规范的案例和操作步骤，讲解了财会工作中的具体实施细节和计算手法，让读者能轻松掌握财会知识和工作的重点，让读者有身临其境处理企业财务工作的感觉。

配套资源下载地址：http://www.crphdm.com/2018/0518/14013.shtml

最后，希望所有读者都能够从本书内容中学到有用的知识，能在实际的会计工作中提高工作效率，为将来的职业发展奠定扎实的知识和工作基础。由于编者能力有限，对于本书内容不完善的地方还希望获得读者的指正。

编 者

2019 年 5 月

配套资源下载地址：
http://www.crphdm.com/2018/0518/14013.shtml

目录

CONTENTS

第 2 章 出纳打头阵管理现金和银行存款

第3章 建账引你跨过会计的门槛

第 4 章 原始凭证的获取、开具与审核

第 5 章 有些日常工作发生在记账之前

第 8 章 发生错账或特殊情况要调账

第 9 章 税费的计算与申报缴纳

第1章

财会人员职业素养的高标准

在这个经济高速发展的时代，从事财会工作的人群和计划从事财会工作的求职人员数不胜数，这不仅是因为企业发展对财会人员的大量需求，还因为财会工作的性质比较稳定，受到广大就业者的青睐。然而，不是任何人都能随意受聘于公司成为财会人员，只有具备财会人员素质、能力和职业道德的人才能被公司选中，从事财务工作。

1.1
会计人员的职业素养

财会工作是一个企业经营管理过程中的关键环节，不仅关系着企业的经营状况和经营成果，还与各种法律法规有着密切的联系。要想企业的财会工作合理且合法，不仅需要企业有完善的财务制度，还需要企业内部相关财务人员具备良好的职业素养和道德，严格按照财务的相关法律和法规执行工作。

1.1.1 正确理解并贯彻新《企业会计准则——基本准则》

为了统一企业会计标准，规范企业会计确认、计量和报告等行为，保证会计信息质量，财政部制定了新的《企业会计准则——基本准则》。新的《企业会计准则——基本准则》包含了11章内容，企业管理者和相关财务人员需要认真学习、理解并贯彻该准则。

（1）第一章总则

在总则内容中，主要明确了新《企业会计准则——基本准则》制定的前提、适用企业范围、会计准则大致内容、报表的编制和目标、报表使用者、企业应划分的会计期间和交易事项的确认与计量、要确定哪些会计要素以及应该使用的记账法等。

新企业会计准则制定的前提。为了适应我国社会主义市场经济发展的需要，并且统一企业会计准则，规范企业会计确认、计量和报告等行为，保证会计信息质量，根据《中华人民共和国会计法》（以下简称《会计法》）和其他有关法规制定了这一准则。

适用企业范围和准则的大致内容。该准则适用于在中华人民共和国境内设立的企业（包括公司），其包括基本准则和具体准则，要求企业以发生的各项交易或事项为对象，记录和反映企业的各项经营活动。

报表的编制和目标及使用者。该准则规定企业应编制财务会计报告，而报告的目标是向财务会计报告使用者提供与企业财务状况、经营成果和现金流量等有关会计信息，反映企业管理层受托责任履行情况。其中，报表的使用者包括投资者、债权人、政府及有关部门和社会公众等。

企业应划分的会计期间。该准则明确企业应划分的会计期间有年度和中期，中期是指短于一个完整会计年度的报告期间，如半年度、季度和月度等，而年度就是每年公历1月1日至12月31日这段时间。

交易事项的确认与计量。该准则明确，企业交易事项的确认与计量应以持续经营为前提，以货币计量和权责发生制为基础，综合反映企业发生的各项交易或事项的财务结果与影响。记录时，文字应使用中文，在民族自治地区，会计记录可同时使用当地通用的一种民族文字；在中华人民共和国境内的外商投资企业和外国企业的会计记录，可同时使用一种外国文字。

要确定的会计要素和应使用的记账法。该准则明确了企业应确定的会计要素，包括资产、负债、所有者权益、收入、费用和利润6项，而记账方法应采用借贷记账法。

（2）第二章会计信息质量要求

本章主要明确对企业会计信息质量的要求。比如，企业要以实际发生的交易或事项为依据进行会计确认、计量和报告，要如实反映符合确认和计量要求的各项会计要素及其他相关信息；提供的会计信息应与财务会计报告使用者的经营决策需要相关；提供的会计信息应清晰明了且具备可比性；企业的会计处理方法前后各期应保持一致，不得随意变更，同时要合理划分收益性支出与资本性支出的界限；以及企业对交易或事项应区别其重要程度进行会计处理。

（3）第三章至第八章依次明确了会计要素的具体内容

新《企业会计准则》从第三章至第八章，分别明确了资产、负债、所有者权益、收入、费用和利润6个会计要素的具体内容。而这些内容主要是明确各要素的概念、确认前提以及计量标准等，为财会人员提供工作规范与账务处理核算标准。

（4）第九章会计计量

本章内容主要明确企业财会人员在将符合确认条件的会计要素登记入账并列报于会计报表和附注中时，应按规定的会计计量属性进行计量并确定金额。而会计计量属性主要有5点，历史成本、重置成本、可变现净值、现值和公允价值。

（5）第十章财务会计报告

本章主要明确财务会计报告的概念，报告应披露的信息和资料，报告应包含的报表有资产负债表、利润表和现金流量表等，强调小企业编制的会计报表可不包括现金流量表。同时，明确三大报表和附注分别应该记录的经济内容。

（6）第十一章附则

本章主要明确负责解释新《企业会计准则——基本准则》的部门为财政部，以及该准则开始施行的时间。

由上述内容的学习可知，新《企业会计准则——基本准则》不仅规范了对会计的认识，同时也为财会人员实施财会工作提供了相应标准和方向性指导。

1.1.2 财会从业人员应具备的基本素养

要想企业财会工作得到有效实施，不仅需要有严格的制度和准则，还需要财会从业人员具备基本的素养，这样才能全方位保证财会工作的实施效率和质量。那么，财会从业人员应具备哪些基本素质呢？

1. 职业道德和品行方面

从事财会工作的人，即使专业知识和能力不够，但最起码应该具备良好的职业道德和品行。一方面要诚实，只有诚实的人才能最大可能地真实反映企业的经营状况和经营成果；另一方面要细心谨慎，这样才能最大可能地正确核算企业发生的经济业务。另外，从事财会工作的人员“手脚要干净”，要能抵挡钱财带来的诱惑，要有较高的思想觉悟，要能严格遵守会计工作的原则，不做危害企业利益和自身名誉的事。

良好的职业道德和品行是从事财会工作的前提，如果连这一标准都达不到，就很难得到企业的关注和重用。

2. 专业知识和技能方面

财会工作对于从业人员的专业知识和实践能力的要求较高，最基本的素养就是要求从业人员要熟练掌握财会基础知识和重点知识，比如，财会工作的内容、需要核算的经济事项、采用什么方法记账以及如何正确处理账务等。

（1）具备学习能力和适应能力

企业财会事务在不断地发展变化，随着会计电算化、EPR和MIS等系统的推广使用，财会工作对会计人员的学习能力和适应变化能力的要求越来越高。只有具备学习能力和适应能力的人群，才能在不断发展的会计事务中顺利完成任务，能够快速学会处理账务和适应变化的会计核算工作，不拖沓、不给企业制造麻烦，不给企业拖后腿。

（2）掌握牢固的会计专业知识

牢固的会计专业知识是从事会计工作的前提，因为会计工作的专业性较强，不懂会计专业知识的人根本没法处理会计工作。不仅如此，在现在这个经济高速发展的环境下，从事会计工作的人如果只是掌握会计知识的一点皮毛，也不能在会计岗位上安稳地待很久，所以需要财会从业人员不断掌握财务更深层次的财务知识和技能。

（3）有一定的沟通能力

财务部门是企业所设部门里面的一个综合性管理部门，要与企业内部的其他各个部门和外部的各个合作伙伴进行接触，因此，财会人员必须学会如何与别人沟通协调。良好的语言表达和逻辑思维可以帮助财会人员提升办事效率。

（4）要有丰富的工作经验

这一基本素养主要针对从事企业高级财会人员而言。一般来说，高级财会岗位需要从业人员要具备丰富的财会工作经验，这样才能达到“在其位能谋其职”的效果，否则可能会给企业带来不必要的经济麻烦和经营管理问题。

财会人员要严守法纪，坚持原则执行有关会计法规，维护国家利益，抵制一切违法乱纪和盗窃行为，要勇于负责且不怕得罪人，不怕打击报复。

1.1.3 财会人员的特殊人际关系

在实际工作中，很多财会人员要面临着一定的人际关系，会不自觉地形成一定的关系网，会客观或主观地与他人进行信息沟通。因此，会形成不同层次的人际关系网络和不同形式的利益关系。为什么说财会人员的人际关系特殊呢？具体表现如图 1–1 所示。

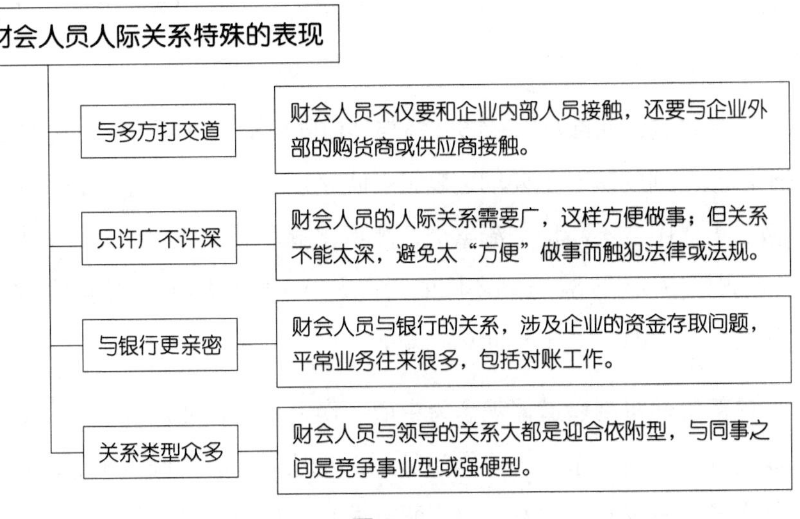

图 1-1

在图 1–1 中提到的关系类型中，涉及依附型、竞争事业型和强硬型。一般来说，财务部门的会计人员是被领导者，而单位主要负责人有领导的权威性，财会人员做事风格通常会迎合领导的做事原则，并依附于企业的文化制度。

竞争事业型通常指财务部门会计人员之间的关系，大家处于同一发展环境中，竞争目标也都一样，所以属于竞争事业型人际关系。而强硬型是指财会人员与企业其他部门员工之间的关系，因为财会人员要时刻按照规章制度办事，遇到其他部门员工的说情或不合规矩的要求，也要放弃“同事爱”而强硬地拒绝滥用职权并按章办事。

针对财会人员的特殊人际关系，企业、财务部门或财会人员要如何做才能处理好这样的关系呢？

运用法制调节人际关系。财会人员要有国家财经和财务纪律的法制观念，将会计与领导之间的关系进行优化。用好法制原则处理人际关系的根本。要深入生产实际，真正了解并熟悉生产经营状况，积极参与到经营管理中，做好领导的参谋，为领导提出具有建设性的指导意见，提出合理化的建议，协调财会人员与领导的关系。

不断改进创新，改进工作方法。与其他同事交谈时要讲究方式和技巧，在不触犯原则的基础上要动之以情、晓之以理，从实际出发，不可持权自傲。工作中要不断地交流感情，注重化解矛盾，建立动态、全方位且立体的财会人员网络，配备不同的财会人员，形成人员合理的组成结构，优化岗位，比如，实施定期轮岗制度。

内部管理机制以道德观念为中心。作为领导，要用好心理学规律，建立良好的人际关系群。而作为员工，要时刻理解和服从领导，主动与领导沟通，不仅心胸要宽广，还要有诚心和耐心，多请教多解释，保持正气和高尚的道德情操。

1.1.4 “偷懒”是一门技术

这里的“偷懒”不是字面意义上的偷懒，它主要是指财会人员要在会计工作中找到节省时间的工作方法或者技巧，进而提高工作效率。财务工作复杂且繁多，财会人员要学会“偷懒”才能更高效地完成工作，所以“偷懒”是一门技术。

现如今，最常用的“偷懒”技术就是电算化办公，运用财务软件进行日常账务处理和数据核算。可能用到的财务软件将在本书第 3 章进行详细讲解，这里就不再列举。

对于财会工作的“偷懒”技术，会计人员要摆正态度和观念，不断学习财会工作的处理技巧和方法，节省工作时间，达到“偷懒”目的。而不是一心想着如何将事情推给别的同事做，自己坐享渔人之利。财会人员要明白，“偷懒”的目的是要让自己在有限的工作时间里做更多的事情，提升自己对于公司的价值，从而利于公司发展，也促使自己获取可观的薪资报酬。

对于财会人员来说，什么样的“偷懒”方式才叫技术呢？下面列举了几点财会人员常用的“偷懒”方式。

（1）明确职责范围权限，不越权

财会人员到岗工作，首先应明确自己的工作职责，做好本分工作就行，不要打肿脸充胖子，自己的工作没做好，反倒还去帮助别人完成工作，这样就是抓不住工作重点，本末倒置。做好本职工作，不越权、不随意帮衬、不该过问的最好不要过问。

（2）有条件的可以给予同事帮助，与人方便自己方便

所谓的有条件是指，财会人员在完成了自己的工作后，还有空余时间，且之后没有本职工作需要做的情况。这时，可考虑帮助其他同事处理会计事务，这样可提高会计工作的循环流动速度，自己的工作量会增加，从而提高自己的工作绩效，不仅帮助了他人，也帮助了自己。

（3）学习并掌握账务或数据的快捷处理方法

在职财会人员要时刻反省：如何将复杂的账务简单化，方便处理；如何思路清晰且不易出错地核算数据；如何快速地理清数据之间的关系等。因此，财会人员在工作时要时刻保持清醒的头脑，要对工作内容有清晰的脉络认知，要清楚工作内容的先后顺序，要不断寻找解决问题的办法和措施。同时，不要吝啬向别人请教，“偷懒”技术的掌握，不仅依靠个人，还可从他人的“偷懒”方式中学习。

1.2

恪尽职守严于律己

企业财会人员主要分为两大类，一是出纳，二是会计。出纳管钱，会计管账，实行钱账分管的原则，分清各财会人员的工作职责，同时也为了明确各自的经济责任。而实际工作中，会计又分为很多岗位，如成本费用会计、收入与利润核算会计、专门负责材料物资核算的会计以及其他一些会计人员。大家都要清楚自身的职责所在，做好自己的本职工作。

1.2.1　出纳的工作职责

出纳是按照有关规定和制度，办理企业现金收入、银行结算及有关账务，保管库存现金、有价证券、财务印章及有关票据等工作的总称。从狭义上讲，出纳仅指企业财务部门的出纳人员；从广义上讲，出纳不仅包括财务部门的出纳员工，还包括业务部门的各类收款员（收银员）。

出纳是会计工作的重要环节，涉及现金收付和银行结算，而这些又直接关系到员工个人、企业甚至国家的经济利益。如果工作出现差错，会造成严重的损失。因此，明确出纳人员的职责和权限，是做好出纳工作的前提条件，主要有如下一些工作职责。

①出纳员要按照国家有关现金管理和银行结算制度的规定，办理现金收付和银行结算业务。严格遵守现金开支范围，非现金结算范围的业

务不得使用现金收付；遵守库存现金限额，超限额的现金按规定及时送存银行；现金要做好日清月结，账面余额与库存现金数进行每日下班前的核对工作，发现问题时要及时查对；银行存款账面余额也要与银行对账单及时核对，若有不符，应立即通知银行调整。

②在办理现金和银行存款收付业务时，要严格审核有关原始凭证，再据以编制收付款凭证，然后再逐笔顺序登记现金日记账和银行存款日记账，同时结出余额。

③按照国家外汇管理和结汇、购汇制度的规定及有关批件，办理外汇出纳业务，避免国家外汇损失。

④掌握银行存款余额，不签发空头支票，不出租和出借银行账户为其他企业或单位办理结算，严格规范支票和银行账户的使用与管理，从出纳岗位上堵塞结算漏洞。

⑤建立适合企业自身情况的现金和有价证券保管责任制，保证库存现金和各种有价证券的安全与完整。若发生短缺，属于出纳员责任的，应由出纳员进行赔偿。

⑥保管有关印章、空白收据和空白支票，单位财务公章和出纳员名章要实行分管，交由出纳员保管的出纳印章要严格按规定用途使用。另外，出纳员负责办理各种票据的领用和注销手续。

表 1-1 所示为出纳员工作职责的具体内容。

表 1-1　出纳员工作职责的具体内容

核算内容	工作职责
货币资金核算	1. 办理现金收付，严格按规定收付款项； 2. 办理银行结算，规范使用支票，严格控制签发空头支票； 3. 登记现金日记账和银行存款日记账，结出余额，保证日清月结； 4. 保管现金、有价证券和印章，登记注销支票，办理销售结算

续表

核算内容	工作职责
往来结算	1. 办理往来结算，建立清算制度； 2. 核算其他往来款项，防止坏账损失
工资结算	1. 执行工资计划，监督工资使用； 2. 审核工资单据，发放工资奖金； 3. 按照工资总额的组成和工资的领取对象，进行工资明细核算，编制有关工资总额报表，提供工资数据

1.2.2 成本费用会计

成本费用的核算，是企业会计工作中一项大范围工作。因此，其职责范围较广，下面分别介绍成本会计和费用会计该做些什么工作。

1. 成本会计的工作职责

成本会计的岗位职责分为7项：审核材料出库单、审核产成品入库单、审核销售凭证、参与产成品和在产品的盘存工作、核算月度产品成本、清理物品借支情况及提交成本管理报告。

审核材料出库单。回收并审核仓储部门当日打印的材料出库单，登记异常情况；统计材料出库单回收与审核过程中出现的异常情况，对其中的非账务处理问题，通过工作快报转运输中心协查。

审核产成品入库单。审核仓储部门产成品入库单的录入情况，登记异常情况表，并及时与仓储部门和调试部门沟通解决问题；月末时，向调试部门提交当月产成品入库明细表。

审核销售凭证。依据账务核算原则和企业销售财务管理制度，审核企业的销售凭证。

参与产成品和在产品的盘存工作。参与运输中心产成品和商品的盘点工作，并按相关盘存制度对账实差异予以处理；参与制造中心在产品的盘点工作，对差异情况进行统计并提出处理方案。

核算月度产品成本。按照成本核算办法归集和分配相关成本要素，核算当月产成品的生产成本；根据销售出库单，核算并结转当月产品的销售成本。

清理物品借支情况。月末时，对各部门及个人的物品借支情况进行清理，并按相关政策提交借物逾期表和处理意见。

提交成本管理报告。提交在产品和产成品的账龄分析表和产成品成本异动分析表等管理报表，并提出完善成本管理和改善生产效率的建议和措施。

2. 费用会计的工作职责

企业日常经济业务中会涉及很多与费用相关的账务处理，因此，费用会计的工作职责比成本会计更多，具体内容如下。

①熟悉会计制度和财政部门对各项费用开支的有关规定，在预算范围内严格掌握费用开支标准，坚持原则，节约费用，对不该支付的费用不予报销。

②认真审核各种费用单据，授权审批人和经手人签字齐全，原始单据数字清楚，业务情况反映明确。

③收到费用单据要及时填制记账凭证，金额和摘要记录清楚，按照规定，分清各部门和各项费用的小明细，制单和复核手续要齐全。

④每月应按权责发生制原则，进行有关费用的预结入账；对各内部营业口的对内服务费用进行分配，负责每月工资的审核；同时要与往来业务及时对账。

⑤对使用年限一年以上、单位价值2 000元以上或不足2 000元，但认为有必要作为固定资产进行管理的财产，作为固定资产管理设置固定资产登记簿，同时按类别设专栏，正确反映各类固定资产原值的增减变动；定期与使用固定资产的部门管理人员核对，年末必须清点实物；根据企业经营特点，在规定的折旧年限内确定折旧年限和折旧方法，且一经确定就不得随意更改。

⑥月末编制部门费用汇总表，与预算进行对比分析，对每月的费用进行预警，对超过当月预算的费用提醒各部门注意。

⑦对费用预算的执行进行总体跟踪和控制，保证在预算控制范围内进行费用开支，对异常费用做专项分析，编制相关的管理报表。

⑧承办经理或主管交办的其他工作。比如，进行成本预测，参与经营决策，编制成本计划；考核成本计划的完成情况，开展成本分析工作；协助管理费用和财务费用的审核等。

1.2.3　收入与利润核算会计

与成本费用核算会计相对应的是收入与利润核算会计，负责核算与企业经营过程中收入和利润相关的经济业务。主要有如下6点工作内容。

（1）负责编制收入和利润计划

与成本费用核算岗位一样，收入与利润核算岗位的工作职责也包括收入和利润的计划工作，目的是为企业经营制定销售目标。

（2）办理销售款项结算业务

与收入、利润相关的经济业务不外乎收到销售收入，因此，收入与利润会计需要办理销售款项的结算业务，为之后核算收入与利润明细账做好充分的准备。

（3）负责收入和利润的明细核算

根据结算的销售款项，做好收入和利润的明细核算工作，包括对主营业务收入、其他业务收入、营业外收入、营业利润、利润总额和净利润等的核算。

（4）负责利润分配的明细核算

在核算了利润明细账以后，收入与利润会计需要对净利润进行分配，做好利润分配的明细账核算。

（5）编制收入和利润报表

完成上述工作内容后，收入与利润会计需要编制与收入和利润相关的报表，主要是利润表。

（6）协助有关部门对产成品进行清查盘点工作

产成品的出库和结余情况也会关系到企业的收入和利润的核算，因此，产成品的清查盘点工作也需要收入与利润会计的参与。

1.2.4　专门负责材料物资的会计

顾名思义，材料物资核算会计就是专门负责材料物资核算账务的会计岗位。其岗位职责主要包括如下 6 项。

会同有关部门拟定材料物资的核算与管理办法。由于企业材料物资的核算工作比较复杂，且工作任务重，因此，为了方便核算，需要拟定材料物资的核算与管理办法，形成规范统一的账务处理标准。

审查汇编材料物资的采购资金计划。材料物资核算会计不仅要核算材料物资的进购、领用和出库等情况，还要审查采购资金计划是否合理，为企业合理安排资源，避免浪费。

负责材料物资的明细核算。根据审查合格的采购资金计划和相关核算与管理办法，进行材料物资的明细核算，比如材料物资的入库价格、数量金额、实际耗用量、领用量以及结余量等，同时编制相应的记账凭证。每月月末进行月结，并在特定的表格中完整记录。

会同有关部门编制材料物资计划成本目录。主要是会同成本会计编制材料物资计划成本目录，目的是控制企业材料物资的成本耗用情况，防止在实际采购材料物资时不加节制地开支。

配合有关部门制定材料物资消耗定额。主要是清楚材料物资的基本消耗情况，进而有利于编制计划成本目录和材料物资采购资金的预算。

参与材料物资的清查盘点工作。进购的材料物资在一段时间内一般不会刚好用完，而会出现出库的没用完退回仓库，或进购的没用完还有剩余等情况。这些情况都需要负责材料物资的会计和材料物资相关部门配合进行清查盘点，做好材料物资的进购、领用、退回仓库和结余等核算。

材料物资的发出和购入是材料物资成本差异核算的两个主要方面。为了能更精确地将企业的销售成本和生产成本计算出来，材料物资会计应认真仔细地计算材料物资的成本差异，科学且合理地将材料计划成本转化成实际成本。

材料物资会计的存在，可以最大限度地对企业材料物资采购行为进行规范，不断强化对材料物资采购管理工作的控制和监督，大幅度提升材料物资采购成效，进一步推动材料物资采购管理工作实现业务、分工和管理制度化的目的，最大限度地避免发生人为盗窃和材料损耗的情况。

1.2.5　其他会计的工作职责

会计工作岗位一般有这些：总会计师、会计机构负责人或会计主管人员、出纳、财产物资核算、工资核算、成本费用核算、财务成果核算、资金核算、收入支出和债务债权核算、材料物资核算、往来结算以及资本和基金核算等会计岗位。下面介绍除前面小节介绍过的以外的会计岗位，如表1-2所示。

表1-2 其他会计岗位的职责

会计岗位	工作职责
总会计师或行使总会计师职权的人	该岗位是在企业主要领导人的领导下，主管经济核算和财务会计工作的负责人。他领导企业的财务管理、成本管理和预算管理，是参与企业重要经济问题分析和决策的企业行政领导人员，直接对企业主要行政领导人负责。所以，总会计师不是一种专业技术职务，而是一种行政职务，一般岗位名称为“财务部经理”
会计机构负责人或会计主管人员	该岗位是指一个企业内具体负责会计工作的中层领导人员，主要领导会计机构或会计人员依法进行会计核算。岗位名称一般为“主管会计”，其直接上级是财务部经理
工资核算会计	该岗位是指专门核算企业员工工资并进行相应记账凭证编制的会计人员
资金核算会计	该岗位主要核算内容包括资本金的构成和资产负债情况。该会计岗位的日常工作需要与出纳进行沟通，只要与货币资金有关的经济事项，都需要资金核算会计登记入账
往来结算会计	该岗位主要是对企业与外单位之间发生的应收应付和预收预付等经济事项进行核算，因此该岗位的会计人员会更多地与外单位的会计人员接触。其岗位职责有：建立往来款项结算手续制度、办理往来款项的结算业务以及负责往来款项结算的明细核算，如应收账款、应付账款、预收账款和预付账款等
资本和基金核算会计	该岗位与企业筹资和投资活动密不可分。不仅要做好筹资计划，做好向银行借款并筹备各项资金的工作，保证生产经营资金的需要，还要根据实际资金情况分析决定是否进行投资活动

1.3

法律红线不能触碰

企业的财会工作是基于《中华人民共和国会计法》和《中华人民共和国经济法》等相关法律而进行的，因此，这些法律就是财会工作的执行标杆。财会人员在实施财会工作时，因为个人、公司或者其他客观原因等，都有可能犯错误，而有的错误甚至会触碰法律红线。正常情况下，企业实施财会工作是不允许触碰法律红线的，所以，企业和企业财会人员要深刻地学习财务相关法律，降低或防止触犯法律的可能性。

1.3.1 禁止出纳与会计“同流合污”

初步了解过财会工作的人都应该知道，企业的出纳和会计不能同是一个人担任，正规的岗位设置应该是“出纳与会计分工合作，遵守钱账分管的原则”，即出纳管钱，会计管账。一旦出纳与会计不分工，就可能会给企业带来很大的经济问题。

而有的企业，为了避免上述问题，确实对出纳和会计进行了区分，但还是不能完全规避问题，原因是出纳和会计有串通的可能，这样也会给企业带来经济损失，比如下面这个案例。

案例陈述　出纳与会计串通，贪污挪用公款

2017～2019年，某公司会计商某（男）和出纳员陈某（女），利用职务上的便利，先后将公司存入银行的部分款项、利息和公司饭堂返还的周转金共 45 000 元私自均分，各得 22 500 元。另外，商某和陈某还利用职务上的便利，先后 15 次共同挪用公款 100 万元进行个人营利活动，都获得了非法利益，共 81 244.5 元。案发后，商某的家属为其退还赃款 486 450.35 元，陈某的家属为其退还赃款 396 577.47 元。

经该市城区法院审理后认为，被告人商某和陈某均为国有公司中从事公务的人员，利用职务之便侵吞公款，其行为均已构成贪污罪；而挪用公款进行营利活动的行为又构成挪用公款罪，情节严重。但因两被告人在司法机关未掌握其犯罪事实前就主动交代犯罪事实，视为自首；两人的家属在案发后积极协助退赔全部赃款，均可酌情从轻或减轻处罚。

由上述案例可知，即使企业进行了出纳和会计的岗位分工，也没法完全避免出纳与会计串通的情况发生。出纳与会计串通，相当于出纳与会计没有实行分工协作和钱账分管，因此，出纳收取的现金或经手的银行存款，只要跟串通好的会计打声招呼，会计不登记入账，则经出纳之手的资金或银行存款就可轻而易举地进入他们的个人腰包；同样地，企业资金的流出，出纳人员可以多报一些，而会计人员记账时也按照多报的金额入账，则出纳和会计就可获得多报的收益。

上述这样的情况若发生多了，出纳与会计的“收益”会很可观。但法律是不允许这些情况出现的，且有相关法律明文规定，这些行为一经发现会受到相应的法律惩处。所以，财会人员为了自己的职业生涯，要坚持原则和做事底线，不能被别人摆布而做出违法乱纪的事。

1.3.2　骗取税收优惠资格将纳入“偷税”

骗取税收优惠资格是指没有满足享受税收优惠条件的企业，谎称自身是可以享受税收优惠的企业的行为。图 1-2 所示的一些行为就属于骗取税收优惠资格。

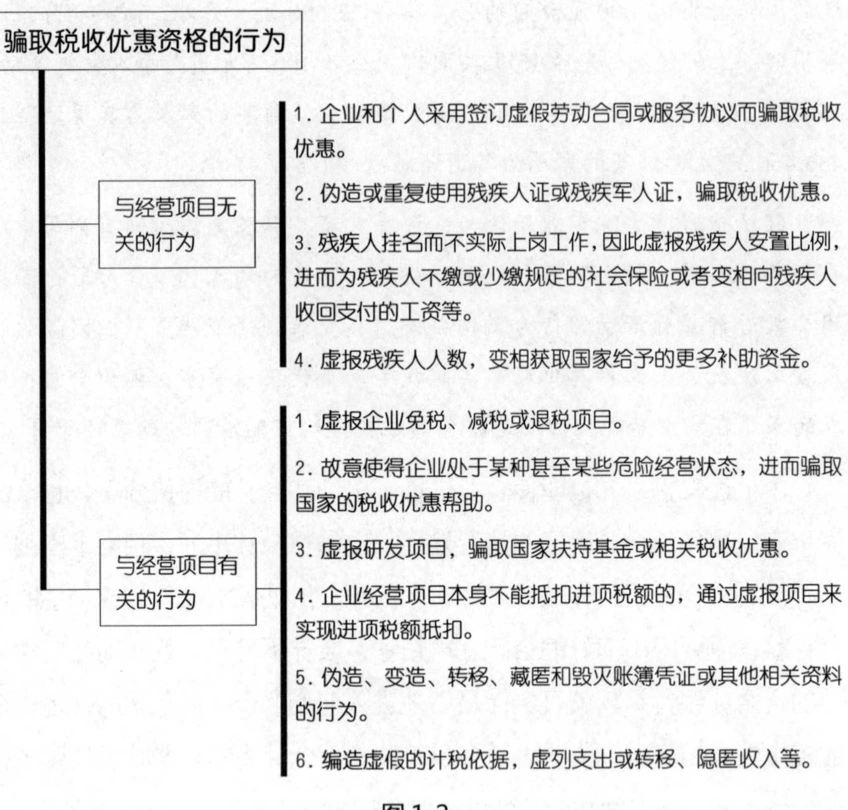

图 1-2

税收是国家财政的一大主要收入，若市场中的企业都通过骗取税收优惠资格来达到减轻税负的目的，那么就会严重损害国家的利益。国家为了规避这种情况的发生，将骗取税收优惠资格的行为纳入“偷税”行为，只要企业被发现存在骗取税收优惠资格的行为，就按偷税行为进行处罚。

案例陈述　不正规的税收筹划涉嫌偷税

某县国税局纳税评估工作人员在对当地某企业进行纳税评估时，发现该企业 2019 年 7 ～ 12 月的增值税纳税申报存在明显的税负偏低现象。

经过纳税人对增值税税负低的现象进行举证和对纳税人的财务人员及企业负责人进行约谈后，发现该企业存在如下税收违法行为。

该企业 7 ~ 12 月每月的进项税额与销售税额基本相差不大，实际上是该企业的财务经理进行“税收筹划”的结果。该企业的财务经理通过参加培训班后，听信某“专家”介绍的“税收筹划”方法，将企业当月实现的销售收入与企业进项税额对比，将多出进项税额的部分转移到下月的销售收入中，达到“筹划”目的。

经过税务机关税政科认真审理，纳税评估部门最终将该企业的上述情况定性为偷税行为，将该企业交由税务稽查部门进行立案查处。最终，税务机关责令该企业将所有推迟税款核算到所属月份重新计算当月应缴纳的增值税税额，并由税务机关追征税款，从滞纳税款之日起按日加收0.5‰的税收滞纳金，并处企业所偷税款一倍的罚款。

根据现行税收征管法的相关规定，纳税人伪造、编造、隐匿和擅自销毁账簿及记账凭证，或者在账簿上多列或不列、少列收入，或者经税务机关通知申报而拒不申报，或者进行虚假的纳税申报、不缴或少缴应纳税款的，都属于偷税行为。

上述案例中涉及的“进项税额抵扣”问题，也属于税收优惠政策的一种，因此，企业的行为已经属于骗取税收优惠资格，是偷税行为。税收征管法规定，对于纳税人偷税的，由税务机关追缴其不缴或少缴的税款和滞纳金，并处不缴或少缴的税款 50% 以上、5 倍以下的罚款；构成犯罪的，依法追究刑事责任。需要企业财会人员注意，“合理避税”的方法多数涉嫌偷税，因此存在很大的税收法律风险。

1.3.3 绝不替企业设置“两套账”

内外账就是财会人员俗称的“两套账”。“内账”就是一些不能从正规账中做出来的账，比如没开发票的收入和不能在正常账中列支的费用等。记内账的人员，其业务水平不一定要有多高，但必须是企业管理者绝对信任的人员。而外账是对税务局的账务，入账的原始凭证必须合法，可选择单据和制单据。对于有些企业，它们是如何设置“两套账”的呢？

首先做外账，外账凭证打印两份，其中一份作为外账提供给税务机关和对外公布，然后将另一份外账凭证作为内账附件。这样查内账就很容易找到原始凭证。而有的企业更嚣张，直接先从内账入手，将内账的凭证经过增减或变换后，产生外账凭证。内账一般是企业老板的私人账户、银行账本或者现金账本。

通常，企业在不同目的下，为了满足不同要求，对同一会计主体编制两套账，甚至多套账，这些目的如图 1–3 所示。

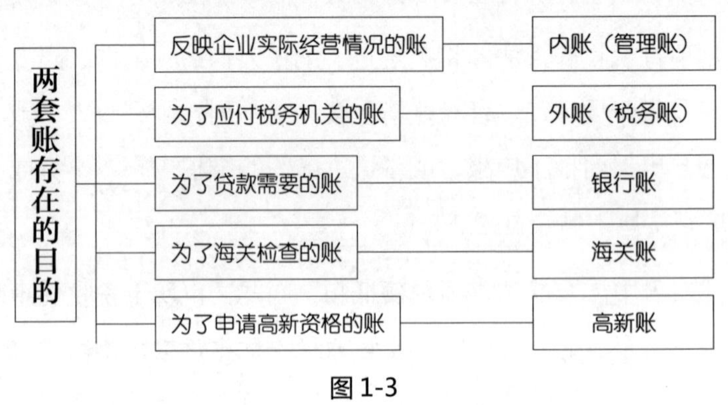

图 1-3

相关税法规定，企业经营所得收入和非经营范围获得的利得等，都要计入企业应纳税所得额中，计征应纳税款。没有开具发票的收入也算是企业获得的利得，需要计入应纳税所得额中。因此，按照正规程序来办事的话，企业存在的“两套账”并不是合法的，财会人员不能帮助企业设置“两套账”。正确的做法是，将没有开具发票的经济业务进行审核，重新开具或要求开具正规发票并登记入账；对故意增减或变换凭证的，要及时查出并纠正，同时以正确的账目登记入账。

第2章

出纳打头阵管理现金和银行存款

出纳是财会工作的开始，主要涉及企业经营过程中实实在在的钱、财、物。出纳人员与银行的接触会很多，出纳的工作不仅有现金收支的管理，还包括银行存款的结算业务。出纳工作的内容说简单不简单，说复杂不复杂。只要出纳人员保管好钱、财、物，做好银行存款的结算工作，其大致任务就已经完成。即使如此，出纳工作也不容小觑。

2.1

出纳认钱管钱很重要

出纳的一项基本工作内容就是替企业保管库存现金，也就是实实在在的钱。随着科技的发展，不法分子利用各种手段制造假钱，为了让企业免遭损失，需要出纳人员能够“认钱”，即能够识别钱的真伪，这个对防止企业因假货币而蒙受经济损失有很重要的作用和意义。作为出纳员，自己要想办法提高识别真假货币的能力；对于企业来说，也要对出纳人员和相关财会人员进行必要的真假货币识别技能培训，全方位地规避出纳收到假货币的情况。

2.1.1 如何鉴别纸币的真假

出纳人员要鉴别纸币的真假，首先要了解真纸币的制作材料和相关特征，然后要认识假币的特征，最后还要掌握鉴别纸币真假的方法。

1. 纸币的特征

人民币的印刷有一定的特殊性，分别体现在材质、油墨使用和设计与印刷技术等方面。

- 印刷人民币时采用专用的钞票用纸，其质地良好、无荧光反应，有防伪安全线和特制水印，不易被仿造。
- 纸币上的所有数字和图案均采用专用的防伪油墨印刷出来，且只有凹印油墨、荧光油墨和磁性油墨 3 种。

◆ 人民币票面的设计采用了民族特色图案衬托主景，花符对称，正背面对应，阴阳光线分明。

◆ 人民币的印刷制版采用了“先进机器雕刻与手工雕刻相结合”的技术和多色接线技术。其中，票面底纹运用了彩虹印刷技术，人民币正对面采用了对印技术。

2. 认识假币

假币是指伪造或变造的货币。伪造的货币指依照真币图案、形状和色彩等，采用各种手段制作的假币；变造的货币是指在真币的基础上，利用挖补、揭层、涂改、拼凑、移位及重印等多种方法制作，改变真币原来形态的假币。

社会在不断发展，科技也在不断创新，人们对金钱的渴望越来越强，导致某些不法分子将科学技术用于旁门左道，比如套印、拓印或利用色彩复印件等手段制造假钞，并将其流入市场，对社会、群众以及一些企业都造成了严重的影响，损害了多方的利益。

因此，企业的出纳人员要会识别假币，就需要了解假币的特征。按其仿制手段的不同可分为如表 2-1 所示的几种特征的假币。

表 2-1　不同特征的假币类型

假币类型	特征介绍
临摹仿绘假钞	最常见的假钞类型。它的制作方法较简单，识别也比较容易，老人和小孩受骗的可能性较大。它使用普通的胶版纸制作，然后用常用的绘画颜料进行上色，工艺简单，因此质量较为粗劣，与真币有明显差别
手刻凸版假钞	这类假钞是用木板进行手工雕刻而制作的，将人民币样式雕刻在木板上形成凸版，再用小型机具印制。通过此法印制的纸币会有重叠或错位等情况，这是因为木板自身的纹路使得油墨颜色不一、套色不准确
石印机制假钞	这类假币的制作方法与手刻凸版假钞类似，唯一的区别就是将木板换成了石头和机器。由于是用石板刻制，因此会因为印版不平整导致油墨外溢，使印出的图案深浅不一，画面协调感差

续表

假币类型	特征介绍
蜡纸版油印假钞	这类假币是以蜡纸和蜡版为基础制作的，先按真币的样子在蜡纸上刻制形成蜡版，再按照蜡版的模子用油墨将图案和文字漏印在纸上，最后上色。由于用蜡版进行制作的过程中很难注意手的轻重和油墨的均匀程度，所以最后制作出来的假币颜色会深浅不一，这很容易识别
拓印假钞	这类假钞的图案和花纹等与真币一模一样，因此较难识别。因为它是在真币的基础上，利用化学试剂将真币上的图案、花纹和数字等完全脱落到制作假币的纸上面。该类假币与真币最大的区别就是，脱落形成会导致其颜色和图案都较浅，纸张比真币稍薄
复印合成假钞	这类假币工艺比以上几种要复杂一些，且制作更精细，与真币的相似性很高。它是在复印机复印的真币图案的基础上，通过计算机合成，将复印出来的图案和花纹上色形成的。该类假钞和真钞的最大区别是没有防伪标签
机器设备制作假钞	这类假币最逼真，也是制作最快速的一种类型。它通过机器设备扫描真币，然后形成雕刻刻板，最后在中小型印刷机上批量印制。因此，印制出的假币数量很大，扩散迅速，是危害最大的一类假币，也是最难防范和识别的假币

3. 识别假币的方法

由上述内容可知，假币类型多种多样，企业出纳人员很可能在工作中防不胜防。但是，假币的制作本身有漏洞，出纳员可从这些制作漏洞出发，掌握一些识别假币的方法。通常，识别假币的操作可简单归纳为“一看、二摸、三听、四测”。具体做法如下。

（1）一看水印、安全线、光性油墨和隐形图案与数字

看水印。真纸币是固定人像水印、白水印和胶印对应图案，立体感很强。其中，第五套人民币的100元和50元纸币的固定水印为毛泽东头像图案；20元、10元和5元纸币固定水印为花卉图案。另外，真钞的水印在紫光灯下不可见，而假币在紫光灯照射下往往可以看到印在纸面上的假头像水印图案。

看安全线。真币票面的正面中间偏左位置有一条安全线。其中，2015年新版纸币的100元安全线在票面的正面右侧，为光变镂空开窗安全线，倾斜观察时可变为绿色。

看光性油墨。人民币100元和50元纸币正面左下方的面额数字，采用光性油墨印刷。2015年新版纸币在观察角度和光源角度改变的情况下，100元纸币有绿色和金色交替变换，当平视观察时，会发现面额数字以金色为主。

看隐形图案与数字。真币隐形面额数字与眼睛平行上下拉动，可看到有100、50、20和10等阿拉伯数字字迹，且隐形图案可以对接得上。如果垂直观察就能看到“白水印”印制的面额数字，则往往是假币。

（2）二摸纸币票面的各个关键位置

出纳员用手摸纸币时，真假纸币的手感会有很多不同。真币上的“中国人民银行”行名、毛泽东头像、凹印手感线、盲文标记和背面人民大会堂的图案等，摸起来会有凹凸感，借助放大镜仔细观察时，可看到图像和文字凸出纸面；而假币摸起来非常光滑，没有凹凸感，在放大镜下观察时，可看到这些部位的图像和文字没有凸出纸面，而是填满了整齐的小坑，这是排钉“加工”过留下的痕迹。

（3）三听纸币发出的声音

真币的纸张具有耐折和不易撕裂的特点，所以轻轻抖动纸币、手指轻弹或两手一张一张轻轻地对称拉动时，能听到清脆响亮的声音；而假币的纸张质地较软，容易被撕裂，因此轻轻抖动时会发出闷响，声音自然也不会清脆响亮。

（4）四测票面易被忽视位置暗藏的“秘密”

在紫光灯的照射下，真纸币正面的“中国人民银行”行名下面会有一个金色阿拉伯数字“100”，背面主背景图案上方会出现椭圆灯光图案；而假币的整幅钞票纸张往往发白光，“中国人民银行”行名下面显示出的阿拉伯数字与真钞相比，其颜色淡、图案歪斜或没有。

2.1.2 容易被人忽视的硬币鉴别工作

在实际生活和工作中，我们不仅会遇到假的纸币，连硬币也有造假的情况发生。虽然企业出纳人员收到假硬币所产生的经济损失并不会很严重，但最好还是要掌握硬币真假的鉴别方法。图 2-1 所示为 3 种一般鉴别方法。

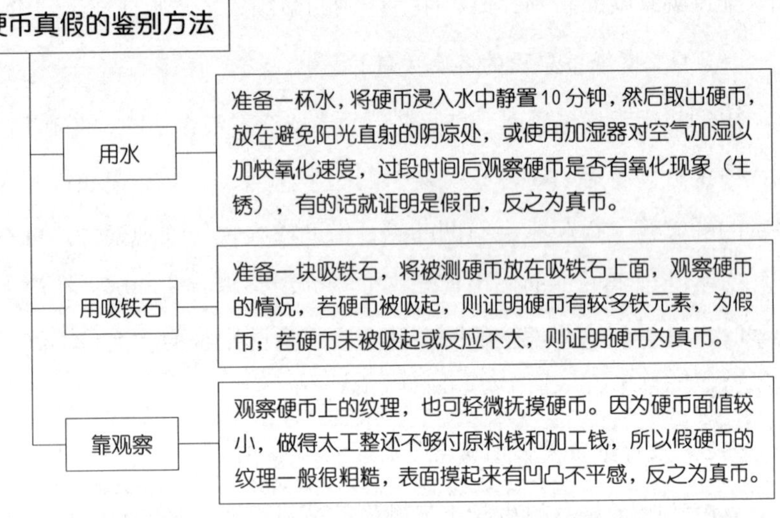

图 2-1

除了图 2-1 中所示的 3 种鉴别方法外，我们还可看硬币上的面额数字是否端正。因为真硬币采取的是两面花纹一次成型的方式制造，所以国徽或菊花与“1”、“5”等字是正对的，且很端正。假硬币却是压印了两次，所以“1”、“5”等字是歪的。另外，假硬币的花纹和轮廓通常并不清晰，而真硬币的花蕊部分的点点和麦穗部分虽然很细小，但看得很清楚。

真硬币厚薄均匀且平滑，而假硬币厚薄不均，边沿有切割和磨损状。很多 1 元的假硬币用铅或铝制成，因此用其在白纸上画会出现铅笔线一样的清晰痕迹，当然，含铁不含铅的假硬币不能用该方法鉴别出来。另外，真的 1 元硬币叠放在一起时非常平整，但假硬币由于厚薄不一致，夹在真硬币中叠放会产生不协调感。

2.1.3　保险柜的使用要谨慎

保险柜（箱）是一种特殊的容器，根据其功能的不同可分为防火保险柜、防盗保险柜、防磁保险柜、防火防磁保险柜和防火防盗保险柜等。针对每一种保险柜，国家都规定了相应的标准。

市面上的保险柜主要是防火保险柜和防盗保险柜两种，而防盗保险柜又分为机械保险柜和电子保险柜。机械保险柜的特点是价格比较便宜，性能比较可靠；而电子保险柜是将电子密码和 IC 卡等智能控制方式的电子锁应用到保险柜中，特点是使用方便。

1. 保险柜的选购

企业出纳人员在使用保险柜时一定要谨慎，而且还要帮助企业采购部门选购恰当的保险柜，主要应从表 2-2 所示的方面考虑。

表 2-2　选购保险柜应考虑的方面

考虑方面	具体选购
钢板选材	从钢板的厚度、材质和产地等进行辨别，这些方面关系到使用电钻和切割等专用工具破坏时保险柜的承受能力
成型及焊接	查看柜体是否一次成型，检查柜门与门框之间的缝隙和开关是否灵活，缝隙过大则防撬功能减弱。对防火保险柜来说，过大的缝隙是绝不允许的
辅助零配件	零配件的处理都要保证其性能的可靠，以应对各种变化的使用环境

续表

考虑方面	具体选购
传统结构	这是保险柜的核心部分。因其在箱体内，用户无法察觉到，但它正是防盗技术性开启的关键。在购买时可要求商家打开门板后的后盖，查看内部的传统结构是否精密，传动是否灵活。另外，也要查看锁栓结构，锁栓直径加粗最好，天地锁栓格式就有很好的防开启效果
锁具	若传统结构是一个面，则锁具就是最重要的一个点。破坏锁具或仿造钥匙都相当于破坏了防盗结构的心脏，所以复杂的锁具能有效防止破坏和钥匙仿造
报警功能	选购时要问清楚是否有自动报警功能，以及在什么情况下可自动报警（如移动、撞击或3次错码等），激活条件越丰富越好
防腐处理	这一工序若处理不好，会影响箱体的外观，严重时会造成功能上的损坏。防盗保险柜的内外均应进行喷漆和喷塑等表面防腐处理
外观	笨重而单调的保险柜不再受欢迎，应结合实际办公环境来选购保险柜的色彩和造型
尺寸	应根据企业的实际需求来衡量保险柜尺寸。若放在墙角，则不必太注重尺寸；若需放入隐蔽的地方，如柜中，此时保险柜的尺寸最多50厘米，重量在30斤以内。需要注意的是，高度在50厘米以上的保险柜大多带有底轮，可随处移动；保险柜最大的尺寸可达100厘米以上，也可定制，定制时间大概为15天
电池	主要是针对电子密码保险柜，它除了内置电池外，一般都有外置备用电池盒，购买时需要留意是否配齐。某些品牌保险柜的面板上还会有电量显示，实际操作中可提供很多便利
重量	太小的保险柜虽然隐蔽性较好，但在没有固定的情况下很容易被盗贼搬走。然而，保险柜也并不是越重也好，若是安装了地板，过重的保险柜容易压坏地板，这时要看企业办公环境对保险柜的需求
固定	企业如果需要固定保险柜，则选购时应查看保险柜有没有安装固定孔和固定螺栓。固定孔一般在防盗保险柜的底部或背面
售后服务	保险柜是一种特殊商品，一出问题，就必须要有专心且专业的售后服务队伍，随时确保保险柜使用者没有任何后顾之忧
生产厂商的实力及产品品牌	采购时应尽量选择开发力度大且享誉市场较久的品牌保险柜

2. 保险柜的安装与维护

企业在安装保险柜时，应尽可能地将保险柜安装固定在混凝土墙上，且最好由专业人员负责安装，以保证安装固定的强度和质量。

企业选择一个合适且隐蔽的位置来安装固定保险柜，最好是将保险柜的左面和背面同时靠墙安装固定，这样对防撬和防盗的效果最好。如果还能在保险柜外面做家具或办公用具进行掩饰，则保险柜的私密性和安全性更高。

任何东西都有一定的使用期限，保险柜也不例外。为了保证保险柜的使用更加安全，使用时间能更长一些，出纳员要做好如下一些日常维护工作。

电池的使用。使用高规格和高质量的无泄漏碱性电池，安放电池时要注意电池的正负极，按电池盒上的正负极标记放置，长期不用的话，要把电池从电池盒中取出。

产品附件的保管。出纳人员要将产品用户手册、门锁钥匙、应急钥匙、电子钥匙、电池盒、锁孔塑料杆、购物发票和保修卡等附件妥善保管在安全的地方。一定要注意，千万不能把这些附件锁进保险柜里面，一旦保险柜打不开，连应急开启的手段都没有了。如果是上下双门的保险柜，最好将上下门的钥匙进行标识，以免误用后造成钥匙卡在锁芯中无法转动拨出而产生故障。修改后的密码最好记在本子上，以免忘却。最重要的一点，密码和钥匙必须分开保管。

使用环境。保险柜适用于在常温下的室内使用，在潮湿和有腐蚀性气体的环境中或有阳光和紫外线的强烈照射的，会使保险柜表面油漆龟裂、变色，塑料件变色、老化，表面生锈、氧化，电子元件性能不稳定的会引起故障。

保养维护。保险柜表面有污渍后，不能用化学溶剂擦洗，可用干净抹布蘸少许清洁剂擦洗，露在外的门闩处和抽屉的滚轮处可用少许润滑油（家用食用油也行）加以润滑，钥匙锁芯内可注入少许铅笔芯粉末（石墨），可使钥匙插拔，转动更轻松灵活。转动机械密码锁时，需静心顺势缓转，切勿猛力旋转，同时记清方向和次数，若不慎超过标记线，不可倒回，必须重新开始。

3. 保险柜的使用管理

保险柜一般由总会计师或财务部经理授权，由出纳人员负责管理使用。保险柜要配备两把钥匙，一把由出纳员保管，供出纳员日常工作开启使用；另一把交由保卫部门封存，或由企业总会计师或财务经理负责保管，以备特殊情况下经有关领导批准后开启使用。出纳员不能将保险柜钥匙交由他人代为保管。具体使用管理细节如表 2-3 所示。

表 2-3　保险柜使用管理规范

细节	管理规范
保险柜的开启	保险柜只能由出纳员开启使用，非出纳员不得开启保险柜。若企业总会计师或财务经理需要对出纳人员进行检查，比如检查库存现金限额、核对实际库存现金数或有其他特殊情况需要开启保险柜的，应按规定的程序由总会计师或财务经理开启，但一般情况下不得任意开启由出纳员掌管使用的保险柜
保险柜密码	出纳员应严格保管自己使用的保险柜密码，不得向他人泄露，以防为他人利用。出纳员调动岗位，新出纳员应更换使用新密码
财物的保管	每日终了后，出纳员应将其使用的空白支票（包括现金支票和转账支票）、银钱收据和印章等放入保险柜中，柜中存放的现金应设置和登记现金日记账，其他有价证券、存折和票据等应按种类造册登记，贵重物品应按种类设置备查簿登记其质量、重量和金额等，所有财物应与账簿记录核对相符，柜内不得存放私人财物

续表

细节	管理规范
保险柜被盗的处理	出纳员发现保险柜被盗后应保护好现场，并迅速报告公安机关或保卫部门，待公安机关勘查现场时才能清理财物被盗情况。节假日满两天以上或出纳员离开工作岗位两天以上没有派人代其工作的，应在保险柜锁孔处贴上封条，出纳员到位工作时揭封，若发现封条被撕掉或锁孔处被弄坏，也应迅速向公安机关或保卫部门报告，以使公安机关或保卫部门及时查清情况，防止不法分子进一步作案

2.2 出纳点钞，技术决定效率

出纳人员每天要和钞票打交道，“点钞”是常常要做的工作。点钞速度慢的，也会影响工作效率，因此，出纳人员需要提高自身的点钞速度。如何才能提高点钞速度呢？出纳人员必须掌握一定的点钞技术，但前提是要先掌握点钞的一些基本要领。

2.2.1　掌握点钞的基本要领

点钞的基本要领是保证出纳员可以进行正常点钞操作的前提下，更好地整理混乱不齐、折损不一的钞票。为了能使钞票平铺整齐，且点钞时不易散落，应做到如图 2-2 所示的 6 点。

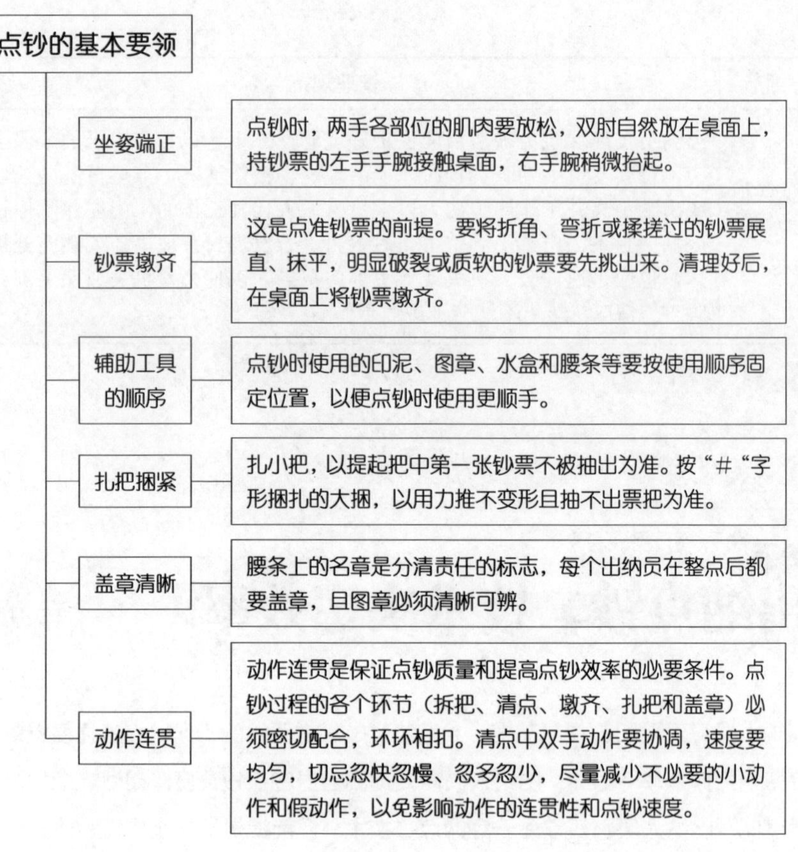

图 2-2

2.2.2 点钞要遵循一定的步骤

对于企业出纳员来说，收到或支出的现金数量不大时，不会涉及拆把或扎把的操作。只有在现金达到一定数额(一万元或一万元的倍数金额)时才会涉及拆把点钞和点钞扎把操作。

但整体来说，点钞是一个含有多个步骤的过程，从拆把到盖章，环节不少。按照规定的步骤进行点钞，是规范钞票管理的必要手段，具体如图 2-3 所示。

拆把

当清点的钞票是成把的时候，清点前需要先将腰条纸拆下，拆腰条纸可直接勾断，也可小心将其脱去，不破坏其形状。为了方便查找差错，初点时一般采用脱去的方式，复点时则可直接勾断。

↓

清点

清点是点钞的关键环节，清点速度和准确性直接影响点钞的速度和准确性。在清点过程中，还应剔除部分钞券（有损伤券和其他版面的钞券等）；另外，点钞时若发现差错，需要将其记录在腰条纸上，并与钞券一起放置，以便后续查明原因。

↓

记数

记数是点钞的基本环节，与清点操作相辅相成。在清点准确的基础上做到正确记数。

↓

墩齐

钞券清点完毕扎把前要先将钞券墩齐，以便扎把时能保持钞券整齐美观。墩齐时要求 4 条边水平，不露头或不呈梯形错开，卷角应拉平。墩齐时双手松拢，先将钞券竖起，双手将钞券捏成瓦形在桌面上墩齐，然后将钞券横立，再将其捏成瓦形在桌面上墩齐。

↓

扎把

每把钞券清点完毕后，要扎好腰条纸。腰条纸要求扎在钞券票面的 1/2 处，左右偏差不超过 2cm。同时要扎紧，以提起第一张钞券不被抽出为准。

↓

盖章

盖章是点钞过程的最后一环，在腰条纸上加盖点钞员名章，表示对此把钞券的质量和数量负责。每个出纳员点钞后均要盖章，且要盖得清晰，以看得清行号和姓名为准。

图 2-3

2.2.3　手工点钞要讲究方法

有条件的企业会配备一台点钞机，这样就方便出纳人员日常点钞。但市场中还是有很大一部分公司的出纳人员仍然进行着手工点钞。提高手工点钞的速度，需要掌握一定的手工点钞方法。

1. 纸币的手工点钞法

对出纳员来说，纸币的点钞法有很多，如手持式、手按式和扇面式等。这些类型的点钞法又会根据具体的动作特点来进行划分。

（1）手持式单指单张点钞法

用一个手指一次点一张钞票的方法叫作单指单张点钞法。该方法是点钞法中最常用的，使用范围较广，频率较高，适用于收款、付款和整点各种新旧大小钞票。由于持票面小，能看到票面的 3/4，易发现假钞票和残破票，但点钞时比较费力。具体操作如下。

左手横执钞票，钞票下面朝向身体，左手拇指在钞票正面左端约 1/4 处，食指与中指在钞票背面与拇指同时捏住钞票，无名指与小指自然弯曲并伸向票前左下方，与中指夹紧钞票，食指伸直，拇指向上移动按住钞票侧面，将钞票压成瓦形，将钞票从桌面上擦过，拇指顺势将钞票向上翻成微开的扇形；同时，右手食指托住钞票背面右上角，用拇指指尖逐张向下捻动钞票右上角，捻动幅度要小，不要抬得过高，要轻捻，食指在钞票背面的右端配合拇指捻动，左手拇指按捏钞票不能太紧，要配合右手点钞，起自然助推作用，右手无名指将捻起的钞票向怀里弹，如图 2-4 所示。

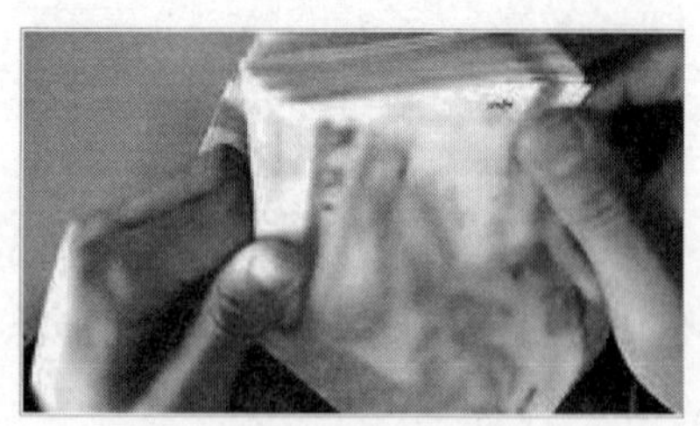

图 2-4

该方法的记数操作与清点同时进行，一般采用分组记数法，把 10 作 1 记，即 1、2、3、4、5、6、7、8、9、1（10），1、2、3、4、5、6、7、8、9、2（20）……依此类推，数到 1、2、3、4、5、6、7、8、9、10（100）即为一把，共一万元。

（2）手持式单指多张点钞法

点钞时，一个手指同时点两张或两张以上的钞票的方法叫作单指多张点钞法。该方法适用于收款、付款和各种券别的整点工作。点钞时记数简单省力而效率高，但因为一指捻多张时看不到中间钞票的全部票面，所以假钞和残破票不易发现。具体操作如下。

清点时，右手食指放在钞票背面右上角，拇指指腹放在正面右上角，拇指指尖超出票面并用指腹捻钞。单指双张点钞时，拇指指腹先捻第一张，拇指指尖捻第二张；单指多张点钞时，拇指用力要均衡，捻的幅度不能太大，食指和中指在票背后配合捻动，拇指捻张，无名指向怀里弹。在右手拇指往下捻动的同时，左手拇指稍抬起并使票面拱起，从侧边分层错开便于看清张数，左手拇指往下拨钞票，右手拇指抬起让钞票下落，左手拇指在拨钞的同时下按其余钞票，如此循环操作，直至点完。具体手法如图 2-5 所示。

图 2-5

该方法也采用分组记数法，只不过是点双数，两张为一组记一个数，

50 组为 100 张。

（3）手持式多指多张点钞法

点钞时用小指、无名指、中指和食指依次捻下一张钞票，一次清点 4 张钞票的方法叫作多指多张点钞法，也称四指四张点钞法。该方法适用于收款、付款和整点工作，省力、省脑且效率高，能逐张识别假钞和挑出残破钞票。

清点时，左手持钞，中指在前，食指、无名指和小指在后，将钞票夹紧，四指同时弯曲将钞票轻压成瓦形，拇指在钞票右上角外面将钞票推成小扇面，手腕向里转，使钞票的里侧右角抬起；右手腕抬起，拇指贴在钞票的里侧右角，其余四指同时弯曲并拢，从小指开始每指捻动一张钞票，依次下滑 4 个手指，捻 4 张钞票，循环操作，直至点完 100 张。具体手法如图 2-6 所示。

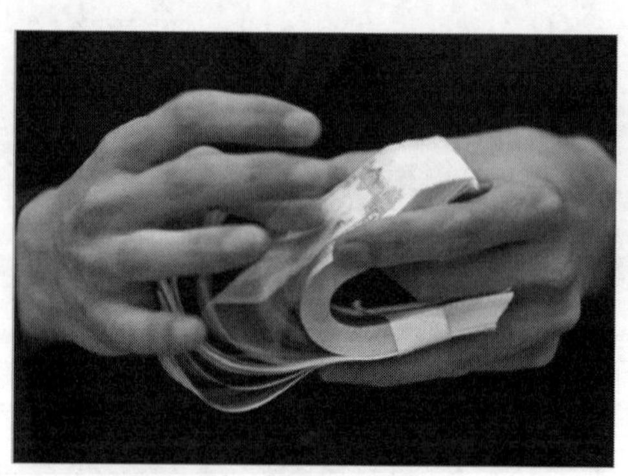

图 2-6

该方法也采用分组记数法，每次点 4 张为一组，记满 25 组即为 100 张。

（4）手按式单张点钞法

将钞票横放在桌上正对点钞者，以左手无名指和小指压住钞票左上角，用右手拇指托起右下角的部分钞票，食指捻动钞票，每次捻起一张，以左手拇指往上翻，送至食指和中指之间夹住的方法叫作手按式点钞法。

具体动作如图 2–7 所示。

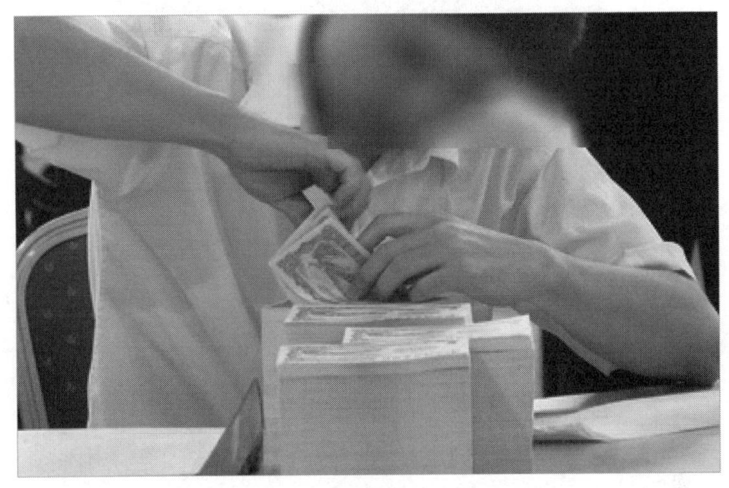

图 2-7

该方法适用于收款、付款和整点各种新、旧、大、小钞票，并适合点辅币和残破票券多的打捆钞票。点钞时看到的钞票面积大，易挑出残破票，但劳动强度比手持式单指单张点钞法的大，点钞速度也较慢。

（5）扇面式点钞法

把钞票捻成扇面状进行清点的方法叫作扇面式点钞法，该方法只适合清点新票币，不适合清点新、旧、破的混合钞票。点钞时速度较快，是手工点钞法中效率最高的一种。

钞票竖拿，左手拇指在票前下部中间票面约 1/4 处，食指和中指在票后同拇指一起捏住钞票，无名指和小指蜷向手心；右手拇指在左手拇指上端，用虎口从右侧卡住钞票成瓦形，食指将钞票向胸前左下方压弯，再猛向右方闪动，同时拇指在票前左上方推动钞票，食指和中指在票后面用力向右捻动，左手指在原位置向逆时针方向画弧捻动，食指和中指在票后面用力向左上方捻动，右手手指逐步向下移动，至右下角时即可将钞票推成扇面形，如图 2–8 所示。

图 2-8

然后，左手持扇面，右手中指、无名指和小指托住钞票背面，拇指在钞票右上角 1 厘米处一次按下 5 张或 10 张，按下后用食指压住，拇指继续向前按第二次，同时左手应随右手点数速度向内转动扇面，直到点完 100 张为止，如图 2–9 所示。

图 2-9

该点钞法也采用分组记数法，一次按 5 张为一组的，记满 20 组为 100 张；一次按 10 张为一组的，记满 10 组为 100 张。清点记数完毕后需要合扇，将左手向右倒，右手托住钞票右侧向左合拢，左右手指向中间一起用力，使钞票竖立在桌面上，两手松拢轻墩，将钞票墩齐准备扎把。

2. 硬币的手工点钞法

手工整点硬币的过程包括 4 个步骤，分别是拆卷、清点、记数和包装。

具体操作如图 2-10 所示。

拆卷

右手持卷的 1/3 处，左手撕开硬币包装纸的一头，再用右手大拇指向下从左至右打开包装纸，把纸从圈的上面压开后，左手食指平压硬币，右手抽出压开的包装纸，以备清点。

↓

清点

用右手拇指和食指持币，由右向左分组清点。为了记数准确，可用中指在一组中间分开查看，验证每组数量。

↓

记数

记数方法采用分组记数法，一组为一次，每次枚数要相同。

↓

包装

清点完毕后，用双手的无名指分别顶住硬币的两头，拇指、食指和中指捏住硬币的两端，将硬币放入已准备好的包装纸的 1/2 处，再用双手拇指把里半部的包装纸向外掀起，掖在硬币底部，用右手掌心向外用力推卷，双手的中指、食指和拇指分别将两头包装纸压下，均贴着硬币，这样使硬币两头压 3 折后完成包装。

图 2-10

职场小贴士

在实行机器点钞的企业中，出纳人员的点钞工作比较简单，只需要掌握点钞机的使用规范即可。打开点钞机的电源开关和计数器开关，将钞票捻成前高后低的坡形后横放在点钞机的点钞板上，放置时顺着点钞板形成自然斜度（如果放钞方法不正确，会影响点钞机的正常清点）；钞票进入点钞机后，点钞人员的目光要迅速跟住输钞带，检查是否有夹杂券、破损券、假钞或其他异物；当钞票全部下到集钞台后，看清计数器显示的数字，与应点金额相符后取出钞票，若还有钞票需要点验，再重复相应操作。目前的点钞机一般都带有防伪功能，所以出纳人员在用机器点钞时，还要了解用机器识别假币的方法。

2.3

现金出纳管“钱”

企业日常经营活动中，只要涉及实实在在的钱的收支，都需要经过现金出纳员之手。比如，员工差旅费的支出和退回、企业购置办公用品的费用支出以及其他会用到钱的事务。此时，出纳员要做好现金日记账的登记和相关单据及报表的编制，为会计人员做账提供充分的原始凭证。

2.3.1 借款出差后报销冲账

市场中有部分企业，为了不影响出差员工自己的正常生活，会提前将出差费用以“借款”的名义发放给出差人员，即用公司的钱出差而不需要员工自己先垫付。这种情况下，出纳员需要协助出差员工填写借款单。

需要明确的是，现金出纳员要严格审核出差员工的借款事由，做到心中有数，以防借款出现差错而损害公司利益，最终自己还要承担一些责任和后果。另外，出纳员要保管好员工的借款单，如果丢失，就会给会计人员的做账工作带来不便。

案例陈述 出差借款，金额刚合适

某企业销售部员工张某，需要到外地出差拓展业务。于是在出差前一天到财务部出纳员处填写了借款单，如图 2-11 所示。

借 款 单　　　　№3001151

日期：　2019 年　6 月　19 日

部　门	销售部	姓名	张×
借款事由	到外地出差		
借款金额	（大写）零拾零万肆仟肆佰零拾零元零角零分		
预计还款报销日期	2019年6月23日	￥　4400.00	
审批意见	同意借款。李×	借款人	张×　2019 年 6月 19日

发据单位盖章　　会计：王×　　出纳：钱×

①存根（白）②收据（红）③记账（蓝）

图 2-11

接着，出纳人员需要向会计人员提供借款单，而相应会计核算会根据此借款单登记记账凭证，涉及会计分录如下。

借：应收账款——张 × 借差旅费　　　　4 400

　　贷：库存现金　　　　4 400

由于张某是中层管理人员，其出行的交通工具选择飞机。已知其出差往返机票共花费了 3 000 元，各种住宿费用 800 元，交通费 200 元，餐饮费 400 元，共计 4 400 元。由此可知，张某出差前向公司借款 4 400 元刚好用完。2019 年 6 月 23 日回到公司，向现金出纳员报销差旅费 4 400 元，并提供出差期间收取的各种票据，比如出租车发票、飞机票相关收据以及餐饮发票等。出纳员又将这些原始凭证提供给会计人员，供其登记入账，此时会涉及的会计分录如下。

借：管理费用——张 ×　　　　4 400

　　贷：应收账款——张 × 借差旅费　　　　4 400

该案例中，出差人员先向公司借款，然后用公司的钱支付出差期间的各种费用，出差回来后向出纳人员提供相关票据以报销冲账。需要出纳员和出差人员注意的是，即使借款刚好使用完，也要做好报销冲账工作，否则在会计的账上会一直显示员工欠公司的钱，这样会给员工造成一定的经济损失。

如果出纳员在审核出差人员提供的票据时，发现有的票据不真实，或者票据日期不对，为了公司的利益，要查明原因，或者让出差人员重新提供正确的票据，然后才能将票据提供给会计人员登记入账。

2.3.2 退回预借差旅费的处理

大多数时候，出差人员向企业借得的款项并不能全部用完，此时，员工出差回到公司后，不仅需要报销差旅费，还要把没有用完的借款还给公司，还回公司的多余借款由出纳人员负责收款和确认。

案例陈述 退回多余的预借差旅费

某企业销售部员工张某，需要到外地出差拓展业务。于是在出差前一天到财务部出纳员处填写了借款单，如图 2–12 所示。

借 款 单　　№3001151

日期：　2019 年　6 月　19 日

部　　门	销售部		姓名	张×
借 款 事 由	到外地出差			
借 款 金 额	（大写）零拾零万肆仟伍佰零拾零元零角零分			
预计还款报销日期	2019年6月23日		￥ 4500.00	
审 批 意 见	同意借款。李×	借款人	张×　2019 年 6月 19日	

发据单位盖章　　会计：王×　　出纳：钱×

①存根（白）②收据（红）③记账（蓝）

图 2-12

当出纳员向会计提供借款单时，会计分录中的金额应为 4 500 元。

借：应收账款——张 × 借差旅费　　　4 500

　　贷：库存现金　　　4 500

由图 2–12 可知，张某最初向公司借款的金额为 4 500 元，而实际上，出差往返机票共花费了 3 000 元，各种住宿费用 800 元，交通费 200 元，餐饮费 400 元，共计 4 400 元。张某回到公司向出纳员提供单据，并上交没有用完的 100 元现金，出纳员再将单据提供给会计时，涉及的会计分录如下。

借：库存现金　　　　　　　　　　　100

　　管理费用——张 ×　　　　　　　4 400

　贷：应收账款——张 × 借差旅费　　　　4 500

如果出差人员回到公司，只提供费用单据，没有还回钱财，则企业将视其全部用完预借款项，在核查所提供的单据时会以 4 500 元为目标进行审核，一旦单据总金额不足 4 500 元，企业需要查明原因，让出差人员补开发票或者退回相差金额。所以，出差人员不要心存侥幸，以为可以白拿公司的钱，预借款一旦有剩余，要实事求是地退还给出纳员。

2.3.3　垫付差旅费报销领现金

实际工作中，有的企业关于出差费用的管理实行“员工先垫付，差后报账领钱”的方式。这一做法可在短期内减轻企业的资金负担，将资金负担转移给员工。该方式下，员工在出差前无须到出纳员处填写借款单，而是要在出差完毕回到企业后填写差旅费报销单。

案例陈述　员工出差先垫付再报销

某企业销售部员工张某，需要到外地出差拓展业务。由于该企业的差旅费管理制度实行“员工垫付，回来报账”的方式，所以张某到了 2019 年 6 月 19 日便直接前往目的地出差，没有填制借款单。

2019 年 6 月 23 日，张某出差结束回到公司，将出差期间收到的各类费用凭据进行了整理，并交给出纳人员，同时填制了《差旅费报销单》，如图 2–13 所示。出纳人员再将这些票据和员工填制的《差旅费报销单》的复印件提交给会计人员，作为记账用的原始凭证。

差旅费报销单

报销部门：销售部　　　　　　2019年6月23日

姓名		职别				出差事由					
出差地点	日期	区间	人数	天数	其中：途中天数	局内/局外	补贴项目	人数	天数	标准	金额
	6月19日–6月23日	北京–成都	1	5			伙食补贴	1	5	80	400
	月 日– 月 日	–					交通费补贴				
	月 日– 月 日	–					司机出车补贴				
	月 日– 月 日	–					未卧补贴				
	月 日– 月 日	–					小计	1	5	80	400
项目		报销数			审核数		说明：				
		单据张数	报销金额		单据张数	审核金额					
住宿费		1	800		1	800					
车船票		10	200		10	200	主（分）管领导审批：				
飞机票		2	3000		2	3000					
小计		13	4000		13	4000					
合计金额大写：肆仟肆佰元整								合计金额小写：4400.00			

单位盖章　　会计：王×　　出纳：钱×　　报销人：张×

图2-13

当会计人员收到出纳递交的《差旅费报销单》后，需要编制如下所示的会计分录。

借：管理费用——张 ×　　　　4 400

　　贷：库存现金　　　　4 400

该案例中，销售部张某的出差费用采用自己先垫付，出差回公司后报销的方式。因此，会计人员的核算工作不会涉及“应收账款”科目，也就是账面上不会显示员工欠公司钱的情况。该方式下，企业将经济压力转移给员工，对企业来说是不错的管理模式，但很多员工并不喜欢这种模式，即使最后公司会将自己垫付的钱还给自己，但在用钱的时候确实增加了自己的经济负担。

一般情况下，员工垫付差旅费后报销时，出纳员都以企业的库存现金支付，但有些也会根据企业的自身情况，直接以银行存款的方式将款项转到员工的账户上。

2.3.4 办公用品支出的现金要经出纳之手

企业在经营过程中难免会遇到购置办公用品的情况，日常可能购置的办公用品有办公用笔、办公桌椅、笔记本和其他一些零碎物件等。这些办公用品的一次性开支不会很大，出纳员可直接以库存现金拨给采购人员。

①首先，需要这些物品的部门在向采购部门申请购买时，采购部门需要进行登记，其次在采购之前将采购清单提交给出纳员审核，最后由出纳员拨出库存现金给采购人员进行办公用品的采购。

②当出纳员给采购人员拨出现金时，要做好现金日记账的登记，最好是每日每笔逐一登记，不要拖延登记的时间。然后还需将现金日记账提交给会计人员，作为编制记账凭证的依据。比如，某企业采购部门 2019 年 6 月 26 日向出纳申请领取 500 元购买办公用笔和笔记本，出纳在拨出 500 元现金的同时，记该笔业务当月第 20 号凭证，同时会计人员要编制一张相应的记账凭证，具体如图 2-14 所示。

现金日记账

2019年		凭证		对方科目	摘要	借方									贷方									余额									核对
月	日	种类	号数			百	十	万	千	百	十	元	角	分	百	十	万	千	百	十	元	角	分	百	十	万	千	百	十	元	角	分	
6					承前页余额																						5	0	0	0	0	0	√
0	1	记	×	××	××					×	×	×	×	×													×	×	×	×	×	×	√
6	×	记	×	××	××													×	×	×	×	×	×				×	×	×	×	×	×	√
……	……	……	……	……	……																												
6	26	记	20	管理费用	购买办公用品														5	0	0	0	0				1	3	5	0	0	0	√

记　账　凭　证

2019年 6月 27日　　　　字第 20 号

摘要	总账科目	明细科目	记账√	借方金额										记账√	贷方金额										记账符号	附件
				千	百	十	万	千	百	十	元	角	分		千	百	十	万	千	百	十	元	角	分		
购买办公用品	管理费用								5	0	0	0	0													
购买办公用品	库存现金																			5	0	0	0	0		1
																										张
大写：伍佰元整								¥	5	0	0	0	0						¥	5	0	0	0	0		

会计主管　××　　记账　××　　出纳　××　　制单　××

图 2-14

③当采购人员将办公用品采购回公司后，需要向出纳员提交各种购

物发票用于报销。

④出纳员审核采购人员提交的购物发票无误后，将发票提交给会计人员，方便其编制记账凭证。如果有现金剩余，出纳员要保管好采购人员还回的现金，并做好现金日记账的登记，同时在向会计人员提交购物发票时，将现金日记账一并提交给会计人员。比如，上述例子中采购人员在购买了办公用笔和笔记本后，还剩余50元，6月26日当天退还给公司，出纳员要对这50元进行现金日记账的登记，会计人员记21号凭证，如图2–15所示。

现金日记账

2019年		凭证		对方科目	摘要	借方									贷方									余额									核对
月	日	种类	号数			百	十	万	千	百	十	元	角	分	百	十	万	千	百	十	元	角	分	百	十	万	千	百	十	元	角	分	
6					承前页余额																						5	0	0	0	0	0	√
6	1	记	×	××	××					×	×	×	×	×													×	×	×	×	×	×	√
6	×	记	×	××	××													×	×	×	×	×	×				×	×	×	×	×	×	√
……	……	……	……	……	……																												
6	26	记	20	管理费用	购买办公用品														5	0	0	0	0				1	3	5	0	0	0	√
6	26	记	21	管理费用	购买办公用品退回额						5	0	0	0													1	4	0	0	0	0	√

记 账 凭 证

2019年 6月 27日　　字第 21 号

摘要	总账科目	明细科目	记账√	借方金额										记账√	贷方金额										记账符号	附件
				千	百	十	万	千	百	十	元	角	分		千	百	十	万	千	百	十	元	角	分		
办公用品退回金额	库存现金									5	0	0	0													
办公用品退回金额	管理费用																				5	0	0	0		1
																										张
大写：伍拾元整									¥	5	0	0	0							¥	5	0	0	0		

会计主管 ××　　记账 ××　　出纳 ××　　制单 ××

图 2-15

正规的现金日记账登记和会计人员编制记账凭证的工作，应像上述流程一样执行，出纳员不能在收到退回的50元现金时直接将现金日记账登记为“贷方450”，会计人员也不能只编制一张“借：管理费用450，贷：库存现金450”的记账凭证。当业务简单时，这么做可以节省很多时间，但当业务复杂时，这么做会使登记入账工作出现差错，如漏记或重记。

2.3.5　填制结报单送交财务部

结报单又称出纳日报表，是指出纳员将当天所有资金的收付情况编制一张汇总的报告表。有的企业因为业务繁多，出纳员每天都要编制结报单送交财务部；而有的企业业务较少，可能一周、半月或一个月才编制一张结报单并送交财务部。图 2–16 所示为一般结报单的格式。

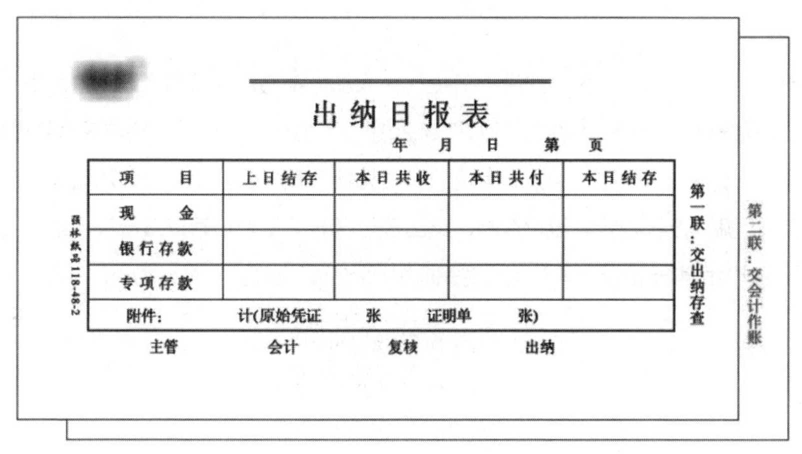

出纳日报表

年　月　日　第　页

项　目	上日结存	本日共收	本日共付	本日结存
现　金				
银行存款				
专项存款				
附件：　计(原始凭证　张　证明单　张)				

主管　会计　复核　出纳

第一联：交出纳存查

第二联：交会计作账

图 2-16

由 2–16 图可知，结报单一式两联，第一联由出纳人员留存保管，第二联交给会计人员，以备其他使用需要。

结报单是企业日后用于核对账目的有效资料，结报单中的各项数额要分别与现金和银行存款的结余数额相等，也就是说，结报单中的“本日共收”“本旬共收”“本月共收”“本日共付”“本旬共付”“本月共付”及“本日结存”“本旬结存”或“本月结存”要分别与现金日记账和银行存款日记账的“当月发生额”和“当月合计数”相符。在保证结报单的准确性的情况下，企业核对银行存款账目时可直接用结报单与银行对账单进行核对。

2.4

银行出纳管收、付、转账

随着科技的不断发展，企业之间的资金往来大部分都通过银行转账划款来实现，这样方便而快捷，可提高企业资金运转效率。然而，企业会计并不会直接与银行打交道，中间有一桥梁——银行出纳，该岗位的职责就是负责与企业日常经营活动有关的银行存款业务，无论是收到银行存款、支出银行存款或是银行存款转账等，都需要银行出纳与银行沟通协作，有条不紊地完成银行出纳的工作。

2.4.1 通知银行给员工发放工资

一般成规模的企业，每月固定时间会通过企业银行账户给员工们发放工资，因为涉及的金额比较大，远远超过了企业库存现金的数量，所以需要用“银行存款”支付。

①各部门将员工的考勤和工资情况上报给财务部，等待会计人员的审核。

②财务部会计人员对员工的工资情况审核无误后，通知银行出纳员向员工发放工资。

③银行出纳收到会计人员传递的员工工资情况表并被告知及时发放工资后，要通知银行为企业代发员工工资，主要是从企业银行账户中转出存款，同时转入事先约定或登记好的员工银行账户中。

④银行出纳员及时督促银行将转账流水单或付款凭证等原始资料递交给企业，或者银行出纳员亲自去银行办理并取回相关原始凭证，登记相关银行存款日记账，然后将这些原始凭证递交给企业财务部。图 2-17 所示为某企业为员工发放工资后登记的银行存款日记账。

银 行 存 款 日 记 账

开户行　工商银行

账　号　×××××

2019年		凭证		对方科目	摘要	借方									贷方									余额									核对
月	日	种类	号数			百	十	万	千	百	十	元	角	分	百	十	万	千	百	十	元	角	分	百	十	万	千	百	十	元	角	分	
6					承前页余额																				4	5	8	7	0	0	0	0	√
6	1	记	001	原材料	支付材料货款												×	×	×	×	×	×	×		×	×	×	×	×	×	×	×	√
6	1	记	×	……	……			×	×	×	×	×	×	×											×	×	×	×	×	×	×	×	√
6	1	记	×		本日合计			×	×	×	×	×	×	×			×	×	×	×	×	×	×		×	×	×	×	×	×	×	×	√
6	……	记	……	……	……																												√
6	9	记	011	应付职工薪酬	付给各部门员工工资											1	0	8	8	2	0	0	0		4	1	2	5	0	0	0	0	√
																																	√
																																	√

图 2-17

⑤财务部会计收到银行转账流水单或付款凭证等原始凭证后，据以登记记账凭证，记 11 号凭证，如图 2-18 所示。

记　账　凭　证

2019年 6月 12日　　　　字第 11 号

摘　要	总账科目	明细科目	记账√	借方金额										记账√	贷方金额										记账符号	附件
				千	百	十	万	千	百	十	元	角	分		千	百	十	万	千	百	十	元	角	分		
发放员工工资	应付职工薪酬					1	0	8	8	2	0	0	0													
发放员工工资	银行存款																1	0	8	8	2	0	0	0		1
																										张
大写：壹拾万捌仟捌佰贰拾元整					¥	1	0	8	8	2	0	0	0			¥	1	0	8	8	2	0	0	0		

会计主管　××　　记账　××　　出纳　××　　制单　××

图 2-18

2.4.2　接收并提交银行收、付、转账单据

企业的银行出纳员要接收从银行方面获得的收、付、转账等单据，同时向企业财务部提交这些单据。这些单据是企业银行存款的收支情况证明，也是企业现金流量情况的反映，保管好这些单据，有利于企业掌握现金流量情况和银行存款的收、付及结余状况。图 2-19 所示为中国建

设银行的收、付、转账单据样本。

中国建设银行 China Construction Bank　　中国建设银行单位客户专用回单　　No. 1872

币别:　　年 月 日　　流水号:

付款人	全称		收款人	全称	
	账号			账号	
	开户行			开户行	
金额					
转账种类			凭证号码		
结算方式			用途		

借方回单

中国建设银行 电子回单 专用章

生成时间:　　交易柜员:　　交易机构:

此回单以客户真实交易为依据，可通过建行网站(www.ccb.com)校验真伪。电子回单可重复打印，请勿重复记账。

图 2-19

如果企业是对外付款的一方，则“付款人”栏中的“全称”应填企业的全称，账号和开户行应填企业的开户行名称和账号；而“收款人”栏中的“全称”应填写收到款项的企业的全称，账号和开户行则填写收款企业的开户行和相应账号。

反之，如果企业是收到货款的一方，则“付款人”栏中的“全称”应填写付款单位的全称，“账号”和“开户行”填付款单位的开户银行名称和账号；而“收款人”栏中的“全称”就应填写本单位的全称，“账号”和“开户行”填写本单位的开户银行名称和相应账号。

不同的银行，其收、付、转账单据的外观有所不同，但大致包含的内容没什么区别，企业会计人员在实际工作中，按照一定的会计科目方向登记入账即可。

2.4.1 节的内容中，涉及工资的发放时，企业也会收到图 2–19 所示的付款单据，只是为了记账简便，很多时候银行将所有员工的工资流水情况记录在一张付款单据上并送交企业。

2.4.3　保管有关印章、空白收据和支票

企业的银行出纳员的职责包括支票兑现、接受存款和贷款付款等，还要保管相关印章、空白收据和支票。

（1）印章的保管

正常情况下，企业的印章应实行分管，出纳通常保管的印章是财务专用章，支票上要用的其他印章大都由会计保管，需要时由会计加盖。若都在出纳或都在会计处，容易发生舞弊行为。然而，现在很多私营企业的印章可能全部在老板手上，或老板信任的其他责任人手中。

可以由出纳保管的印章大概有：银行预留印鉴、现金和银行收讫章、现金和银行付讫章以及科目章等。

（2）空白收据的保管

出纳员每天应对财务部以外的部门使用收据的情况进行检查，检查内容包括收据是否缺页或断号，是否有收款未交回等情况；出纳员每周应填写《收据使用情况周报表》，交由财务经理审核无误后上报，财务经理应组织至少每周一次的对部门内收据使用情况进行检查的活动。一般收据样式如图 2-20 所示。

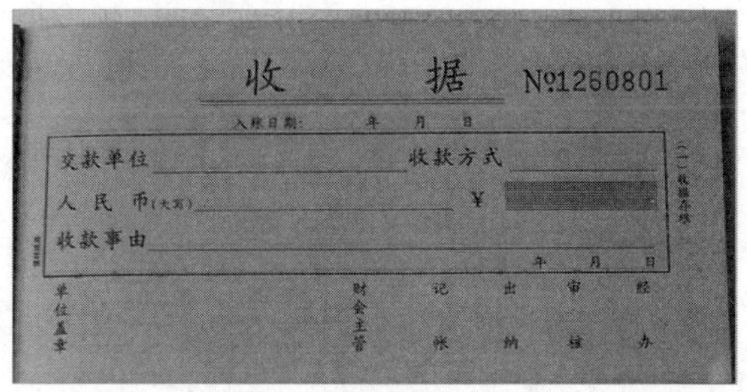
收　据　№1260801

入账日期：　年　月　日

交款单位　　收款方式

人民币（大写）　　¥

收款事由

年　月　日

单位盖章　财会主管　记账　出纳　审核　经办

图 2-20

所谓的空白收据是指未填制的收据。收据不是发票，它只是预收款

的一个凭据，而没有填制的收据如同“白条”。空白收据如果保管不善，被有企图的人或不法分子获得，则很容易给企业增加不必要的资金支出，因为这些人获得空白收据后可在其上填写一笔金额，进而让企业支付相应的款项，企业容易因此造成经济损失。有需要的情况下，企业还需进行空白收据遗失声明，其登报格式如图 2-21 所示。

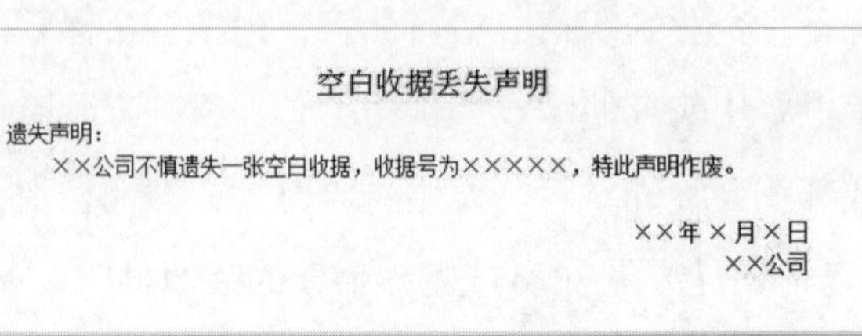
空白收据丢失声明

遗失声明：

××公司不慎遗失一张空白收据，收据号为×××××，特此声明作废。

××年×月×日

××公司

图 2-21

（3）支票的保管

在日常工作中，银行出纳员需要正确使用和填制转账支票，对于过期未使用的转账支票，银行出纳应及时收回注销，并加盖“作废”戳记。具体保管细则有如下一些。

①支票领用后，因填写错误或因故造成支票作废的，应及时将该支票交回，与原票头粘贴在一起并加盖“作废”章，在“支票领用登记簿”的相应号码的支票后面注明“作废”字样予以注销。

②支票的使用必须做到随签发、随盖章，不得事先盖章备用。

③领取的支票必须妥善保管，不得随意乱放，因发生支票丢失而使公司财产遭受损失的，将直接追究出纳员的责任。

④银行出纳一旦发现支票丢失或被盗，要立即向公司领导汇报，同时积极查找并迅速办理挂失手续，或向公安部门报案。

⑤严禁将支票出租、出借或转让其他单位或个人使用，严禁将支票作抵押等。

第3章

建账引你跨过会计的门槛

对于整个会计工作来说，无论是以往的手工会计，还是当下运用较多的会计电算化，建账这一会计工作环节都必不可少。它是企业会计工作的起点，也是基础，更是前提，没有建账，会计后续工作就无法有序地进行。因此，财会人员要做好财会工作，首先要知道什么是建账，建账要做些什么，怎样才能做好建账工作。

3.1

会计实务中建账工作不能少

建账是会计工作的起步，也是做好会计工作的基石，会计实务中少不了建账这一步骤，会计人员根据核算工作的需要而设置应用账簿的行为就称为“建账”。在会计电算化下，建账就是为企业会计工作建立账套，方便会计人员以后用财务软件做账。建账工作虽然比较简单，但也需要注意一些关键点和企业建账的基本原则，这样在建账时就不会盲目而不知所措。

3.1.1 建账的 3 个关键点

既然是会计实务，那么建账就要符合企业自身的实际需求。在建账时要注意以下 3 个关键点。

1. 建账要符合企业当下形势

建账是会计核算工作的基本方法和重要环节之一，是会计信息加工处理的中枢，是企业查账、对账、结账和随时了解财务状况与经营成果的关键。企业大小、行业各不同，会计人员应依据规模和所属行业，按《企业会计准则》《小企业会计准则》和相关行业法规的要求，建立满足企业管理需要和便于提取会计信息的会计账套。建账的时候虽不能每一个细节都考虑到，但也不能随意敷衍而蒙混了事，要繁简有度且操作自如。

比如，工业企业会计核算涉及内容众多，成本费用的归集和计算会比较复杂，所以工业企业建账应将存货账与成本费用账进行详细列示，便于企业进行精细化管理；而对于商业企业来说，除了要核算商品的进货成本与销货成本外，商品进销差价也是需要特别重视的一类账目，需要设置特有的账簿。

2. 建好关键的4本账

无论企业的规模大小，处理会计工作的水平是高是低，企业会计信息流的加工和传递都基于这4本基础且关键账目的汇集，即总分类账、明细分类账、现金日记账和银行存款日记账。

（1）总分类账

总分类账（简称总账），一般企业只设置一本总分类账。该账簿的设置可参考《企业会计准则——应用指南》附录中的“会计科目和主要账务处理”。附录中共有6类100多个一级会计科目，在不违反企业会计准则确认、计量和报告规定的前提下，企业自行选择适合自身特点的总账科目。

（2）明细分类账

明细分类账（简称明细账），主要用来分户登记某一类经济业务明细情况，通常根据二级或明细科目来设置账户。根据不同的科目性质，采用不同的栏目，比如，原材料采用多栏式分类账（收、发、存数量金额式）；收入、费用和成本类的明细账一般采用多栏式；债权债务类明细账采用三栏式。明细账的设置要为企业经营管理服务。

一般企业管理者最关注的两个账目是应收账款和存货，这两类资产的状况决定了企业的生产和销售能力，制约着企业的发展。应收账款明细账的设置，应注重账龄明细分析和坏账准备明细的计提；而存货明细账除了分别设置原材料和库存商品等明细账外，还要根据存货的库龄、积压毁损程度和市场行情等，设置相应的“存货跌价准备”明细账。

（3）现金日记账

现金是企业经营过程中使用最多的货币资金，无论是哪种企业，都存在货币资金核算问题，现金日记账是必须要设置的账。库存现金日记账要日清月结，余额应和出纳保管的库存现金实有数相符，从而杜绝资金的体外循环，杜绝“小金库”现象的发生。

（4）银行存款日记账

除现金外，银行存款也是企业经营过程中使用最多的货币资金之一。银行存款日记账余额应和银行对账单相符，月初要编制银行存款余额调节表。银行存款与现金一样，都是企业重要的现金流，而现金流是企业的血液，是管理者每天都要关注的财务数据。企业财会人员必须每天及时更新与核对货币资金账目，使管理者能够做出适时、正确的决策。

3. 建账要细心谨慎

财会人员的会计核算工作要以诚信为本，不做假账，更不能设置账外账。建立账套要细心，考虑到方方面面，因此需要建好备查账。对于一些经济事项繁杂，而总账和明细账又不能详细反映的业务，就需要用备查账来进行登记，比如应收账款备查簿、应收票据备查簿和递延税款备查簿等。对于事后查账这一会计工作环节，备查簿将是最好的备忘录。

在通过财务软件建账时，每一步骤都要细心谨慎，因为一旦出现错误，可能影响的不止一个账簿，而是一整套账套。

3.1.2 遵循建账的4个基本原则

俗话说，“没有规矩，不成方圆”，企业建账工作的执行过程中，必须遵循如图3-1所示的4个基本原则。

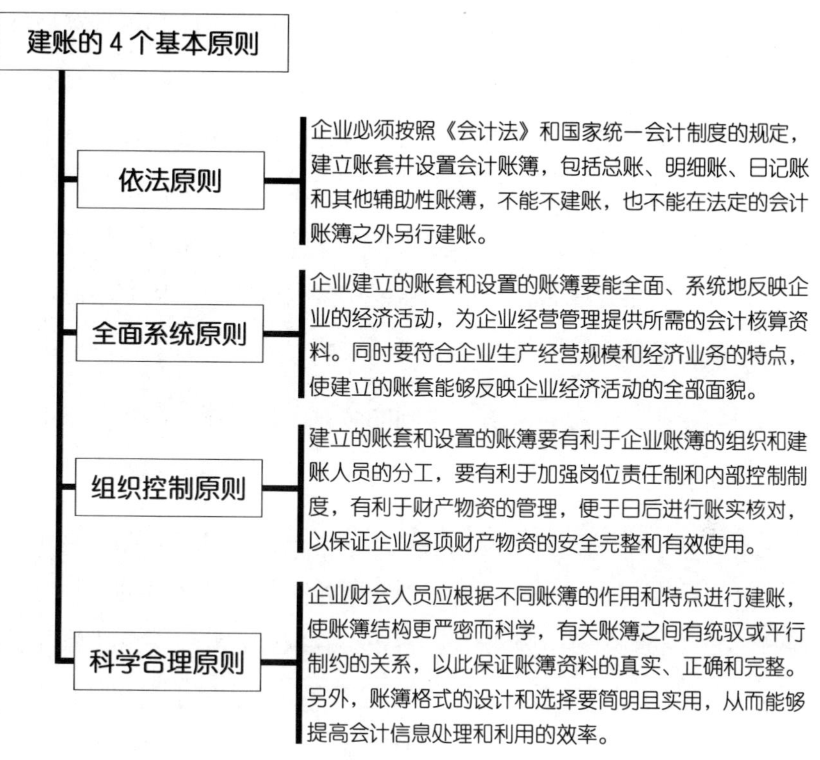

图 3-1

3.1.3　新设企业如何建账

一般来说，新设企业需要着重设置 4 本基础账，现金日记账、银行存款日记账、总分类账和明细分类账。

- 设置一套现金日记账，但如果有外币，则应根据不同的币种分别设置现金日记账。
- 根据每个银行账号单独设立银行存款日记账，比如，企业只涉及基本存款账户，则可只设置一套银行存款日记账。
- 设置一套总分类账，包含企业所设置的全部账户的总括信息。
- 根据不同账户的性质，选择设置不同的账页。

如果新设企业实行手工建账，则设置的现金日记账和银行存款日记账应使用订本账，并且根据企业业务量的大小，选择购买100页或200页的账簿；而需要企业设置的总分类账簿也只设一本，外形为订本账，也根据企业业务量大小，选择购买100页的或者200页的；明细分类账没有特定要设置什么类型，但需要明确，存货类的明细账要用数量金额式账页，收入、费用和成本类明细账要用多栏式账页，应交增值税的明细账用特定的账页，其他基本用三栏式账页。

如果将新设企业进行分类，不同的企业，其建账的内容有所不同。下面具体了解企业的建账内容。

工业企业。该类企业的会计核算涉及内容多，且有成本归集和计算问题，所以建账工作是最复杂的，但同时也是最具代表性的。与一般情况一样，该类企业要建现金日记账、银行存款日记账、总分类账和明细分类账。除此之外，还要设置辅助生产成本明细账和制造费用明细账等。为了便于凭证的编制，该类企业还要设计一些计算用的表格，如材料费用分配表、领料单、工资费用计算表、折旧费用分配表、废品损失计算表、辅助生产费用分配表和产品成本计算单等相关成本计算表格。

商品流通企业。该类企业的经济活动主要是流通领域中的购销存活动，所以其会计核算主要侧重于采购成本、销售成本和商品流通费用等。其现金日记账和银行存款日记账的建立与工业企业相同，只是在建立总分类账时，除了要设置像工业企业一样的日常总分类账簿外，还要设置商品采购、库存商品和商品进销差价3个商品流通企业必须使用的总账账簿；而明细账也需要增设商品采购明细账、库存商品明细账、商品销售收入和成本明细账等。该类企业的成本核算与工业企业有所不同，也需要外购或自制一些计算用的表格，如已销商品进销差价计算表、商品盘存汇总表以及毛利率计算表等。

服务型企业。该类企业属于我国大力发展的第三产业，其核算科目虽然多，但成本核算比较简单，所以建账工作也相对简单。现金日记账和银行存款日记账的建账与工业企业相同；总分类账簿的设置要比工业企业和商品流通企业少，但最基本的一些总账账户都不能少；明细账的设置则根据该类企业管理的需要和实用性来设置，但与前两种企业不同的是，需要设置营业费用明细账。

其他企业。除了工业企业、商品流通企业和服务型企业外，市场中还有交通运输企业、施工企业、农业企业和房地产开发企业等，这些企业的资产、负债和所有者权益的核算和建账方面与前面 3 类企业相同，主要区别在于成本核算和总账、明细账设置等方面。具体如表 3-1 所示。

表 3-1　其他企业的建账工作

类型	建账工作
交通运输企业	该类企业属于流通领域里的产业部门，流动性大、营运点多且面广线路多，与有关部门和企业内部各部门之间的经济关系较复杂，核算环节多、业务量大。在建账时，要设置“运输支出”“运输成本”“辅助营运费用”“营运间接费用”和“装卸支出”等总账和明细账
施工企业	该类企业与工业企业相比，其工作地点的流动性强、工作内容多样、施工机械体积大、受自然环境影响大且施工周期长。为了便于核算，要设置“工程施工”“辅助生产”“机械作业”“工程结算成本”和“工业生产”等总账和明细账
农业企业	该类企业包括农业、林业、畜牧业和渔业，其日常核算往往与农作物生产周期和养殖周期相一致。在建账时，需设置“农业生产成本”“农用材料”“辅助生产成本”“畜牧业生产成本”“渔业生产成本”等总账和明细账
房地产开发企业	该类企业的费用支出主要有土地征用及拆迁补偿费、前期规划和设计费用、前期水文和勘察费用、建筑安装工程费、公共配套设施费、开发间接费以及道路、供水、供电、供气、排污、通信、照明、环卫和绿化等基础设施费。建账时，需设置“开发成本”“开发间接费”和“开发产品”等总账和明细账

3.2

如何选择适合公司的财务软件

如今的企业大都运用会计电算化完成一系列会计工作，在这一前提下，有条件的企业都会购置正规的财务软件，帮助企业更好、更快地进行会计核算。而很多企业在选择财务软件时，都青睐金蝶或者用友，这两种财务软件在会计实务中使用最多。但比较大型的企业，如大型的集团企业，它们有雄厚的资金和技术条件，可自行开发适合自己企业使用的财务软件，这样可以更大程度地保证企业财务的安全性。这里主要介绍一般企业常用的金蝶和用友两款财务软件。

3.2.1 对财务软件进行考察

选用商品化财务软件是企事业单位实现会计电算化的一条重要途径，由于商品化财务软件较多，分别适用于不同的行业和经营环境，其功能和性能都各具特点，所以企业在选择财务软件时要进行全面的考察，主要从以下几个方面着手。

- **满足会计制度的要求**：财务软件一般按行业分为不同的版本，如工业版、商品流通版和行政事业版等，企业要选择适合自身发展特点的财务软件版本，同时要充分考虑软件是否满足会计制度的要求。
- **满足会计核算和管理的需要**：企事业单位的规模、管理模式和业务处理程序等不同，对财务软件的需求就会不同。财务软件提供的功能必须满足企业具体经济业务和管理需要，尤其是一些特殊业务的需要，比如，外币核算、自动汇兑损益、部门管理、项目管理和预算管理等。

◆ **满足企业经济业务变化和发展的需求**：企业经济业务的发展可能引起会计核算的变化，比如业务量的增加和业务处理流程的调整等。企业所选的财务软件应能够根据经济业务的变化进行灵活的删减和扩充，更好地适应经济发展的需要。

◆ **注重财务软件的易用性、稳定性和安全可靠性**：所选用的财务软件要方便操作，界面要清晰可辨，要符合会计人员的做账习惯，要能防止会计信息泄露破坏，要能防错、查错和纠错，要能保证在运行过程中不易因发生意外而中断运行。

◆ **所选财务软件要适应企业的计算机硬件和软件环境**：不同的财务软件对计算机硬件和软件环境的要求不同，所以选择财务软件时，必须要考虑到企业现有的计算机硬件设备条件和软件环境，尽量减少购买财务软件的成本。

3.2.2 “用友”的优势与适用企业

用友（集团）成立于 1988 年，是亚太地区大型的企业管理软件、企业互联网服务和企业金融服务提供商，是中国大型的 ERP、CRM、人力资源管理、商业分析、内审、小微企业管理软件和财政、汽车及烟草等行业应用解决方案的提供商。

用友 iUAP 平台是我国大型企业和组织应用广泛的企业互联网开放平台，畅捷通平台支持千万级小微企业公有云服务。用友在金融、医疗卫生、电信和能源等行业应用，在企业协同、通信、支付、P2P、培训教育和管理咨询等服务领域快速发展。

职场小贴士

ERP是“企业资源计划”的英文缩写，指建立在信息技术基础上，以系统化的管理思想，为企业决策层和员工提供决策运行手段的管理平台。CRM是“客户关系管理”的英文缩写，指企业为提高核心竞争力，利用相应信息技术和互联网技术来协调企业与客户间在销售、营销和服务上的交互，从而提升企业管理方式，向客户提供创新式的个性化交互和服务的过程。用友iUAP是用友公司结合云计算、移动、大数据和社交等技术研制的，完全基于互联网架构的企业互联网开放平台。

用友财务软件包括总账、应收款管理、应付款管理、UFO报表、网上银行、票据通、现金流量、网上报销、报账中心、公司对账、财务分析、现金流量表和所得税申报等功能。而根据其功能，用友财务软件分为不同的版本，具体如表3–2所示。

表3-2　用友财务软件的版本

面向	版本	介绍
大型企业	用友NC6	以客户为中心，采用云计算、大数据、移动互联网、人工智能等关键技术，帮助大型企业实现C2B（客户导向）、E2M（员工能动）、DDE（数据驱动）和RTE（实时运营）的商业创新，提供涵盖财务、供应链、制造、营销、人力资本等七大领域，23个细分领域的行业实践
	用友U9	聚焦机械、电子、整车汽配、家具等行业，借助移动互联网、物联网和大数据等技术，基于SOA云架构的多组织企业互联网应用平台，秉承互联网基因，以精细化管理、产业链协同与社交化商业，帮助多组织企业实现商业模式创新、组织变革和管理升级
	用友智能工厂	针对客户由传统制造业向智能制造转型的需求，结合互联网、移动化、大数据、物联网、混合现实及人工智能等领域持续研发形成的技术积累，为客户提供全新体验的深入车间现场的应用系统和自上而下直达生产现场的全面完整解决方案的能力
	用友HCM	将企业最佳实践与软件产品创新相结合，为企业提供涵盖人力资源管理价值链的整体解决方案，有1000多人的HR专业团队做依托

续表

面向	版本	介绍
中型及成长型企业	用友 U8+	提供预配置的管理与业务实践，以企业全面精细化管理方案为核心，融入移动技术、网络营销、电子商务和体验营销，帮助企业实现产业链协同，拓展企业社交化应用
	用友 PLM	是企业研发创新管理平台，帮助企业实现产品研发及设计过程中业务流程和产品数据的标准化管理，缩短产品开发周期，提高产品改型设计效率，实现技术信息化，控制产品成本
	用友 CRM	包括客户资源企业化管理、业务过程透视管理和量化的分析决策支持等关键应用，如客户聚类管理、客户资源分配管理、客户信用管理、销售过程管理、订单管理、分支机构协同管理、客户分析、销售分析和市场分析等
小微企业	畅捷通 T+	除满足企业对本地业务管理需求外，还帮助企业对异地仓库、办事处、门店和分支机构进行管控，全新 B2B168.com 管理
	畅捷通 T1	又分为 T1- 财贸宝、T1- 商贸宝批发零售版、T1- 商贸宝 IT 通讯版和 T1- 商贸宝服装版，主要服务于企业的进销存管理
	畅捷通 T3	变“手工账”为“电脑账”，规范建账；提供“常用凭证”；记完账后出报表；算工资、管资产、做分析；规避财税风险
	畅捷通 T6	提供财务、业务、生产一体化管理，规范流程，提升企业运营效益，提供多角度的经营数据分析，洞察经营变化

3.2.3　“金蝶”的特点与使用情况

除了 3.2.2 节介绍的“用友”以外，很多企业选择使用另一种财务软件，叫“金蝶”。金蝶是香港联交所主板上市公司，是中国软件产业领导厂商，是亚太地区管理软件龙头企业，是全球领先的中间件软件，也是在线管理和全程电子商务服务商。

金蝶国际软件集团始创于 1993 年，运用前沿科学技术，以管理信息化产品服务为核心，为企业和政府组织提供云管理产品和服务。金蝶在中国大陆设有深圳、上海和北京 3 个软件园，金蝶附属公司有：专注于企业管理软件及互联网服务市场的金蝶软件（中国）有限公司、专注于中间件业务的深圳市金蝶中间件有限公司、专注于医疗卫生行业信息化的金蝶医疗软件科技有限公司以及专注于除中国大陆以外的亚太地区及海外市场的金蝶国际软件集团有限公司等。

与用友财务软件一样，金蝶财务软件也分为很多版本，不同的版本适合不同的企业，具体介绍如表 3–3 所示。

表 3-3 金蝶财务软件的版本

版本	适用范围
金蝶 EAS	该版本是集团企业的一体化全面管控解决方案，适用于资本管控型、战略管控型和运营管控型的集团企业。它为资本管控型的多元化企业集团提供财务、预算、资金和高级人才的管控体系；为战略管控型集团企业提供财务、企业绩效管理、战略人力资源、内控与风险的全面战略管控；为运营管控型集团提供战略采购、集中库存、集中销售与分销、协同计划及其复杂的内部交易和协同供应链的集成管理
金蝶 K/S	主要为中小型企业量身定制。它集财务管理、供应链管理、生产制造管理、人力资源管理、客户关系管理、企业绩效、移动商务、集成引擎和行业插件等业务管理组件为一体，以成本管理为目标，计划与流程控制为主线，通过对目标责任的明确落实和有效执行过程的管理与激励，帮助企业建立人、财、物、产、供、销的科学完整管理体系
金蝶 KIS	该版本是面向小微企业的日常经营管理信息化而研发的一系列软件，其种类齐全，能够全面满足小微企业的不同阶段和不同功能的需求，帮助企业建立规范的业务流程，提升管理能力，降低管理和经营成本，增强企业竞争力和生存力。金蝶 KIS 采用最新的云计算、社交网络和移动技术，增加云管理服务功能应用，在原有软件基础上开发了手机和 iPad 等移动应用，新一代金蝶 KIS 软件实现了所有客户端的全覆盖，可随时随地处理会计业务，并及时了解企业经营和库存等数据。同时，很多管理流程也可在手机上直接完成
金蝶 K/3 WISE	这是一款面向成长型企业，适应企业在快速成长过程中业务与管理的不断变化的信息化平台，实现云服务、ERP 和物联网的融合，帮助企业从信息化建设到构建企业工业互联网与数字化管理平台。实现销售、采购和生产的流程化管理，构建企业的“业财税一体化管理平台”；以物联技术（IoT、RFID、二维码等）为手段，帮助企业实现与物、设备的连接，实现仓库、车间的数据采集与监控（SCADA），通过控制与调度系统实现工厂智能化，构建企业的“工业互联网与控制平台”；以 ERP+ 云之家，实现 ERP 业务在云之家移动平台上的业务移动化，实现信息驱动的企业内部与外部合作伙伴的组织无边界沟通与协作

3.3

建立账套时的相关基础设置

对于每一位给企业建账的会计人员来说，在建立账套时都需要先进行一些基础设置，然后依次建账。只有将基础设置的相关工作做扎实，后续建账工作才能更顺利。在大多数情况下，不进行基础设置，财会人员根本无法顺利建账。所以，财会人员要完成的建账过程基础设置有：执行账套的新建操作、录入初始数据、结束基础设置的初始化以及账套的备份等。

3.3.1　新建账套

财会人员在建立账套前，首先要安装企业统一购买的财务软件，安装后才能启动并运行财务软件，进而为企业新建账套。

首先，在安装好财务软件的计算机桌面上可找到该软件运行的快捷方式，要在软件的“加密服务器”启动的情况下，双击图标后进入系统的登录页面，单击“新建账套”按钮，如图 3-2 所示。

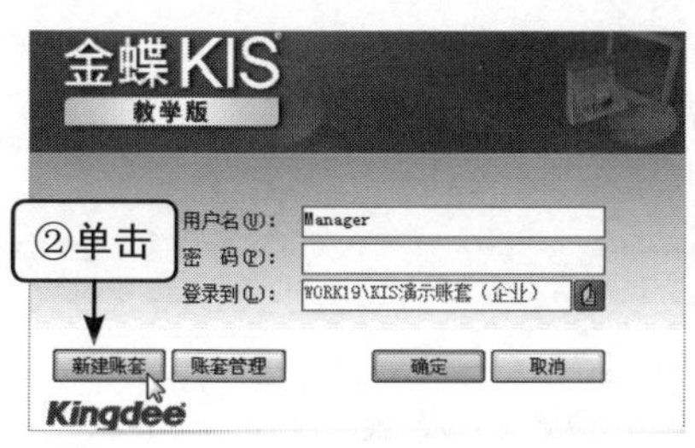

图 3-2

在打开的账套管理登录界面中，输入正确的密码，这里密码为空，然后单击“确定”按钮。在打开的“新建账套”对话框中设置账套号、账套名称和单位性质，这里账套号为默认的建账时间，账套名称为公司名称，单位性质设置为“企业”。最后单击“数据库路径”文本框右侧的按钮，如图 3-3 所示。

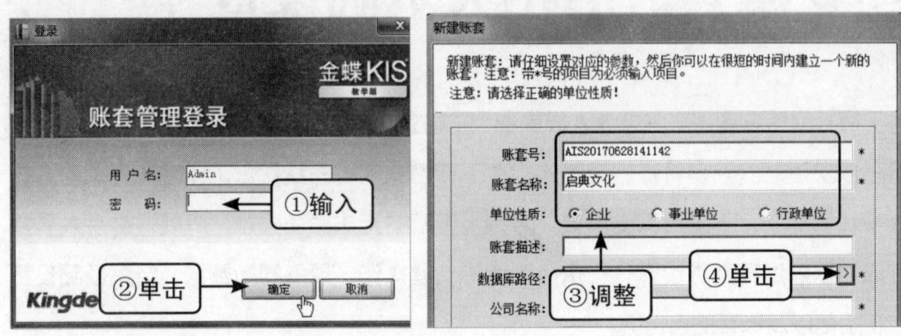

图 3-3

在打开的“选择数据库文件路径”对话框中，选择账套保存的路径，一般为默认路径，然后单击“确定”按钮，返回“新建账套”对话框，填写公司名称，单击“确定”按钮。系统开始执行新建账套的操作，最后系统会提示用户“新建账套成功”，单击“确定”按钮即可完成新建账套的操作，如图 3-4 所示。

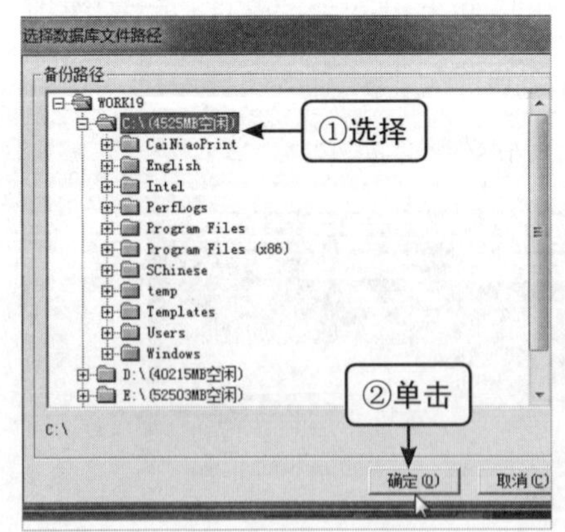

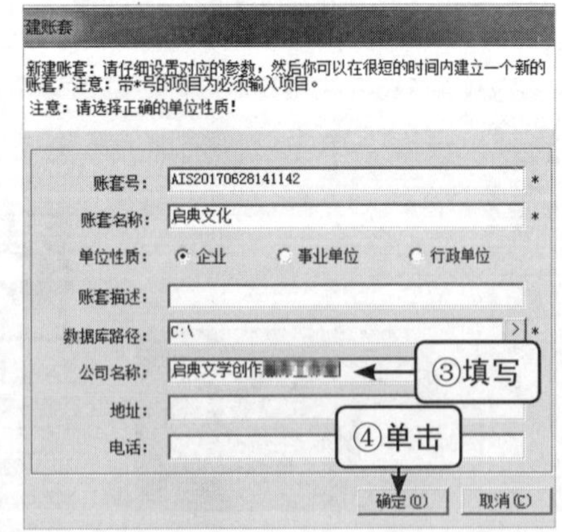

图 3-4

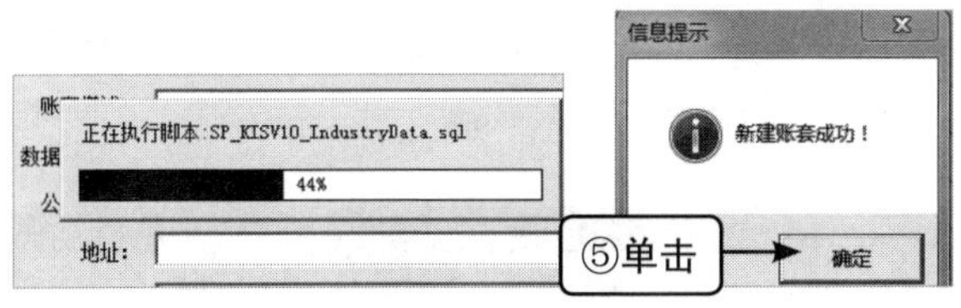

图 3-4（续）

在打开的“系统登录”对话框中，选择新建的账套，单击“确定”按钮，将自行跳转到新建账套的操作界面，在“日积月累”对话框中依次单击“下一条”按钮，在查看所有提示后，单击“确定”按钮，关闭当前对话框，如图 3–5 所示。

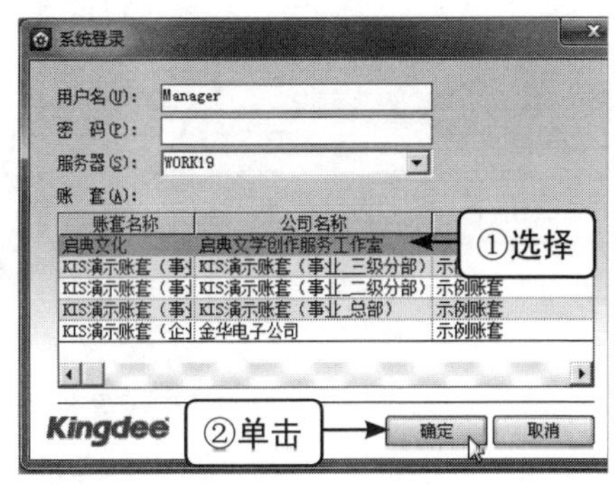

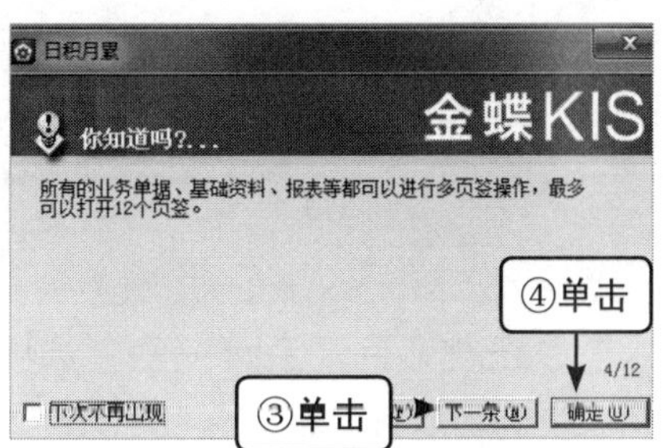

图 3-5

3.3.2　完成基础设置

在运用金蝶软件处理日常会计工作前，首先对软件进行相关的基础设置，录入会计初始数据，比如，币种、计量单位、核算项目、结算方式、系统参数、会计科目结构、会计期间、用户属性、操作员权限以及辅助资料等的设置。

在“主控台”界面中单击“系统参数”按钮，在打开的“系统参数”对话框的“系统信息”选项卡中填写税号、银行账号、地址、电话、传真和 E–mail（公司名称和单位性质将默认为新建账套时的设置），设置记账本位币的代码、名称和小数位数。这里分别设置为“RMB”“人民币”和“2”，然后单击“确定”按钮，如图 3–6 所示。

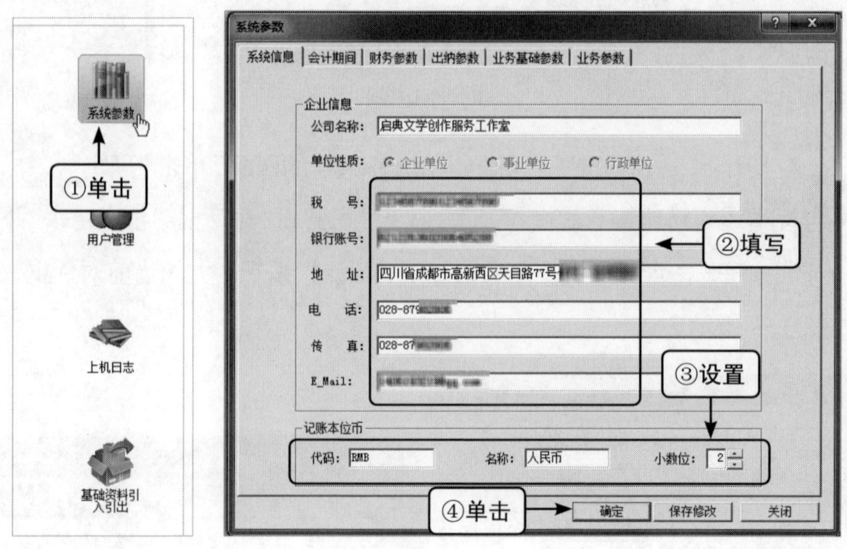

图 3-6

系统跳转到“会计期间”选项卡，选择会计期间为“2017”选项，单击“设置会计期间”按钮，在“会计期间”对话框中单击“确认”按钮，返回“会计期间”对话框后单击“保存修改”按钮，如图 3–7 所示。

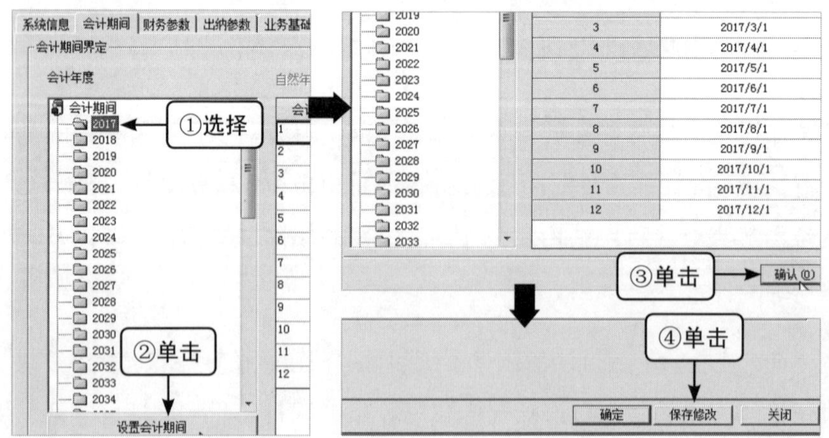

图 3-7

单击“财务参数”选项卡，在“初始参数”选项区域中设置“启用会计期间”（一般为默认值，可能存在无法设置的情况），然后单击“出纳参数”选项卡，在“初始参数”选项区域中设置启用会计期间，如图 3-8 所示。

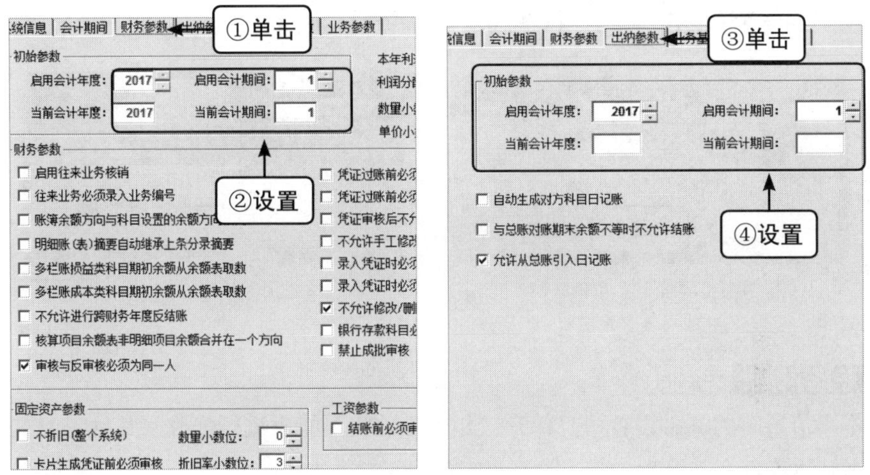

图 3-8

单击“业务基础参数”选项卡，在“初始参数”选项区域中设置“启用会计期间”“是否允许负库存出库或结账”“存货核算方式”和“库存更新控制”，在“业务参数”选项卡中设置“暂估差额生成方式”等。这里设置不允许负库存出库或结账，暂估差额生成方式为“单到冲回”，最后单击“保存修改”按钮或者“确定”按钮，如图 3-9 所示。

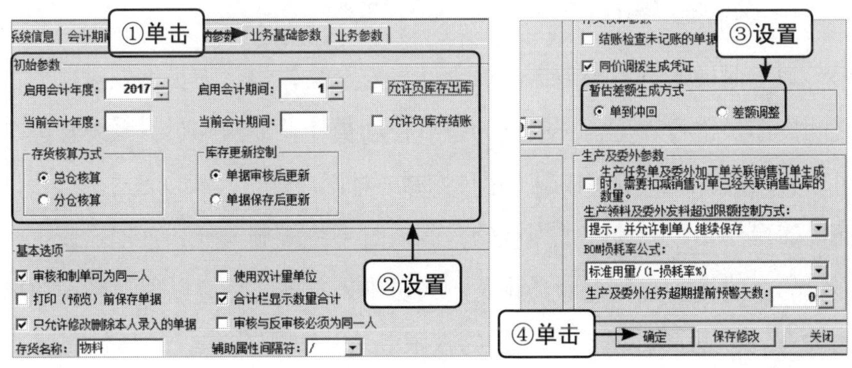

图 3-9

系统会提示“确认出纳参数是否设置正确”，确认后单击“确定”按钮，打开“信息提示”对话框，单击“确定”按钮，重新登录金蝶软件，此时系统会打开“系统登录”对话框，输入用户名和密码，选择需要登录到的账套，单击“确定”按钮即可重新登录到财务系统，如图3-10所示。

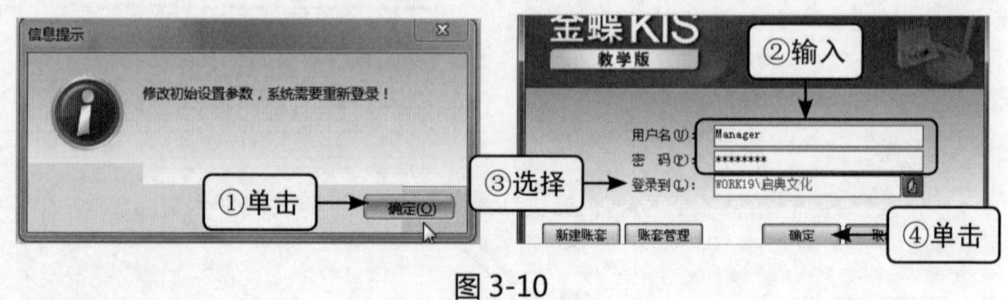

图3-10

职场小贴士

本小节讲解的基础设置一旦保存，相关参数将不能再进行修改，并且需要重新登录账套后才能进行初始化工作。

3.3.3 进行初始化工作

在基础设置完毕后，财会人员需要进行初始化工作，主要有设置用户属性、操作员的权限设置和更改操作员登录密码等。

1. 设置用户属性

为了保证账务系统数据的保密性和安全性，财会人员首先对财务系统的操作员进行管理，一般分为系统管理员和普通操作员，系统管理员可享有系统管理的所有权限（用户增减、对用户进行授权以及过账等），而普通操作员则只能在被授权的范围内对系统实施操作和管理。设置操作员的目的在于避免与业务无关的人员进入财务系统，以保证系统数据的安全。下面通过系统管理员的权限新增一些操作员，具体操作步骤如下。

在“基础设置”的“公共资料”板块中单击“用户管理”按钮，在打开的“用户管理”界面中单击“新建用户组”按钮，在打开的“用户组属性”对话框中，输入用户组名，这里为“操作员组”，单击“确定”按钮，如图 3–11 所示。

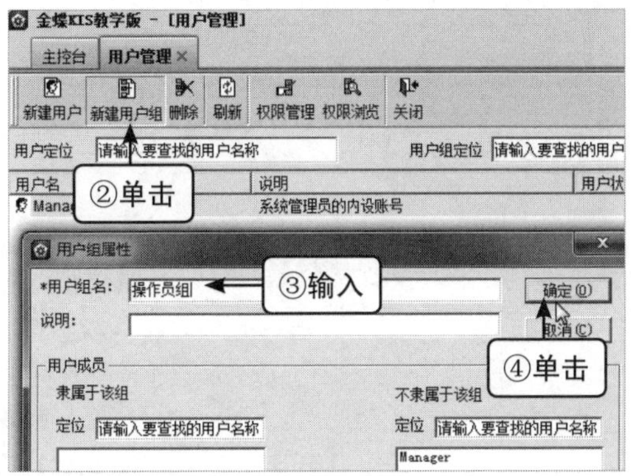

图 3-11

在“用户管理”界面中选择“操作员组”选项，单击“新建用户”按钮，在打开的“新增用户”对话框中输入用户姓名，如“赵一”，然后设置密码并确认密码，单击“确定”按钮，如图 3–12 所示。

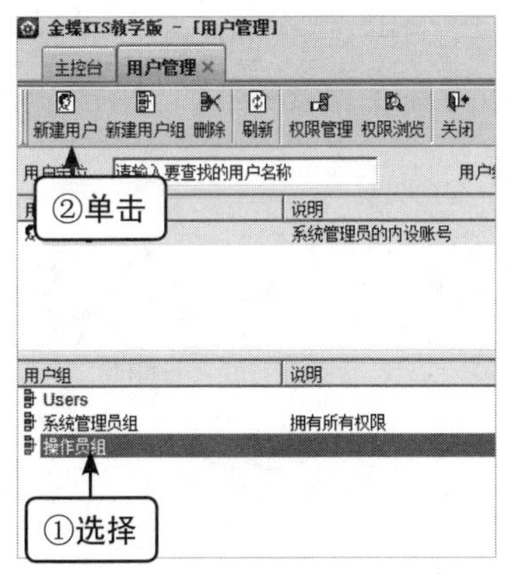

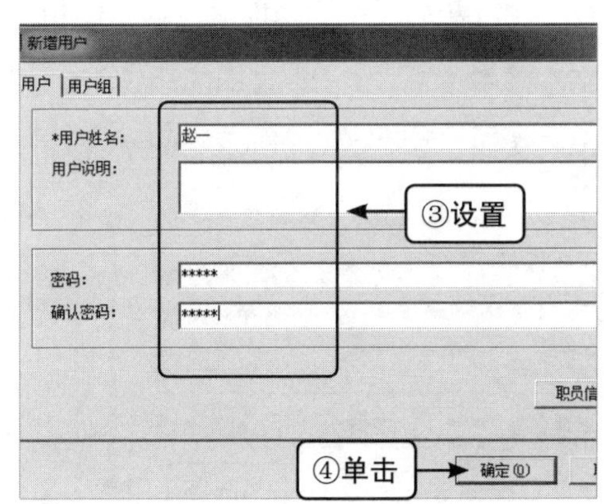

图 3-12

按照相同的操作再添加一位操作员，这里为“钱二”。选择“用户管理”界面左下角的“操作员组”选项并双击，在打开的“用户组属性”对话框的右侧，选择“赵一”选项，单击“添加”按钮。重复相同的操作添加钱二操作员到操作员组中，单击“确定”按钮，如图 3-13 所示。

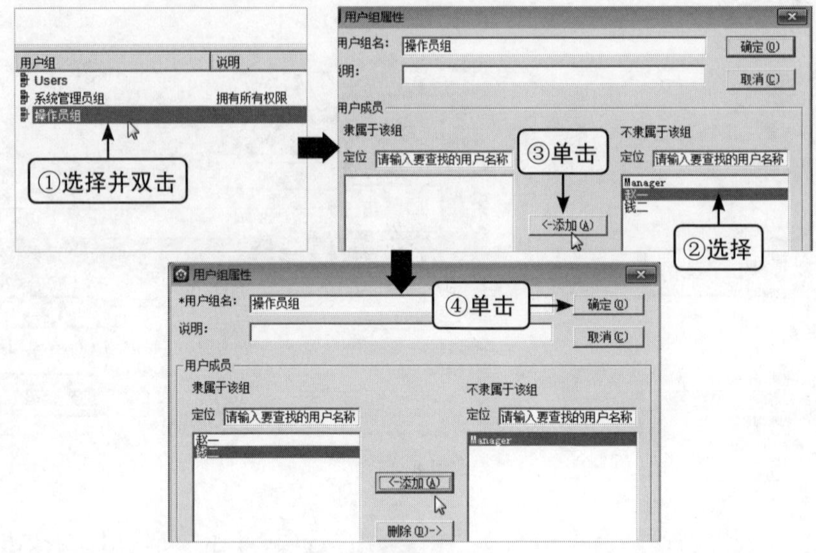

图 3-13

选择“赵一”操作员并右击，在弹出的下拉菜单中选择“属性”命令，在打开的“用户属性”对话框中单击“用户组”选项卡，在“定位”文本框中设置“钱二”隶属的用户组，这里为“系统管理员组”，单击“确定”按钮，如图 3-14 所示。

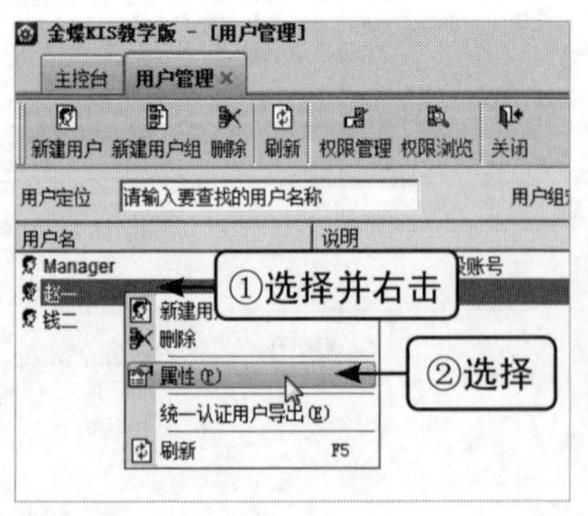

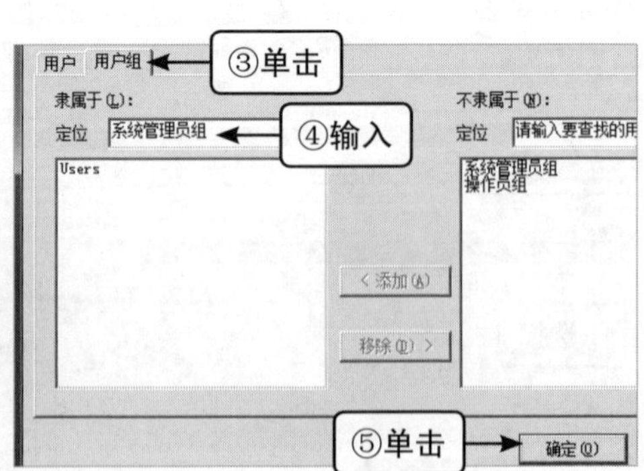

图 3-14

2. 操作员的权限设置

设置完用户组和用户后，要对操作员进行权限分配，指定其对账套数据的处理权限和操作范围。操作员的操作权限适用范围主要有 3 种，不同版本的金蝶软件，操作权限名称可能不同，这里为“所有用户”“本组用户”和“当前用户”。

- 如果选择所有用户，表示操作员能够处理所有用户录入的凭证及业务资料。
- 如果选择本组用户，表示操作员能处理隶属于的用户组中的用户录入的凭证和业务资料。
- 如果选择当前用户，表示操作员只能处理自己录入的凭证和业务资料。

不同的财务软件对操作员权限的设置不同，在本章介绍的金蝶软件中，将所有操作员的权限分为两大类：查询权和管理权。细分权限，可分为系统管理员权限、操作权限、报表权限和科目权限，这 4 个细分的权限还会再细分为多个具体的权限，内容如表 3–4 所示。

表 3-4　操作员的权限介绍

权限	介绍
系统管理员权限	拥有此权限的用户具有建立新账套、为其他用户分配权限（授权）的权限以及进行反过账和反结账的权限，一般只有企业财务负责人才有该权限
操作权限	按系统中的管理模块，将操作权限又分为凭证、账簿、报表和结账等小类权限，每一类都有具体的分工权限选项，用户只能在系统权限设置的基础上进行取舍，不能另行设置
报表权限	拥有此权限的操作员可查看、打印、修改或删除报表的内容。考虑到保密性和安全性，一些用户不希望操作员能在系统中看到所有公司报表，所以对普通操作员一般不授予修改和删除的操作权限，这需要对每位操作员的权限进行具体设置

续表

权限	介绍
科目权限	在日常核算中需要多个操作员，每位操作员有特定的业务分工，若希望操作员只能对其业务核算范围内的会计科目进行操作，用户可在科目权限中对每位操作员使用科目的范围进行具体设置

下面以操作员“钱二”为例，讲解如何对操作员进行权限设置。假设“钱二”为公司的出纳员，具有查询和打印日报表的报表权限，现金管理、日记账查询、银行存款、支票管理、出纳报表和期末轧账等操作权限，现金、银行存款、其他货币资金/银行本票/银行汇票/信用卡和应收票据等科目权限，其权限范围是所有用户，权限设置过程如下。

进入“用户管理”界面，选择“钱二”选项，单击“权限管理”按钮，打开“用户管理－权限管理（钱二）”对话框，选中钱二需要具备权限的复选框，然后依次单击“授权”按钮和“关闭”按钮，如图 3-15 所示。

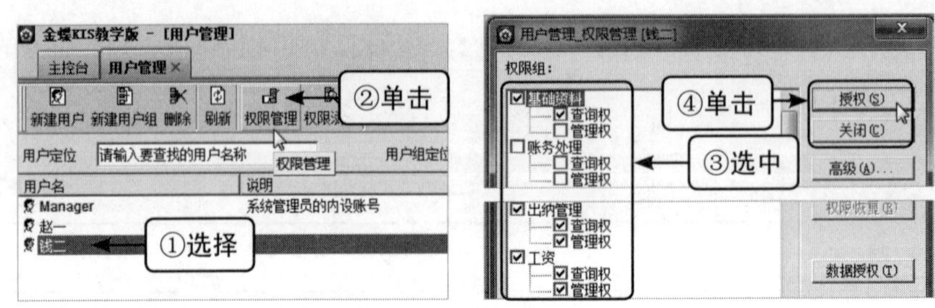

图 3-15

3. 更改操作员登录密码

企业的财会人员作为财务软件的操作员，在登录系统后都可以进行密码设置和修改。下面同样以“钱二”为例，讲解设置登录密码的操作步骤。

在“系统登录”对话框的“用户名”文本框中输入“钱二”，在“密码”文本框中输入登录密码（在设置用户属性时设置的密码），单击“确定”按钮，进入“主控台”界面，通过“基础设置”进入“用户管理”界面，选择“钱二”选项并双击，打开“用户属性”对话框，在“密码”文本框和“确认”密码文本框中重新输入新密码，单击“确定”按钮，该操作员的登录密码即修改完毕，如图 3–16 所示。

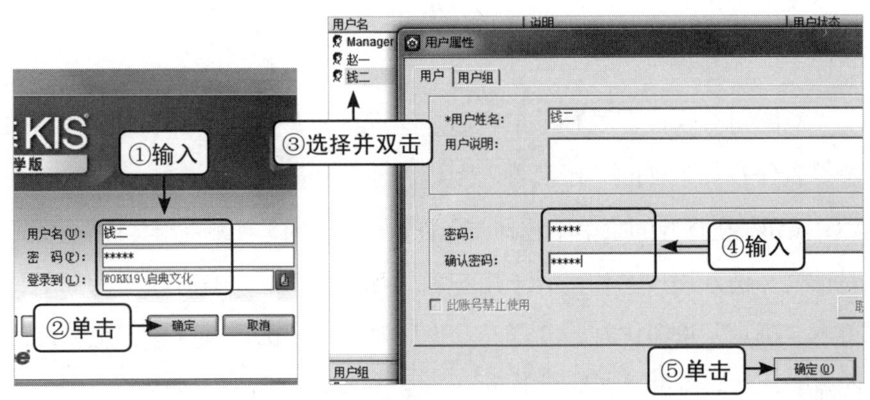

图 3-16

4. 切换操作员

财会人员在实际工作中，可能会发生多个操作员共用一台计算机的情况。这时，可以在不退出金蝶系统的情况下切换操作员，从而继续使用。

在“钱二”登录金蝶系统的情况下，在“主控台”界面的右下角单击“钱二”按钮，打开“系统登录”界面，此时输入其他需要使用系统的操作员名字和登录密码，这里输入“赵一”和相应密码，单击“确定”按钮，此时“主控台”界面右下角显示“赵一”，如图 3–17 所示。

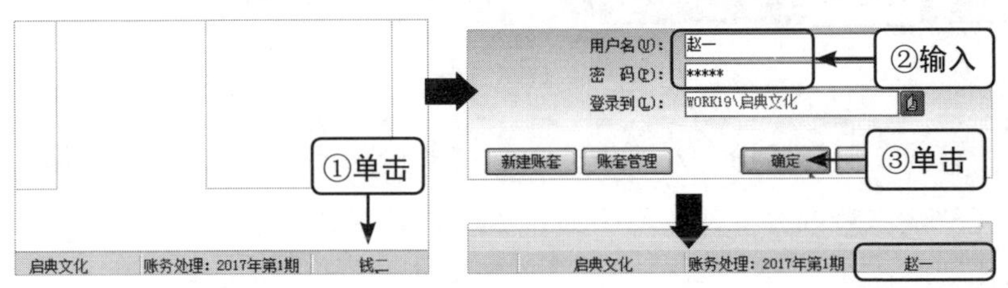

图 3-17

3.3.4 教你账套如何备份

为了防止企业财务软件系统中的数据和资料丢失，财会人员需要对新建的账套进行备份，在日常使用过程中也应定期备份并妥善保管。通常所说的备份账套即输出账套，就是把财务软件系统记录的会计核算内容以文件的形式进行另存。

有的财务软件需要登录系统后才能进行账套备份，而本书中介绍的金蝶软件有其单独的“账套管理”程序，在计算机桌面左下角单击“开始”按钮，在打开的菜单中选择“账套管理”选项，打开“账套管理登录”对话框，输入用户名和密码（用户名一般是默认的，有时密码为空），单击“确定”按钮，打开“账套管理”对话框，选择企业当下正在使用的账套，然后单击对话框左上角的“备份”按钮，如图 3-18 所示。

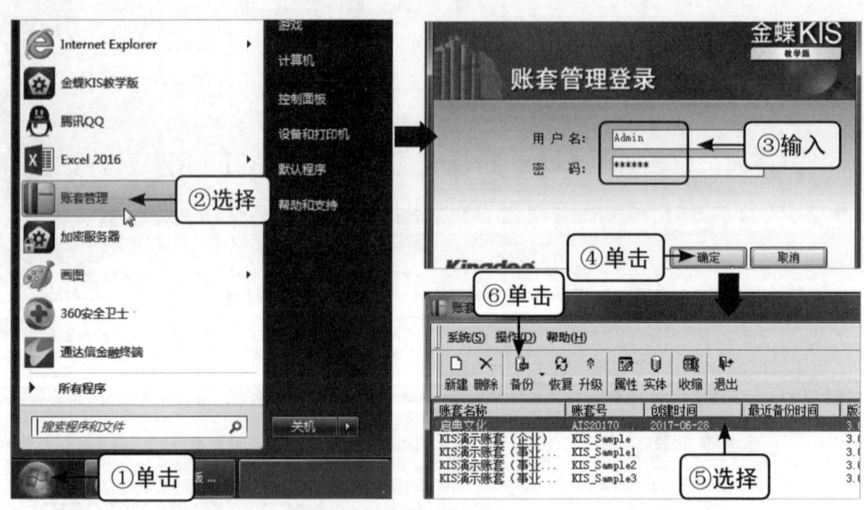

图 3-18

打开“账套备份”对话框，单击“备份路径”文本框右侧的按钮，打开“选择数据库文件路径”对话框，选择备份账套的存储位置，单击“确定”按钮，返回“账套备份”对话框，查看选择的备份路径，确认无误后单击“确定”按钮，打开“信息提示”对话框，提示账套备份成功，单击“确定”按钮关闭对话框，完成新建账套的备份工作，如图 3-19 所示。

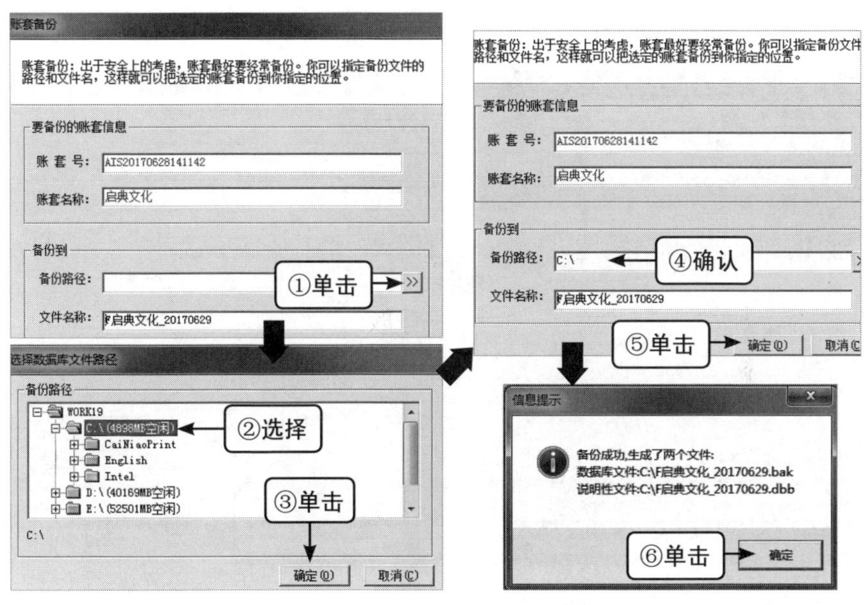

图 3-19

职场小贴士

有的财务软件在备份账套时有“压缩”和“整理账套碎片”选项，“压缩”是指当账套文件容量较大时，通过压缩减少容量来保存文件；而“整理账套碎片”是指账套在运行过程中可能由于操作系统的原因，使账套文件占用的空间越来越大，影响系统的稳定和运行速度，此时可通过整理账套碎片来释放账套空间。有的财务软件有“自动备份账套”和“手动备份账套”选项，选择不同的选项时，系统会根据情况进行账套的自动备份，或需要人为手工备份。

而在实际工作中，如果遇到财务软件系统被破坏，其中的会计记录需要恢复，此时可进行账套恢复操作。

打开“账套管理”对话框，选择需要恢复的账套，单击对话框上方的“恢复”按钮，在打开的“恢复账套”对话框中选择备份文件，修改账套名称，单击“确定”按钮，打开“信息提示”对话框，提示账套恢复成功，此时单击“确定”按钮，返回“账套管理”对话框即可看到恢复的账套，如图 3-20 所示。

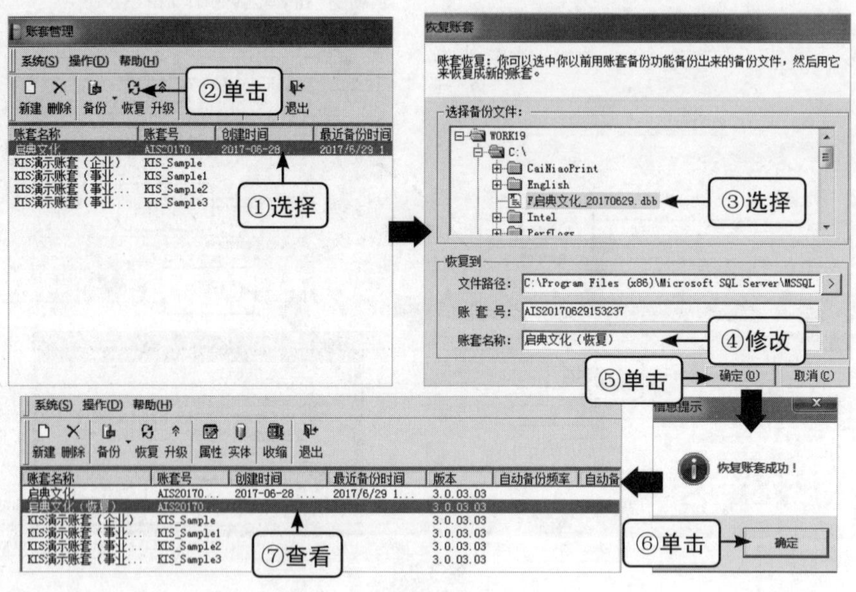

图 3-20

3.3.5 建立核算框架

财会人员在建立了财务系统账套后，并没有形成一个完整的财务核算系统。只有在建立账套的基础上，对账套进行会计核算基本参数和选项的设置，才能建立起适合企业业务核算需要的会计科目和项目核算体系，也才完成了会计核算基本框架的建立。

1. 设置核算科目

在实施账务核算时，企业需要对一些重要项目进行管理。为了能在日常账务处理时，将涉及相关项目的账务分类整理出来，就需要确定项目，即设置核算项目。比如，设置客户项目，可将日常账务与客户相关的项目单独调出进行查询。

在“会计科目－新增”和“会计科目－修改”对话框中会出现很多选项，财会人员只有在了解它们的含义后才能顺利地添加或修改会计科目，下面介绍其中几种较难理解的选项。

- **助记码：**用于帮助财会人员记忆会计科目的代码，在输入凭证时，为了提高会计科目的输入速度，可通过助记码帮助科目输入。比如，将“银行存款”科目的助记码输入为“yhck”，则在输入银行存款科目时输入“yhck”，系统就能自动找到“银行存款”科目，加快凭证处理的速度。
- **外币核算：**用于指定相关科目币别核算的类型，系统在处理核算外币的会计科目时会自动默认在“货币处理”功能中输入的汇率，但财会人员可根据自身实际情况进行修改。
- **往来业务核算：**该复选框用于确定是否进行往来业务核算，会影响到“往来业务对账单”和“账龄分析表的输出”。
- **数量金额辅助核算：**该复选框用于确定是否进行数量金额辅助核算，如果选中，则要求财会人员在其下的“计量单位”文本框中输入核算的计量单位。
- **出日记账：**该复选框用于确定是否按日清日结的方式登记账簿，比如“1001 库存现金”就需要设置为日记账属性。
- **核算项目：**是会计科目的一个延伸，财会人员在选择时可选择单一的核算项目，也可选择多个核算项目。如果选择单一核算项目类别，则此类别下的所有核算项目都可参与相应科目的核算；如果选择多个核算项目，则可同时选择其下的“客户”“部门”“职员”和“供应商”等选项。

在“基础设置”界面中单击“核算项目”按钮，在“全部核算项目”界面有 7 种核算项目，分别是客户、部门、职员、物料、仓库、供应商和现金流量项目，有的财务软件只有往来单位（核算客户和供应商）、部门和职员 3 种核算项目。选择其中一种，这里选择“客户”选项，单击“修改”按钮，如图 3–21 所示。

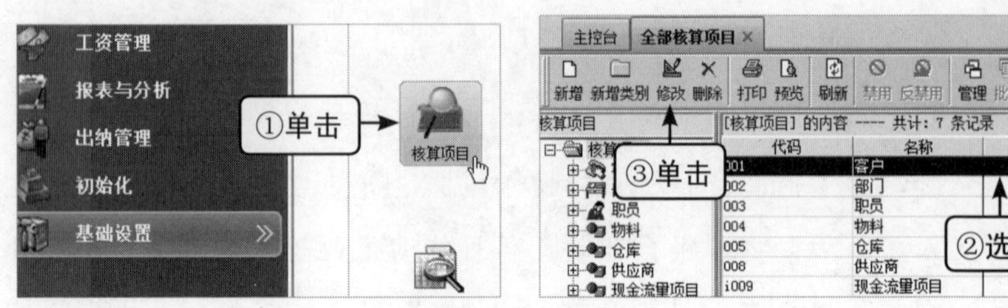

图 3-21

在打开的“核算项目类别 – 修改”对话框中即可修改核算项目类别的名称（系统预设的核算项目无法修改或删减）。若企业需要增加核算项目，则可在“全部核算项目”界面中单击“新增类别”按钮，在打开的“核算项目类别 – 新增”对话框中输入新增项目的代码和名称，单击“新增”按钮，如图 3–22 所示。

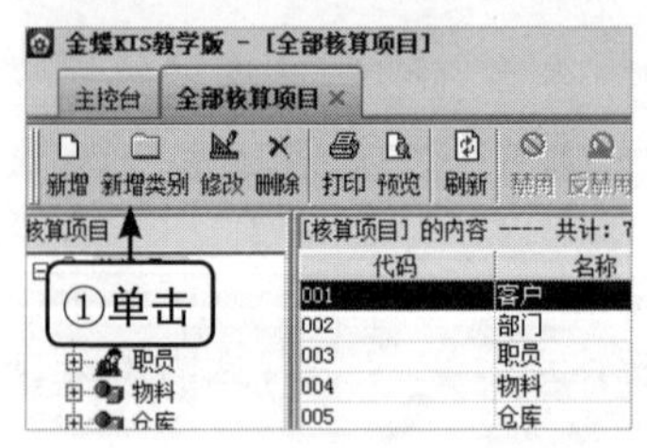

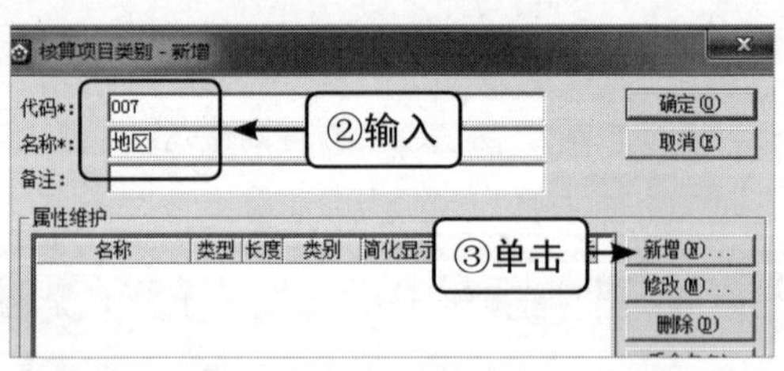

图 3-22

在打开的“自定义属性 – 新增”对话框中，设置名称为“地区”，相关属性为“区域”，默认值为“西南区”，单击“新增”按钮，返回“核算项目类别 – 新增”对话框，再单击“确定”按钮，如图 3–23 所示。

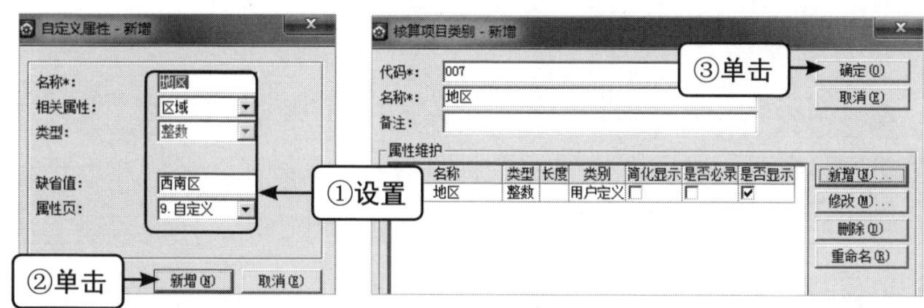

图 3-23

将项目类别修改完成后，财会人员根据企业自身情况，对每一种类别进行具体项目的设置，如添加企业的客户、供应商和材料物资等，这一步骤将为后面的初始数据录入工作打好基础。

2. 设置货币类别

货币类别和单位是核算体系中不可缺少的内容，在新建账套时，系统对记账本位币已进行了设置，但对于一些经营进出口业务的企业来说，除了记账本位币外，还需在系统中设置外币核算类别、单位和汇率等。

在“基础设置”界面中单击“币别”按钮，在打开的“币别”界面中单击“新增”按钮，然后在打开的“币别 - 新增”对话框中输入币别代码、币别名称和记账汇率，分别为“USD”“美元”和“6.78”，设置金额小数位数为“2”，再单击“确定”按钮即可添加成功，如图 3-24 所示。

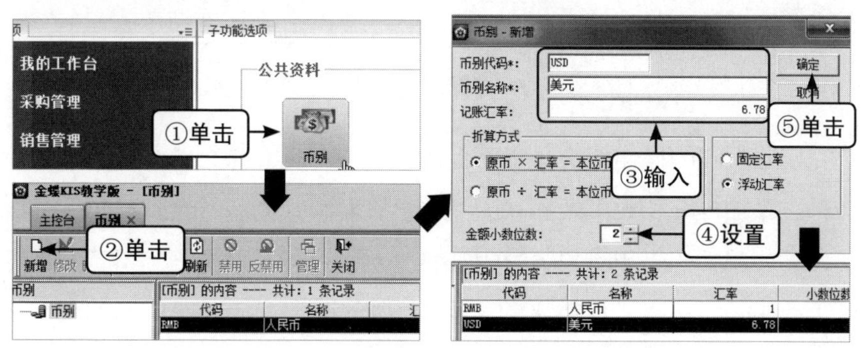

图 3-24

3. 设置会计科目

通过财务软件进行会计工作与手工会计相同，只有设置了会计科目才能进行日常财务核算。在设置会计科目时，必须把企业的业务核算需要与国家的有关财会制度规定相结合。在新建账套时，已经预设了一些会计科目，财会人员可增加、删减或修改会计科目。

在“基础设置”界面中单击“会计科目”按钮，在打开的“会计科目”界面中单击“新增”按钮，在打开的“会计科目－新增”对话框中设置科目代码、科目名称、科目类别以及其他一些内容，然后单击“保存”按钮，如图 3–25 所示。

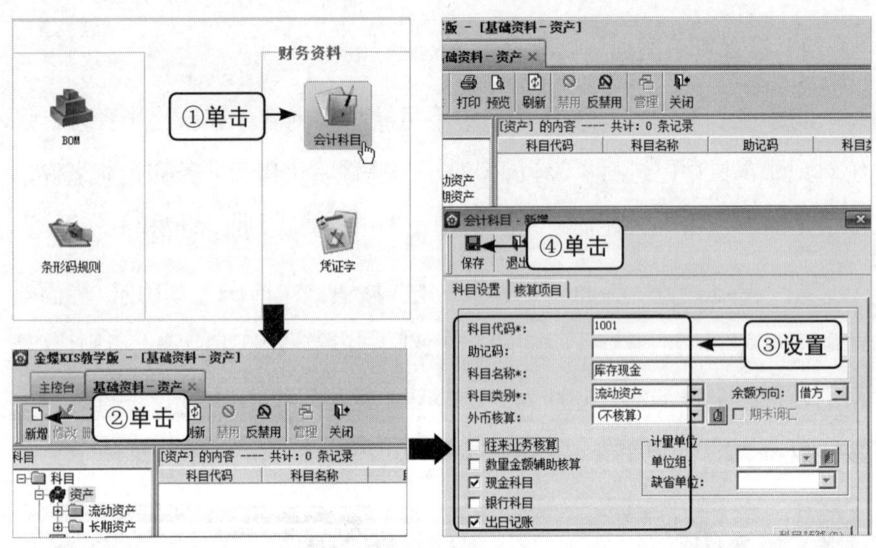

图 3-25

按照相同的操作依次添加其他会计科目，直至将企业经营所需的会计科目添加齐全。如果要删减无用的会计科目，则在“会计科目”界面选择需要删减的无用科目，这里选择“买入返售金融资产”科目，然后单击“删除”按钮，打开“信息提示”对话框，单击“是”按钮即可成功删除该会计科目，如图 3–26 所示。

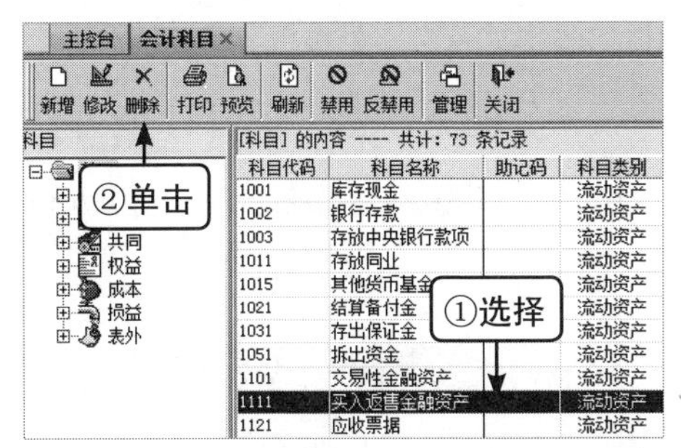

图 3-26

若是发现会计科目名称不正确而需要修改，则可在“会计科目”界面选择需要修改的会计科目，这里选择“库存现金”科目，然后单击“修改”按钮，在打开的“会计科目－修改”对话框中重新输入会计科目名称（若是代码错误，则修改科目代码），然后单击“保存”按钮即可完成修改，如图 3–27 所示。

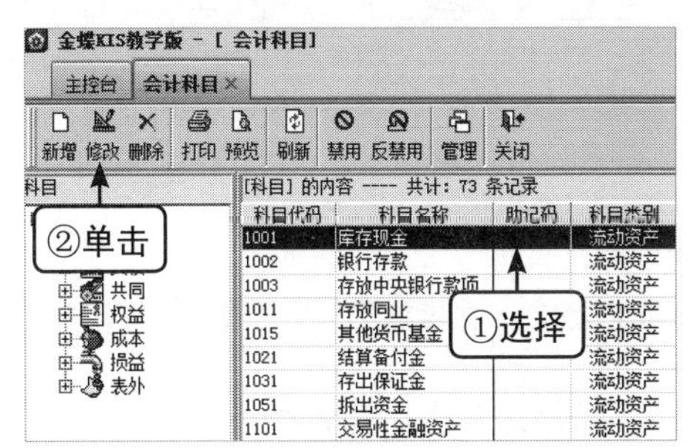

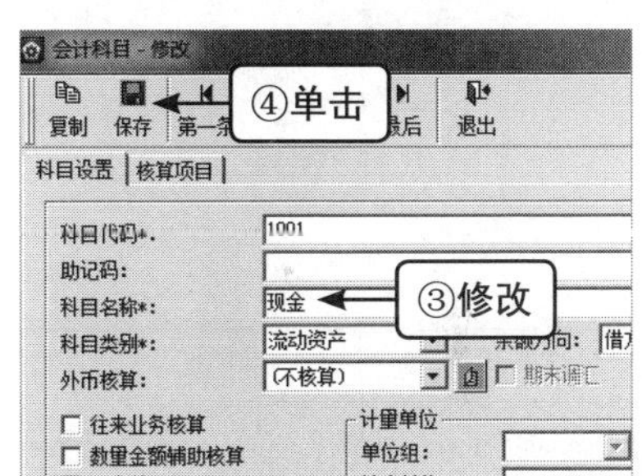

图 3-27

4. 设置账套选项

设置账套选项就是为财务系统配置相应的控制功能，比如“账套参数”“特别科目”“凭证”“账簿”“税务、银行”和“合并报表”等，这里以“凭证”为例，讲解其设置步骤。

在“基础设置”界面中单击“凭证字”按钮，在打开的“凭证字”界面中单击“新增”按钮，在打开的“凭证字－新增”对话框中的“凭证字”文本框中输入“收”字，单击“借方必有”文本框右侧的按钮，在打开的“会计科目”对话框中选择收款凭证借方必有的科目，这里选择“库存现金”，然后单击“确定”按钮，如果还要添加科目，再进行相同操作，如图 3–28 所示。

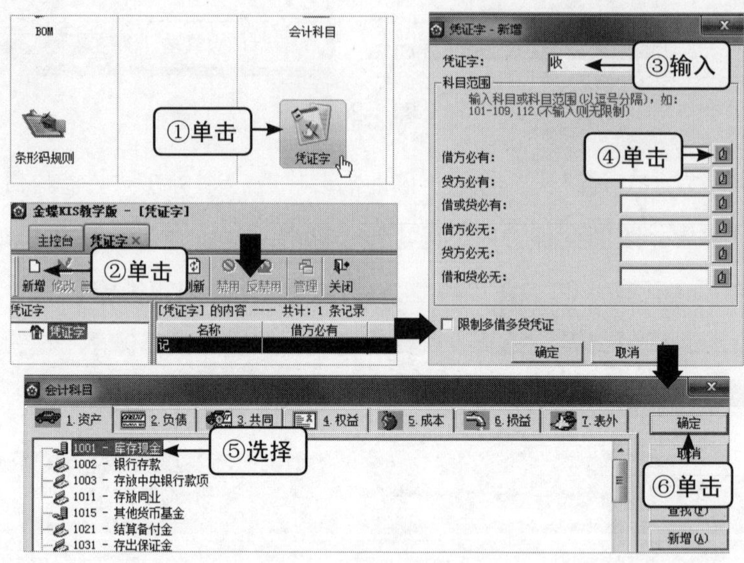

图 3-28

添加完成后，返回“凭证字 – 新增”对话框，单击“确定”按钮，然后根据相同的操作，增加付款凭证和转账凭证。另外，财会人员要对凭证进行的其他设置在“系统参数”界面中。

除了要对凭证进行设置外，财会人员还要对企业结算方式进行设置，在新建账套时，系统可能已经预设了一些结算方式，财会人员可根据需要，增添或删减结算方式，这里以添加“委托收款”方式为例讲解具体步骤。

在“基础设置”中单击“结算方式”按钮，在打开的“结算方式”界面中单击“新增”按钮，在打开的“结算方式 – 新增”对话框的“代码”文本框中输入“JF06”，在“名称”文本框中输入“委托收款”，单击“确定”按钮，返回“结算方式”界面可看到新添加的结算方式，如图 3–29 所示。

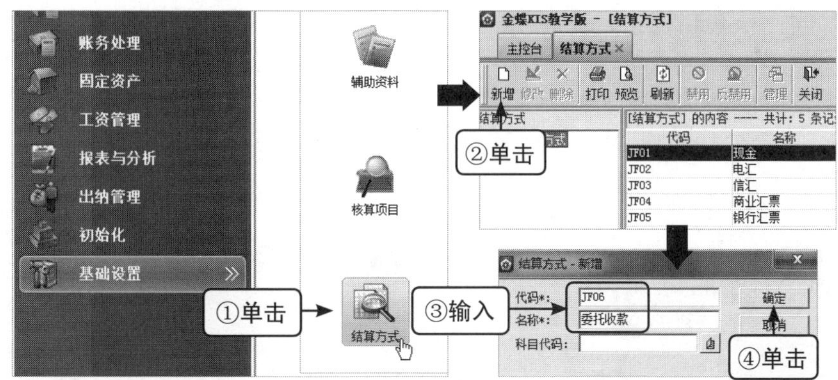

图 3-29

3.4

录入各账项初始数据

在财会人员开始使用财务软件系统前，必须对有关内容进行初始数据的录入，然后才能顺利使用系统进行会计工作，这些内容包括财务资料、核算项目、会计科目和试算平衡等。在所有初始数据录入完成后，财会人员需要结束初始化并执行启用账套的操作，接下来才能具体实施会计工作。在金蝶 KIS 版本中，初始化设置主要有 3 类：业务初始化、财务初始化和出纳初始化。

3.4.1　录入财务资料初始数据

以金蝶 KIS 版本为例，其财务资料的初始化包括科目初始数据、固定资产初始数据和现金流量初始数据。下面分别对这些财务资料进行初始数据的录入。

1. 录入科目初始数据

在“主控台”界面中，单击“初始化”选项卡，打开“初始化”界面，单击“科目初始数据”按钮，系统将自动引用之前添加的所有会计科目，然后关闭“科目初始数据”选项卡即可，如图 3–30 所示。

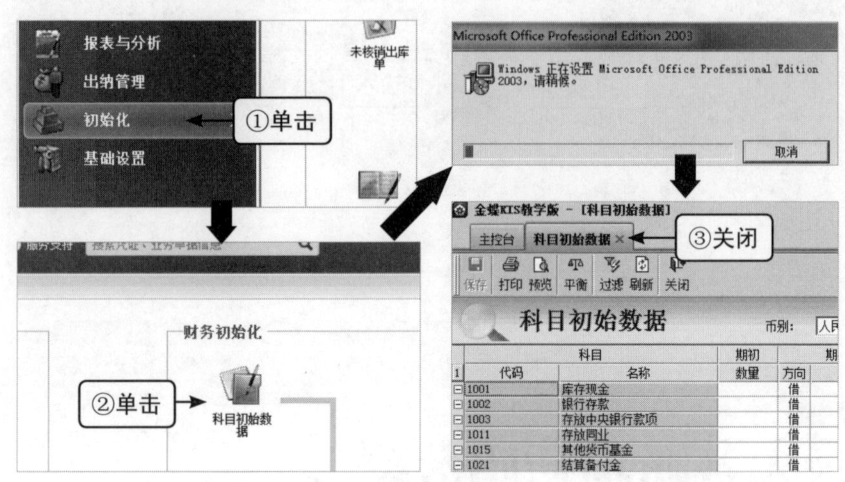

图 3-30

2. 录入固定资产初始数据

在“初始化”界面中单击“固定资产初始数据”按钮，在打开“固定资产管理”界面的同时会打开一个“固定资产卡片及变动 – 新增”对话框，在“基本信息”选项卡中，单击“资产类别”文本框右侧的按钮，打开“固定资产类别”对话框，单击“新增”按钮，在打开的“固定资产类别 – 新增”对话框中输入新增固定资产类别的代码、名称和净残值率，这里分别为“FWJJZW00”“房屋及建筑物”和“4%”。根据企业实际情况，设置该固定资产类别的预计折旧方法、固定资产科目和减值准备科目等，单击“新增”按钮即可成功添加固定资产类别，然后返回“固定资产类别”对话框可继续添加，如图 3–31 所示。

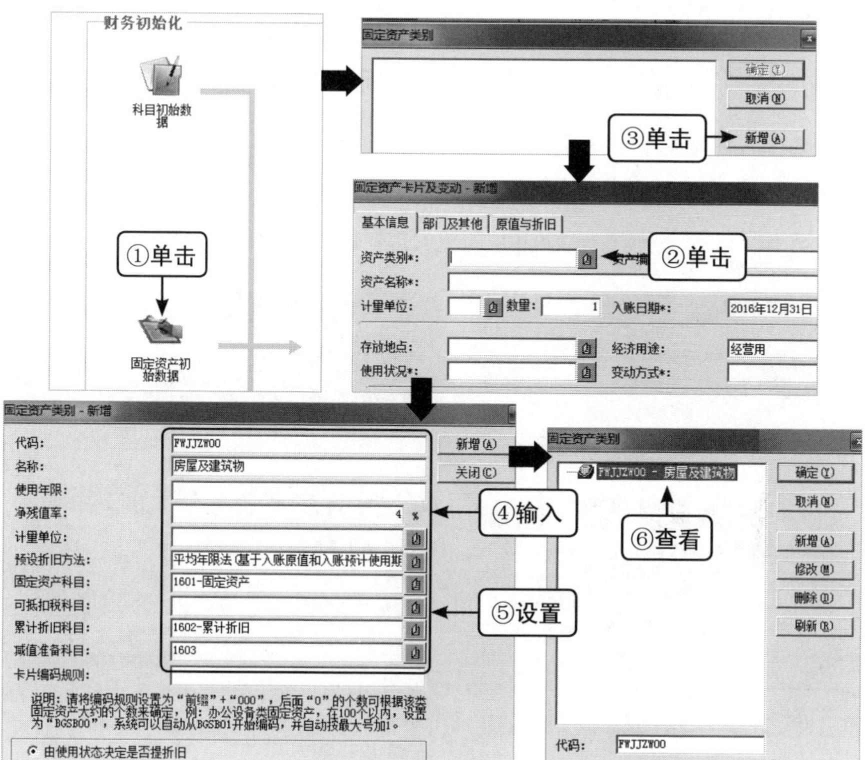

图 3-31

添加完毕后返回“固定资产卡片及变动 – 新增”对话框，对“资产名称”“入账日期”“使用状况”和“变动方式”等进行设置，然后单击“保存”按钮，如图 3–32 所示。

图 3-32

此时，系统会提示“缺少部门分配信息”，单击“确定”按钮切换到“部门及其他”选项卡，在“使用部门”选项区域中选中“单一”单选按钮，单击文本框右侧的按钮，打开“核算项目－部门”对话框，单击“新增”按钮，打开“部门－新增”对话框并输入部门代码和名称，在对话框中任意位置单击，获取部门全名和助记码，单击“保存”按钮，如图3–33所示。

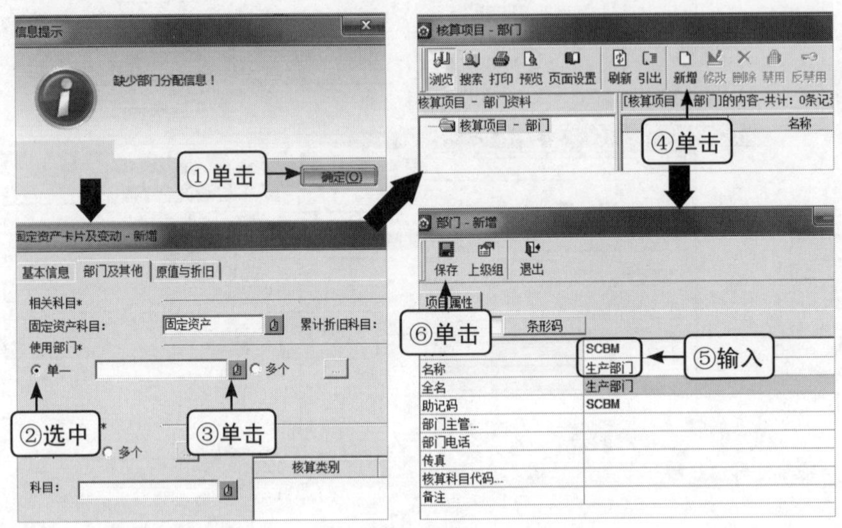

图 3-33

返回“核算项目－部门”对话框，选择“生产部门”选项并双击，返回“固定资产卡片及变动－新增”对话框，设置“折旧费用分配”，如图3–34所示。

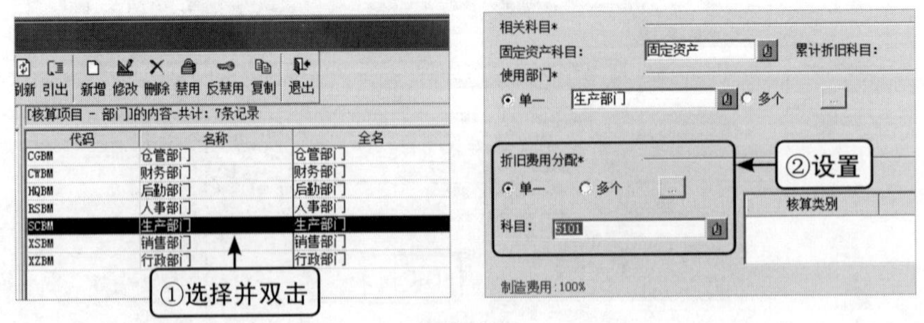

图 3-34

单击“原值与折旧”选项卡，设置相关内容，如原币金额、本币金额、购进原值、开始使用日期和预计使用期间数等，单击“保存”按钮，如图 3–35 所示。其余固定资产按照相同的操作和步骤进行初始数据录入。

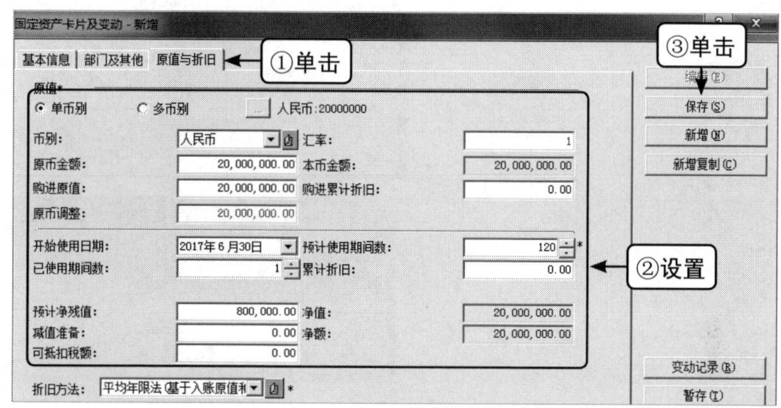

图 3-35

3. 录入现金流量初始数据

一般来说，企业现金流量的初始数据为零，但也有例外的情况，此时只需在“初始化”界面中单击“现金流量初始数据”按钮，然后在打开的“现金流量初始数据”界面中填入相应的数据即可，如图 3–36 所示。

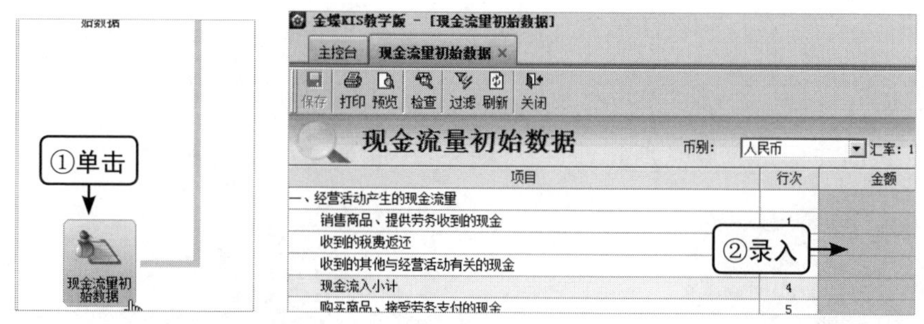

图 3-36

返回“初始化”界面后，单击“启用财务系统”按钮，在打开的“启用财务系统”对话框中单击“开始”按钮（系统默认选中“结束初始化”

单选按钮），系统提示“启用财务系统成功”，最后单击“确定”按钮，如图 3-37 所示。

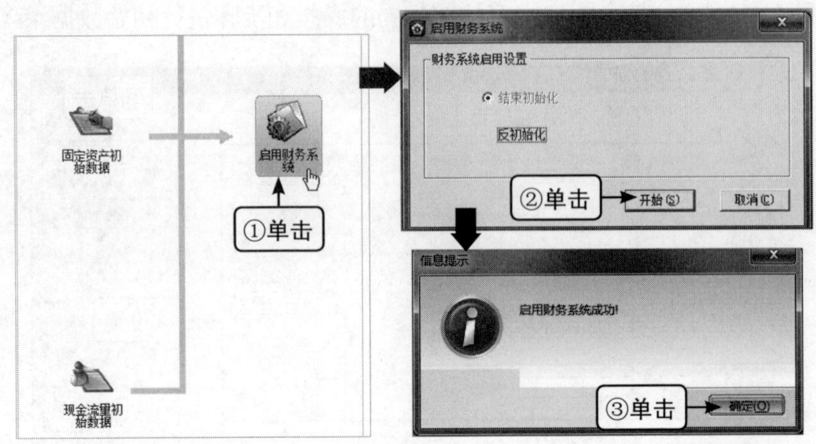

图 3-37

3.4.2 业务数据初始化

不同的财务软件，其业务数据初始化的具体内容可能会有不同，这里主要介绍的业务数据有存货初始数据、暂估入库单、未核销出库单和应收应付初始数据。

在“初始化”界面中单击“存货初始数据”按钮，打开“存货初始数据”界面，如图 3-38 所示。（如果在进行基础设置时已经填好了存货的相关初始数据，则此处打开的界面中会显示这些初始数据）

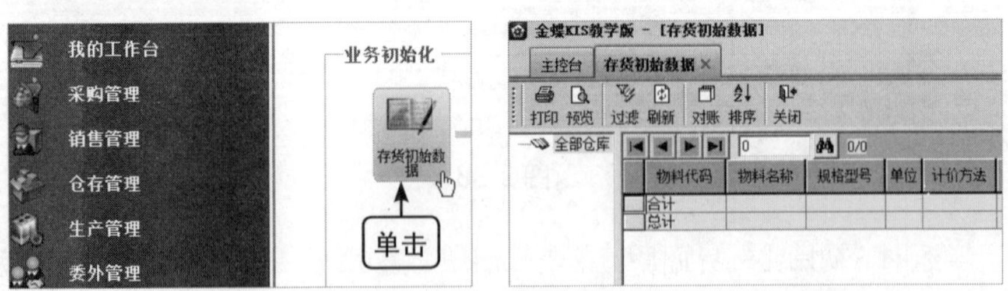

图 3-38

退出“存货初始数据”界面，在“初始化”界面中单击“暂估入库单”按钮，打开“过滤”对话框，进行暂估入库单的条件、排序和表格的设置，单击“确定”按钮并退出该界面，如图 3-39 所示。

图 3-39

单击“未核销出库单”按钮，打开“过滤”对话框，进行未核销出库单的条件、排序和表格的设置，单击“确定”按钮并退出该界面，如图 3-40 所示。

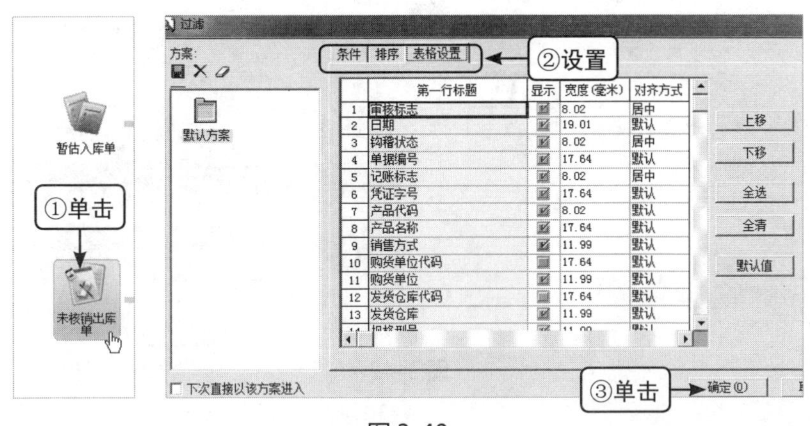

图 3-40

单击“应收应付初始数据”按钮，打开“应收应付初始数据”对话框，如图 3-41 所示（若在进行基础设置时已经设置了“销售价格资料”

的初始数据，则此处打开的“应收应付初始数据”对话框中会有相应数据）。

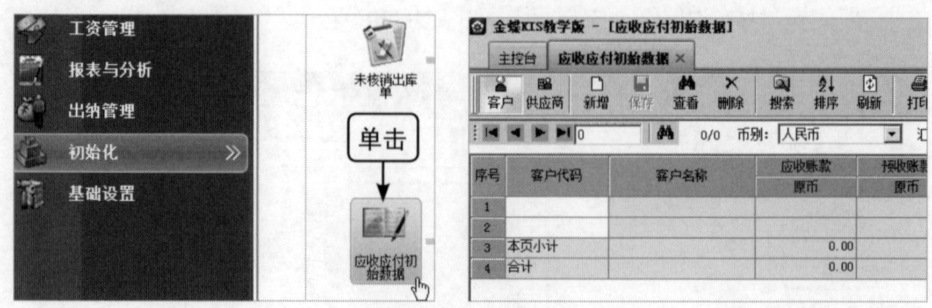

图 3-41

如果确认业务已经完成数据初始化，则单击“启用业务系统”按钮，打开“启用业务系统”对话框，系统默认选中“结束初始化”单选按钮，单击“开始”按钮，打开“信息提示”对话框，认真阅读内容，确认结束初始化并启用财务系统后，单击“是”按钮，如果还有其他初始化数据没有设置，则单击“否”按钮，这里单击“否”按钮，如图 3-42 所示。

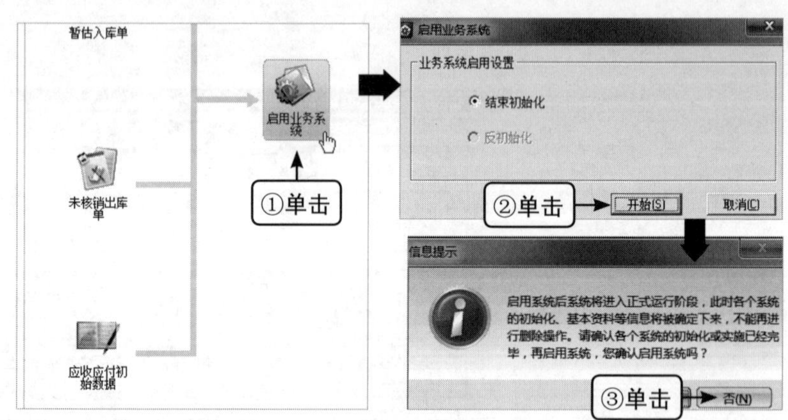

图 3-42

3.4.3 出纳初始数据的录入

出纳初始数据一般有其涉及的科目代码、名称、币别和期初借方累计金额等，有初始数据的一定要录入，没有的则不用设置，切忌画蛇添足。

在“初始化”界面中单击“出纳初始数据”按钮，在打开的“出纳初始数据”界面中单击“引入”按钮，在打开的“从总账引入科目”对话框中设置出纳期间和需要引入的内容，单击“确定”按钮，返回“出纳初始数据”界面，即可看到引入的出纳初始数据，如图 3-43 所示。

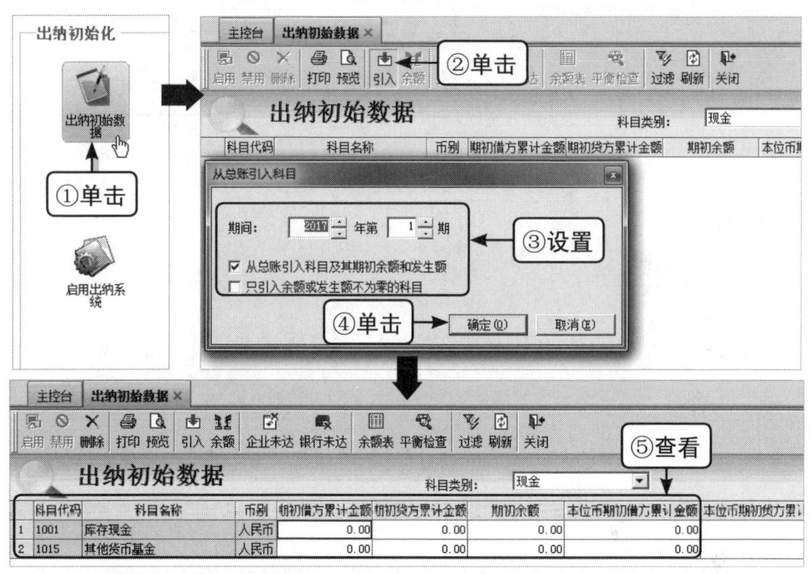

图 3-43

返回“初始化”界面，单击“启用出纳系统”按钮，打开“启用出纳系统”对话框，系统默认选中“启用出纳系统”单选按钮，单击“开始”按钮即可启用出纳系统，如图 3-44 所示。

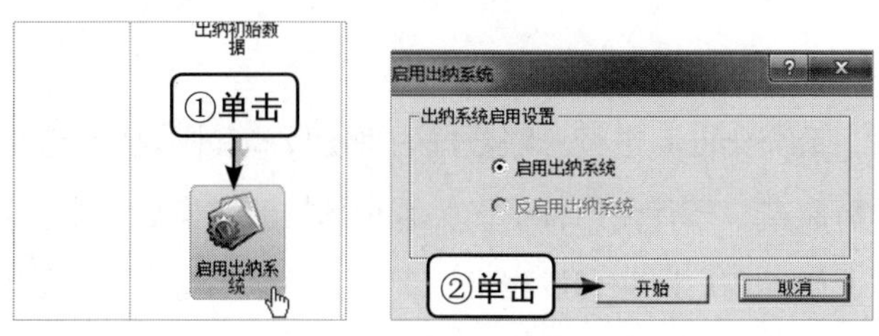

图 3-44

出纳系统启用后，单击“启用业务系统”按钮并根据图 3-42 所示的步骤进行操作，完成业务系统的启动。然后，系统会提示财会人员业务系统启用成功，单击“确定”按钮，重新登录系统，这样才算结束了该部分初始工作，如图 3-45 所示。

图 3-45

3.4.4 启用账套

在前述所有初始化设置工作完成后，财务软件就已经建立了完整的财务核算系统。但要想使用财务软件进行日常财务核算，还必须正式启用账套。该操作是软件系统初始化处理的最后一项工作，是指将初始化工作中输入的所有数据进行处理和转化，将其变为日常处理所需的格式，为日常处理提供初始数据来源。

然而，有的财务软件需要单独进行“启用账套”的操作；但有的财务软件就不需要，在完成所有初始数据录入、启用相应系统并重新登录财务软件后，即表示初始化结束且账套启用成功，比如本书介绍的金蝶 KIS 版本的财务软件。

职场小贴士

启用账套时，系统会自动进行总账数据的平衡校验和固定资产数据与总账数据的钩稽平衡检查。只有在各种平衡关系全部校验完毕后，系统才能完成启用账套工作。如果在启用账套过程中发现校验关系不平衡，系统会打开提示信息的对话框，提示修改有关数据。

3.5

部分企业的手工会计建账

在会计电算化普及的当下，还是存在一些企业仍然进行着手工做账的工作。也就是说，有的企业建账工作是纯手工，涉及的资料也都是纸质的居多。那么，手工会计的建账工作又有哪些呢？本节主要介绍手工会计的建账工作内容。

手工进行会计账务处理的企业，其建账工作理所当然是手工进行，具体工作内容和流程如下。

第一步，设置账簿。首先购置 3 本订本式账簿（业务量多的企业可根据自身需求增加本数），分别是现金日记账、银行存款日记账和总账；然后根据需要的会计科目设置相关的明细账，若是小企业，则设置一本明细账即可，按照资产类、负债类、所有者权益类和损益类的顺序依次设置，若是中型企业或大型企业，则需要根据相应的明细科目设置明细账，比如数量金额式明细账一本、借方多栏式明细账一本、贷方多栏式明细账一本、借方贷方多栏式明细账一本、三栏式明细账一本。除此之外，还要购买资产负债表、利润表和现金流量表各一本，当然，企业也可自行制作这 3 类表格。

第二步，购买凭证。一般来说，企业财会人员需要在进行日常账务处理之前购买企业需要用到的各种各样空白凭证，没有购买的，可以按照正规凭证的格式，通过 Excel 表格自行制作，然后在白纸上打印出来即可，这种做法比较麻烦。

第三步，管理凭证和账簿。将购买的或自行制作打印的凭证，按照相关要求进行整理，如装订成册，同时将购置的账簿也进行整理。然后按照规定的要求保管好空白凭证和账簿。该过程中可能用到档案盒，因此需要购买或自行设计制作。

第四步，制作会计科目表。会计科目表是按照经济业务内容和经济管理要求，对会计要素的具体内容进行分类核算的会计科目构成的集合。制作时，按照资产类、负债类、共同类、所有者权益类、成本类和损益类的顺序依次编制。另外，还要对每一会计科目编制其科目明细、余额方向和账户查询等对应内容。

第五步，将科目分类并计入账簿。按照顺序，把有关银行的计入银行日记账；有关现金的计入现金日记账；往来科目根据客户设置二级科目，记录往来账；有关费用的计入费用类账簿；有关银行利息和手续费等计入财务费用；有关销售的花费计入销售费用；其他费用计入管理费用。

依照上述5个步骤进行，财会人员在手工条件下便基本完成了建账工作。

第4章

原始凭证的获取、开具与审核

原始凭证是一个企业经营过程中最重要也是最基础的会计资料，所有账务处理的前提都要获取或者开具原始凭证。同时，只有通过审核且确认无误的原始凭证，才能作为记账凭证的编制依据，才能作为账务处理的有效资料或证明文件。因此，作为企业的财会人员，要知道原始凭证的来源主要有两个途径：从外部获取和内部自行开具。

4.1

收到凭证的来源

企业进行日常经营活动，免不了会收到其他企业开具的凭证，比如收款收据、发票和对账单等，这些都属于原始凭证。企业相关人员在收到外部单位发来的凭证时，都要递交给企业的财务部门，然后由财会人员登记入账，编制记账凭证。因此，对收到的凭证进行管理是财会人员必须要做的工作，以此为编制记账凭证做好准备。

4.1.1 购货时的增值税专用发票

增值税专用发票是由国家税务总局监制设计印制的，只限于增值税一般纳税人领购使用。它既作为纳税人反映经济活动的重要会计凭证，又兼为销货方纳税义务和购货方进项税额的合法证明，同时还是增值税计算和管理中重要的决定性合法专用发票，其模板如图 4-1 所示。

增值税专用发票　№ 8

此联不作报销、扣税凭证使用　开票日期：

机器编号

购货单位	名称： 纳税人识别号： 地址、电话： 开户行及帐号：				密码区		
货物或应税劳务名称	规格型号	单位	数量	单价	金额	税率	税额
合计							
价税合计（大写）				（小写）			
销货单位	名称： 纳税人识别号： 地址、电话： 开户行及帐号：				备注		

收款人：　复核：　开票人：　销货单位：（章）

图 4-1

增值税专用发票由基本联次或基本联次附加其他联次构成，具体构成联次如表 4-1 所示。

表 4-1　增值税专用发票联次

联次	名称	颜色	作用
第一联	记账联	黑色	是销货方的发票联和记账凭证，即作为销货方销售货物的原始凭证，票面上的税额指的是销项税额
第二联	抵扣联	棕色	购货方用来作为报送主管税务机关认证和留存备查的凭证，进行税款抵扣
第三联	发票联	绿色	购货方用来作为付款的证明编制记账凭证

有的增值税专用发票不止三联，还有存根联，此时的存根联为发票第一联，颜色为蓝色，由销货方留存备查；发票联为第二联；抵扣联为第三联；记账联为第四联。

假如企业作为购货企业，则可能收到供应商开具的增值税专用发票的抵扣联和发票联。实际上各联次的“长相”都与模板相同，只是在发票上方或右侧边缘注明的联次不同，如图 4-2 所示。

四川增值税专用发票

发　票　联　　　　开票日期：2019年7月3日

购买方	名称：××电子有限公司 纳税人识别号：44132268××××× 地址、电话：广东省××，137××× 开户行及账号：b23088002×××××		密码区					
货物或应税劳务、服务名称		规格型号	单位	数量	单价	金额	税率	税额
电子零件A		××	件	100	5	565.00	13%	65.00
价税合计（大写）		伍佰陆拾伍元整		（小写）565.00				
销售方	名称：××科技 纳税人识别号：510104××××× 地址、电话：四川省×××，028-87××× 开户行及账号：中国工商银行××支行，622002×××××		备注					

收款人　××科技　　复核：王×　　开票人：××　　销售方：××

图 4-2

若企业在拿到增值税发票时，还没有收到银行付款的回单，则财会人员需要编制的会计分录如下。

借：原材料　　500

　应交税费——应交增值税（进项税额）　　65

　贷：应付账款　　565

如果在收到增值税专用发票的同时收到银行的付款凭证，则上述会计分录中贷方的“应付账款”科目为“银行存款”科目。

4.1.2　电汇业务收到的银行回单

企业向外单位购买货物，需向外单位支付货款，一般情况下都采用银行存款支付。一旦银行收到企业银行出纳员的付款请求，并且代企业支付了货款，则银行需要开具相应的回单，同时递交给企业，作为财会人员记账的凭据。图 4-3 所示为企业收到银行支付货款的回单。

广州农商银行电汇凭证（回单）

币别：人民币　　2019年7月4日

付款人	全　称	××电子公司	收款人	全　称	××科技
	账　号	b23088002××××		账　号	622202××××
	开户行	××农商银行		开户行	中国工商银行
金额		伍佰陆拾伍元整	小写：565.00		
凭证种类			凭证号码		
结算方式		电汇	用途	购买材料	
摘要：支付给××科技公司电子零件A的货款。					

图 4-3

当企业财务人员收到这一原始凭证时，需要编制如下会计分录。

借：应付账款　　585

　贷：银行存款　　585

企业向供货商支付货款会收到银行的付款回单，若企业收到客户支付的产品购销款时，会收到银行的收款回单，其格式与付款回单相同，只是企业变成了“收款人”，而客户成为“付款人”。

如果企业在支付货款时没有用“电汇”这一结算方式，而是由企业的银行出纳员开出一张支票给供货商,供货商拿着支票请求银行代付款。当银行向供货商付款后，会向企业传递一张支票存根。图 4-4 所示为中国建设银行的现金支票样本及现金支票存根样本。

中国建设银行 现金支票存根（鲁）
E0 02 11783748
附加信息
出票日期 年 月 日
收款人:
金 额:
用 途:
单位主管 会计

中国建设银行 现金支票 E0 02 11783748
出票日期（大写） 年 月 日 付款行名称:
收款人: 出票人账号:
本支票付款期限十天
人民币（大写） 亿 千 百 十 万 千 百 十 元 角 分
用途
上列款项请从
我账户内支付
出票人签章
10545200018
密码
复核 记账

中国建设银行
现金支票存根

附加信息

出票日期　　年　　月　　日

收款人：
金　额：
用　途：

单位主管　　　会计

图 4-4

同样地,财会人员在拿到现金支票存根时要登记入账,编制记账凭证。

4.1.3 固定资产采购合同与发票

企业进行生产经营，固定资产必不可少。在开始生产前需要购置相应的机械设备用于生产产品，而因此产生的单据或发票等都将作为企业财会人员登记“固定资产”相关科目的重要原始凭证。这些单据或发票主要是指固定资产采购合同（样本）和增值税发票，如图 4–5 和图 4–6 所示。

固定资产采购协议

合同签订地点：
合同编号：

甲方：　　　　　　　　乙方（供应商）：
联系人：　　　　　　　联系人：
联系电话：　　　　　　联系电：

一、合同目的

二、术语、关键词解释

三、采购物品说明

四、技术指标和质量要求

五、合同价格和支付方式

六、交货与交货方式

七、安装、调试与验收

八、品质保证和维护

九、违约与赔偿

十、保密

十一、不可抗力

十二、合同生效与终止

十三、争议解决

十四、合同确认

本合同一式____份，甲方持____份，乙方持____份，自合同各方授权代表签字之日起生效

十五、本合同附件是合同不可分割的一部分：乙方应提供以下附件（加盖公章）

甲方：　　　　　　　　乙方：

代表签字：　　　　　　代表签字：

盖章：　　　　　　　　盖章：

日期：　　　　　　　　日期：

甲方开增值税发票资料：　　　　**乙方收款银行资料：**

名　　称：　　　　　　名　　称：

纳税人识别号：　　　　纳税人识别号：

地　　址：　　　　　　地　　址：

开户行及账号：　　　　开户行及账号：

图 4-5

安徽增值税普通发票

发 票 联　　　　开票日期：2019年7月4日

购买方	名称：××电子有限公司 纳税人识别号：44132268××××× 地址、电话：广东省××，137××× 开户行及账号：b23088002×××××	密码区					
货物或应税劳务、服务名称	规格型号	单位	数量	单价	金额	税率	税额
剪脚机	××	台	2	9000	20340	13%	2340
价税合计（大写）	贰万零叁佰肆拾元整			（小写）20340.00			
销售方	名称：××电机厂 纳税人识别号：340102××××× 地址、电话：安徽省×××，0551-6525××× 开户行及账号：621661×××××	备注					

收款人 ×× 复核：×× 开票人： ×× 销售方：××

图 4-6

该机器的购货合同的复印件和购货发票需要由采购部提供给财务部，之后将由财会人员根据这两项原始凭证登记入账，编制记账凭证。

4.1.4 其他物资采购票据

在企业生产过程中，不可能只用一种原材料就能生产出最终的产品，所以会涉及其他物资的采购，收到的票据就是购货发票。比如企业购置了一辆公用汽车，收到如图 4-7 所示的增值税发票。

四川增值税普通发票

发 票 联　　　　开票日期：2019年7月4日

购买方	名称：××电子有限公司 纳税人识别号：44132268××××× 地址、电话：广东省××，137××× 开户行及账号：b23088002×××××	密码区					
货物或应税劳务、服务名称	规格型号	单位	数量	单价	金额	税率	税额
奥迪A6	××	辆	1	500000	565000	13%	65000
价税合计（大写）	伍拾陆万伍仟元整			（小写）565000.00			
销售方	名称：××科技 纳税人识别号：510104××××× 地址、电话：四川省×××，028-87××× 开户行及账号：622202×××××	备注					

收款人 ×× 复核：×× 开票人： ×× 销售方：××

图 4-7

还有一些原材料，比如电子零件 B、电子零件 C 及电子零件 D 等，在采购时也会收到相应的购货发票。这些物资的票据都需要由相关负责人在收到后及时提交给财务部，作为财会人员登记入账的原始凭证。

另外，企业在向供货商支付货款后，还可能收到供货商开出的收款收据，比如购买车辆，如图 4-8 所示。

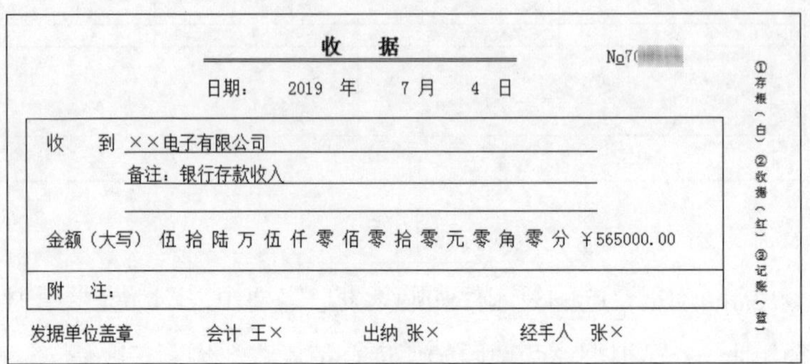

收　据

No7

日期：　2019 年　7 月　4 日

收　到　××电子有限公司

备注：银行存款收入

金额（大写）伍拾陆万伍仟零佰零拾零元零角零分 ￥565000.00

附　注：

发据单位盖章　会计 王×　出纳 张×　经手人 张×

①存根（白）②收据（红）③记账（蓝）

图 4-8

企业采购物资时除了可能收到上述收据外，还可能收到供货商发来的发货单（没有固定的格式，企业自行设计），如图 4-9 所示。

××科技 有限公司

发货单

基本信息：

发货编号：	×××	合同编号：	×××
发货单位：	××科技	发货方式：	×××
电　话：	028-87×××	传　真：	028-87×××
联 系 人：	×××	发货日期：	2019-7-4

客户信息：

收货单位：	××电子有限公司	联 系 人：	×××
电　话：	028-8798××	手　机：	137××××
收货地址：	广东省×××		

装箱产品信息：

编号	产品名称	型号	数量	备注
1	奥迪A6		1辆	

确认信息：

收货确认：　发货确认：

日　期：　日　期：

客户确认收到货后，请将此单签字回传真至028-87×××，谢谢！

图 4-9

4.2

出自企业之手的凭证

企业的财务部门除了可能收到外部单位开具的原始凭证外，自身也会对外开出原始凭证，如收款收据、销货发票、销货合同以及企业内部相关人员开具的票据。这些票据也将作为企业财务部门财会人员登记入账的凭证依据。所以，认识企业自身可能开具的各种凭证是很有必要的。

4.2.1　出纳提交的各种原始凭证

企业的出纳员与会计人员同属于财会人员，其工作内容与会计人员相辅相成，工作中收到或者开具的所有凭证都需要递交给企业会计人员，为财务部门进行财会工作提供原始数据和资料。

1. 资金收付明细表

资金收付明细表是企业出纳员对一定时期内的现金收支情况进行的汇总报表，它没有固定的格式，每个企业可根据自身需求进行具体设计。

现金收支业务量大的企业，一般需要每天向会计人员提交一次资金收付明细表；但如果企业现金收支业务量不大，则一般每个月向会计人员提交一次资金收付明细表。

图 4-10 所示为某企业出纳 2019 年 6 月份向财务部递交的资金收

支明细表。

2019年6月份收支明细表

编制单位：　　　　　　　　　　　　单位：元

序号	日期	收款金额	支付金额	余额	用途	备注
1	6月3日	130000		130000	收货款	银行
2	6月5日		50000	80000	付材料款	现金
3	6月14日	7500		87500	保证金	银行
4	6月17日		1000	86500	备用金	现金
5	6月21日		7500	79000	返还保证金	银行
7	6月30日	5000		84000	收货款	现金
合计		142500	58500			

制表人：张×

图 4-10

2. 企业员工的借款单和费用报销单

企业员工的借款单是指员工出差或因其他原因向企业借钱而填制的单据，一般是拿着企业的钱进行消费，如图 4-11 所示。

借 款 单

№30[illegible]

日期：　2019 年　7 月　5 日

部　门	销售部		姓名	陈凯
借款事由	到外地出差			
借款金额	（大写）零拾零万肆仟伍佰零拾零元零角零分			
预计还款报销日期	2019年7月12日		￥ 4500.00	
审批意见		借款人	陈凯 2019 年 7 月 5 日	

发据单位盖章　　　　会计：王×　　　　出纳：张×

①存根（白）②收据（红）③记账（蓝）

图 4-11

需要注意的是，出纳员向财务部门递交的借款单上，“审批意见”栏没有填写内容的，需要在会计人员审核相关借款人员的接管事由和借款金额后，再递交给财务经理，由财务经理填写“审批意见”，如果同意，则在“审批意见”栏内注明“同意借款。××”字样，如果不同意，则注明“不同意借款。××”字样。出纳员在收到财务部返还的借款单后，根据审批意见执行借款发放或不发放的决定。

费用报销单是指员工出差或由于其他因公事项自己先垫付资金后再向企业报销所填制的单据，如图 4–12 所示。

费 用 报 销 单　　　　No40

报销部门：财务部　　　　日期：2019 年 7 月 5 日　　　　单据及附件共 4 页

报销项目	摘　　要	金额								备注	
		十	万	千	百	十	元	角	分		
培训费	报财务培训费		¥	2	5	0	0	0	0		财务部2人参加培训
										领导审批	
合　　计			¥	2	5	0	0	0	0		
金额大写：零拾零万贰仟伍佰零拾零元零角零分		原借款：0 元								应退（补）款：2500元	

发据单位盖章　　会计：王×　　出纳：张×　　报销人：王×

图 4-12

企业除了财务培训费外，还有办公用品、会务费、职工生活费、车辆使用费（洗车费、过路费、停车费和加油费等）、通信费（电话费、网费和邮寄费等）、水电费以及广告费等支出需要用到费用报销单，其填制规则与图 4–12 相似，只需在“报销项目”和“摘要”栏内根据具体的费用支出情况进行不一样的填列。

由此可以看出，这两种单据唯一的不同就是填制的时间，借款单在用钱之前填制，费用报销单在用钱之后填制。

3. 银行传交给企业出纳的票据

除了前面提到的银行收付款回单和支票存根以外，出纳还会从银行处拿到对账单这一原始凭证。它是银行和企业核对账务的联系单，也是证实企业业务往来的记录，也可作为企业资金流动的依据。最重要的是，它可用来认定企业某一时段的资金规模。另外，验资或投资等经济活动也会用到对账单。图 4–13 所示为某企业收到的银行对账单。

中国工商银行对账单

账号：622202××× 时间：2019年6月30日 第 1 页

单位名称：××食品有限公司

日期	交易	凭证号	借方	贷方	余额
6月					100000
6月2日	取得贷款	#4500		100000	0
6月3日	提取现金	#4504	2000		2000
6月5日	支付采购款	#4506	40800		42800
6月10日	支付广告费	#4509	2000		44800
6月15日	收销货款	#4512		32500	12300
6月18日	存款利息	#4513		1900	10400
6月20日	支付电费	#4515	1000		11400
6月26日	提取现金	#4517	35000		46400
6月30日	支付专利款	#4518	50000		96400

图 4-13

企业不仅会收到银行传来的对账单，还会收到外部单位传来的对账单。图 4-14 所示为企业可能收到的客户传来的对账单（没有固定格式，客户或供应商自行设计样式）。

对账单

截止××年××月××日的往来余额，请5日内核对完毕后签认后返回。

签发单位：					签发单位：				
签发单位账面余额：					签发单位账面余额：				
序号	科目		借方金额	贷方金额	序号	科目		借方金额	贷方金额
1	应收账款				1	应收账款			
2	应付账款				2	应付账款			
序号	记账时间	凭证号码	借方金额	贷方金额	序号	记账时间	凭证号码	借方金额	贷方金额
调整后的余额：					调整后的余额：				

单位主管： 经办： 单位主管： 经办：

图 4-14

对账单在企业进行对账工作时使用，财会人员在收到对账单时不会涉及记账工作。

4.2.2 材料入库单、领料单和出库单

仓管部门需要向财务部门提交材料入库单、领料单和出库单，这些

原始单据虽然不会作为财会人员登记入账的原始凭证，但却是财会人员进行各种成本和费用统计的原始数据资料。图 4−15 ～图 4−17 所示为材料入库单、领料单和出库单（没有固定格式，各企业自行设计制作）。

入　库　单

No2

单位：××电子有限公司　　2019　年　7　月　6　日

编号	名称	规格	单位	数量	单价	金额	备注
1	电子零件A		件	100	5	500	
金额（大写）	零拾零万零仟伍佰零拾零元零角　分 ¥500.00						

主管：××　　仓库：朱×　　记账：　　经手人：朱×

①存根（白）②记账（红）③结算（蓝）

图 4-15

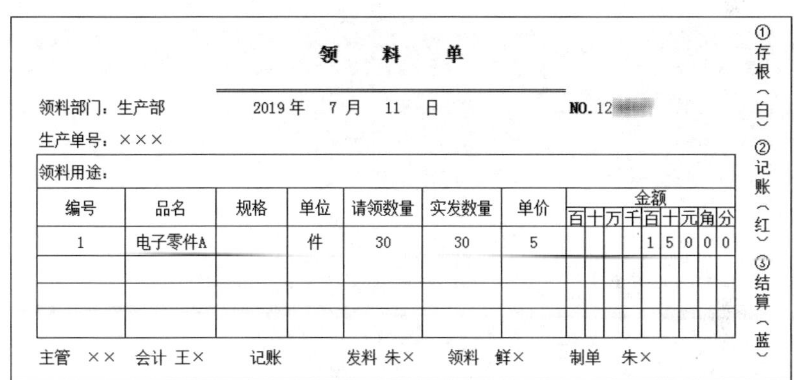

领　料　单

领料部门：生产部　　2019 年　7 月　11　日　　NO. 12

生产单号：×××

领料用途：

编号	品名	规格	单位	请领数量	实发数量	单价	金额：百	十	万	千	百	十	元	角	分
1	电子零件A		件	30	30	5					1	5	0	0	0

主管　××　会计　王×　记账　发料　朱×　领料　鲜×　制单　朱×

①存根（白）②记账（红）③结算（蓝）

图 4-16

出　库　单

No1

单位：××电子有限公司　　2019　年　7　月　11　日

编号	名称	规格	单位	数量	单价	金额	备注
1	电子零件A		件	30	5	150	车间使用
金额（大写）	零拾零万零仟壹佰伍拾零元零角零分 ¥150.00						

主管：××　　仓库：朱×　　记账：　　经手人：朱×

①存根（白）②记账（红）③结算（蓝）

图 4-17

当财会人员收到材料入库单并编制记账凭证时，主要涉及的会计科目有“原材料”和“应付账款”或“银行存款”等；当收到领料单和材料出库单并编制记账凭证时，主要涉及的会计科目有“生产成本”和“原材料”等。

4.2.3 人力资源部提供的工资表

财会人员登记企业的“应付职工薪酬”等账目时，需要根据人力资源部提供的工资表进行核算，此时工资表就是财会人员进行会计工作的原始凭证。图 4-18 所示为某企业人力资源部向财务部递交的工资表。

工资汇总表

编号	姓名	部门	基本工资	奖金	补贴	全勤奖	社保	应发工资	个税扣除			实发工资	备注
									税率	速算扣除数	扣除额		
JH0025	董天宝	销售部	6500	5976	200	200	176	13052	10%	210	745.2	12306.8	
JH0026	张嘉利	销售部	5000	0	200	200	230	5630	3%	0	63.9	5566.1	
JH0050	何时韦	销售部	5000	0	200	200	230	5630	3%	0	63.9	5566.1	
JH0034	马田东	销售部	5000	1310	200	200	230	6940	3%	0	103.2	6836.8	
JH0040	钟嘉惠	销售部	5000	1380	200	0	230	6810	3%	0	99.3	6710.7	
JH0069	何思佯	销售部	5000	2080	200	200	230	7710	3%	0	126.3	7583.7	
JH0059	高雅婷	生产部	5500	2555	170	0	255	8480	10%	210	288	8192	
JH0063	王豆豆	生产部	4500	2072	170	200	230	7172	3%	0	110.16	7061.84	
JH0048	刘星星	生产部	4500	2012	170	200	230	7112	3%	0	108.36	7003.64	
JH0079	赵大宝	生产部	4500	2686	170	200	230	7786	3%	0	128.58	7657.42	
JH0067	邓丽梅	生产部	4500	2480	170	200	230	7580	3%	0	122.4	7457.6	
JH0015	杨天雄	生产部	4500	1843	170	200	255	6968	3%	0	104.04	6863.96	
JH0037	兰慧芳	财务部	6000	1922	220	200	230	8572	10%	210	297.2	8274.8	
JH0055	杨立青	财务部	4500	1080	120	0	230	5930	3%	0	72.9	5857.1	
JH0074	潘世昌	财务部	4000	1221	120	200	176	5717	3%	0	66.51	5650.49	
JH0051	顾平安	财务部	4000	1087	120	200	176	5583	3%	0	62.49	5520.51	
JH0062	李　仁	财务部	4000	974	120	200	230	5524	3%	0	60.72	5463.28	
JH0009	程　青	人事部	3500	662	120	200	230	4712	0%	0	0	4712	
JH0065	张婷婷	人事部	3500	506	120	0	176	4302	0%	0	0	4302	
JH0005	刘天明	人事部	3500	693	120	200	230	4743	0%	0	0	4743	
JH0047	张思琪	行政部	3500	598	120	200	230	4648	0%	0	0	4648	
JH0053	程家辉	行政部	3500	694	120	200	230	4744	0%	0	0	4744	
JH0032	曹思思	行政部	3500	552	120	0	230	4402	0%	0	0	4402	

图 4-18

对于企业财会人员来说，在收到人力资源部递交的工资汇总表后，需要筛选其中的数据，而用于填制记账凭证的数据有“社保”“应发工资”“个税扣除”和“实发工资”。其中，“社保”“应发工资”和“个税扣除”这 3 项是财会人员登记“应付职工薪酬”借方发生额的数据来源，而“实发工资”是登记“应付职工薪酬”贷方发生额的数据来源。

4.2.4　销货合同与发票

销货合同是企业与订货客户之间签订的具有法律效力的证明文件，其中包含了双方的责任与义务、基本情况（企业名称、地址、电话、负责人和开户行及账号等）、违约处理和争议处理等内容。其范本如图 4-19 所示（具体内容需要根据交易双方的约定进行增减）。

销货合同（范本）

购货单位：__________（以下简称甲方）　　供货单位：_________（以下简称乙方）

第一条 其产品名称、规格、质量（技术指标）、单价、总价等

第二条 产品包装规格及费用________________

第三条 验收方法__________________________

第四条 货款及费用等付款及结算办法____________________

第五条 交货规定

1、交货方式：___________　　2、交货地点：___________

3、交货日期：___________　　4、运输费：_____________

第六条 经济责任

1、乙方应负的经济责任

……

2、甲方应负的经济责任

……

第八条 ……

第九条 ……

第十条 ……

第十一条 ……

第十二条 ……

第十三条 ……

第十四条 ……

第十五条 本合同一式_____份，由甲、乙双方各执正本一份、副本___份。

订立合同人：甲方：___________（盖章）　　乙方：_______（盖章）

代理人：_________（盖章）　　代理人：_____（盖章）

负责人：_________（盖章）　　负责人：_____（盖章）

地址：_____________　　地址：___________

电话：_______________　　电话：___________

开户银行、账号_________　　开户银行、账号_______

_______年___月___日

图 4-19

当企业财会人员收到销售部门递交的销货合同复印件后，需要开具

销货发票，同时将发票的抵扣联和发票联交给购货方（客户），企业自身留存记账联用于记账。图 4-20 所示为企业留存的发票记账联。

广东增值税专用发票

记　账　联　　　　开票日期：2019年7月7日

购买方	名称：××电脑公司 纳税人识别号：510104××××× 地址、电话：四川省××，028-87××× 开户行及账号：623458×××××		密码区					
货物或应税劳务、服务名称		规格型号	单位	数量	单价	金额	税率	税额
电脑A		××	台	20	5000	113000	13%	13000
价税合计（大写）		壹拾壹万叁仟元整		（小写）113000.00				
销售方	名称：××电子有限公司 纳税人识别号：44132268××××× 地址、电话：广东省×××，137××× 开户行及账号：××农商银行，b23088002×××××		备注					

收款人　××电子有限公司　　复核：王×　　开票人：商×　　销售方（章）：

图 4-20

此时，企业财会人员编制的记账凭证会涉及的会计科目主要是“应收账款”“应交税费——应交增值税（销项税额）”和“主营业务收入”等。

4.2.5　发货单和销售出库单

发货单是指企业把自己或他人的产品（物流运输业）发到指定的人或企业手中，并作为提货、出门、运输或验收等过程的票务单据。它是体现一个企业销售额的重要依据，其内容包括产品品名、规格（标准）、单位、数量、单价、金额、生产单位及备注。如图 4-21 所示为某电子公司的发货单。

电子有限公司 发货单　NO.3762×××

购货单位：电脑公司　　　　2019 年 7 月 8 日

品名	规格	单位	数量	单价	金额								备注
					十	万	千	百	十	元	角	分	
电脑A		台	20	5000	1	0	0	0	0	0	0	0	
合计金额（大写）：壹拾零万零仟零佰零拾零元零角零分　¥100000.00													
购货单位联系人：××				电话：028-87×××									

第一联 存根

开票人：蒋×　　收款人：张×　　承运人：××　　车牌号：粤A-×××

图 4-21

需要注意的是，发货单的开票人是销售部的员工，而不是仓管部门的员工。而销售出库单与发货单类似，都将作为财会人员编制记账凭证的附件使用，如图 4−22 所示。

销售出库单

业务类型：国内业务　出库时间：2019-7-8　出库单号：14[illegible]

销售类型：批发　订单号：2019[illegible]　客户简称：[illegible]电脑公司

存货编码	名称	计量单位	数量	单价	金额
××	电脑A	台	20	5000	100000
合计			20		100000

审核人　颜×　制单人　林×

第一联　销售联

图 4-22

销售出库单的审核人一般是仓管部门的负责人，但有的企业也可能不是仓管部门负责出库单的审核，这就需要根据企业具体情况而定。由图 4−22 可知，销售出库单不止一联，一般有销售联和仓库联，销售联用于财会人员记账，而仓库联由仓管部门留底备查。

当财会人员收到发货单和销售出库单并编制记账凭证时，会涉及的会计科目主要是“主营业务成本”“销售费用”和“管理费用”等。

4.3

原始凭证的审核、传递与保管

原始凭证从产生开始，要经过传递和审核等环节，最终传给相关负责人进行保管，这一传递过程涉及的人员数量，会因为原始凭证被使用的范围大小而有所区别。而原始凭证是企业财务管理过程中非常重要的经济资料，要对其进行严格管理。

4.3.1 购销合同与发票要一并交给财务部

购销合同与发票是企业进行往来业务的重要凭证，它们不仅要通过相关部门制作或者获取，还要及时传递给财务部门，方便财会人员及时登记账目。

（1）购货合同与发票的传递

企业的购货合同和购货发票一般从供应商处获得，合同和发票主要由采购部门保管，而其复印件需要直接递交给财务部门，财务部门接收，由相关财会人员根据这一合同与发票编制记账凭证，此时涉及的会计科目主要是“原材料”“应交税费——应交增值税（进项税额）”和“应付账款”。如果购货合同、发票和银行付款回单等同时交到财务部门，则财会人员编制记账凭证时，涉及的会计科目还有“银行存款”。

“往来和开票”岗位的财会人员登账完毕后，需要将购货合同与发票交由财务部门的其他负责人进行专门保管，防止这些原始凭证丢失，有利于财会人员进行后续的对账和查账工作。

（2）销货合同与发票的传递

企业的销货合同与发票一般出自企业销售部门和财务部门，具体传递流程如下。

第一步，产生原始凭证。由销售部门接受客户的订购请求，同时制作出销售合同（销货合同），确认交易达成后，将合同复印件递交给财会部门。财务部门审核后开出销货发票。

第二步，发票的双向传递。销售部门将财务部门递交的发票抵扣联传递给客户，而财务部门将销货发票的记账联传递给销售核算岗位的财会人员进行登记入账。

第三步，保管原始凭证。当销售核算岗位的财会人员使用完销货合同与发票后，要将这些原始凭证递交给专门的凭证保管人员进行保管，防止因原始凭证丢失而给财务部门后期工作带来不便。

通常情况下，财务部门只保管发票、收据和各种填列有具体金额的票据，像购销合同这样的证明资料一般需要交由档案部门或者档案室进行保管。后期有部门需要查看相关资料时，需从档案部门或档案保管室中借阅，要借出保管室的资料必须经过保管室的负责人和借用人签字。

4.3.2 工资表的统计数据要准确

工资表又称工资结算表，是按单位或部门编制的用于核算员工工资的表格，一般每月一张。首先，人事部门需要根据工资卡、考勤记录、产量记录和代扣款项等资料，按人名填列“应发工资”“代扣款项”和“实发工资”这三大部分。然后财会人员根据这三大部分登记入账，编制记账凭证。

财会人员的后续工作，如编制科目汇总表、结账和编制财会报表等，都会以记账凭证为依据，所以，记账凭证填制的准确性尤为重要。相应的，相关记账凭证用到的工资表的数据必须保证高度准确，这样才能保证后续财会工作的顺利进行，否则会给财会部门及其相关做账人员增加很多工作量。

人事部门或人力资源部制作留底的工资汇总表与递交给财务部的工资表可以有所不同，具体情况如下。

- **人事部门留底的工资表：**该工资表包括很多具体项目，比如企业每一个员工的编号、姓名、所属部门、基本工资、绩效奖金、各种补贴、全勤奖、四险一金情况、应发工资、个税扣除情况、实发工资及备注等。要尽可能细致地表现企业每一位员工的工资组成情况，方便员工核对自己的工资。

- **递交给财务部的工资表**：由于财务部记账参考工资表时只会涉及“应发工资”“四险一金”“个税扣除情况”和“实发工资”等，所以，人事部门递交给财务部的工资表中，需要包含每个部门总的“应发工资”“四险一金”“个税扣除情况”和“实发工资”等，不再需要看每一位员工的具体工资情况。

工资表数据统计的准确性如何影响财会人员的记账工作呢？可通过如图 4-23 所示的过程来认识这一问题的严重性。

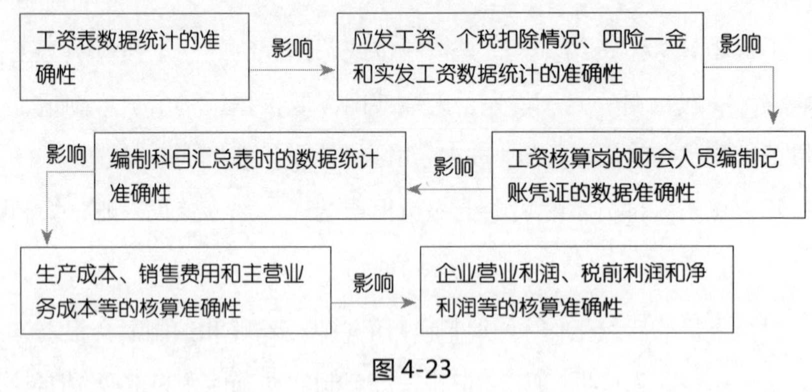

图 4-23

4.3.3 审核生产部门提供的资料

在企业实际经营过程中，财会人员的做账工作还需要借助生产部门提交的一些数据资料，除了前述内容讲解过的领料单，还有产成品的入库单和产值表等。

产成品的入库单与原材料的入库单相似，主要内容也就是产成品的编号、名称、规格、单位、数量和备注等。而产值表主要包括生产过程中各种物料的投料情况和产出情况等。图 4-24 和 4-25 所示为生产部门向财务部递交的产成品入库单和公司产值表明细表模板。

产成品入库单

班（组）：车间一组　　2019 年 7 月 11 日　　NO.76[illegible]

生产订单号：×××　　生产批号：×××

品名	规格	单位	数量	
			合格	次品
电脑A		台	100	4
电脑B		台	50	1
大写				

车间负责人　唐×　　校验员　宋×　　保管员　景×

一存根　二会计　三保管　四车间

图 4-24

__________公司产值明细表

年　　月

序号	品名	规格	单位	价格	××类		××类		合计		备注
					数量	金额	数量	金额	数量	金额	
1											
2											
3											
4											
5											
6											
7											
8											
9											
……											

图 4-25

公司产值明细表一般无固定格式，其内容的设定也是各企业根据自身情况而定，所以不同企业的生产部门向财务部递交的产值表可能不同。

职场小贴士

企业财务部收到的原始凭证一般按职责进行传递，比如用于核算生产成本的原始凭证一般在成本费用核算岗位之间传递；用于核算其他费用的原始凭证一般在费用核算岗位之间传递；用于核算营业收入或其他经营收入的原始凭证一般在收入核算岗位之间传递等。但是，也有一些凭证需要在多个岗位之间传递，比如企业员工工资表和各种购销发票等。

4.3.4 如何保管原始凭证

在原始凭证传递的终端，需要指定专门的负责人来保管企业的原始凭证。比如，与财务部门的工作直接相关的原始凭证需要由财务部门指定专人负责保管，而与财务部门工作间接相关的原始凭证需要交由特定的档案部门或档案室进行保管。具体的保管注意事项如下。

①对于性质相同而数量过多的原始凭证，可以单独装订保管，在封面上注明记账凭证的日期、编号和种类等信息。同时，在记账凭证上注明“附件另订”字样和原始凭证的名称及编号。

②原始凭证不得外借，如果有特殊原因确实需要外借的，要经企业负责人批准，在这种情况下也只能复制或提供查阅。提供复印件的，应在企业专设的登记簿上进行登记，并由提供人员和收取人员共同签名或盖章。原始凭证管理较严格的企业，对于查阅的情况也会有专门的登记簿进行查阅登记，主要涉及查阅人姓名和查阅时间。

③从外单位取得的原始凭证如果有遗失，应向原始凭证开出单位索要盖有公章的证明，并注明原来凭证的号码、金额和内容等，再由开出单位的会计机构负责人、会计主管人员和单位负责人批准后，才能将盖有公章的证明作为原始凭证进行保管。确实无法取得证明的，如车票和传票等，需要由当事人写明详细情况，由经办单位会计机构负责人、会计主管人员和单位负责人批准后，将证明资料作为原始凭证进行保管。

④原始凭证一般要在记账凭证装订成册之前，用回形针或大头针固定在记账凭证后面，在这段时间内，凡使用记账凭证的财会人员都有责任保管好原始凭证，使用完后要及时传递，并严防在传递过程中散失。

⑤各种经济合同和涉外文件等凭证，应另编目录单独装订保存，同时在记账凭证上注明“附件另订”的字样。

第5章

有些日常工作发生在记账之前

在第四章中我们了解到，企业其他部门会向财务部门递交相关的数据资料，以便财会人员做账，比如生产部门递交的产值表、产成品入库单和领料单，销售部门递交的销货合同和发票，人力资源部门递交的员工工资表，采购部门递交的采购合同、发票和原材料入库单，以及仓管部门递交的原材料出库单等。这些原始单据都需要财会人员经过数据处理，才能用到编制记账凭证的工作中去。

5.1

统计生产部门提交的数据

企业生产部门向财务部门提交的数据，涉及财会人员登记各种原材料的成本、产成品的库存数，以及核算生产效益等工作内容。而提交的数据大都需要财会人员进行一定的汇总和筛选处理后，才能用于登记记账凭证，所以在做账之前，财会人员还有一些日常统计工作需要做。而负责数据统计的财务人员一般是企业财务部门的财务统计员，他们的日常工作主要就是统计企业其他部门递交的数据资料。

5.1.1 统计生产成本

生产成本也称为制造成本，是指企业为生产产品而发生的成本。它是生产过程中各种资源利用情况的货币表示，是衡量企业技术和管理水平的重要指标。生产成本包括各项直接支出和制造费用，具体组成如下。

- **直接支出**：直接材料（原材料、辅助材料、备品备件、燃料及动力等）、直接工资（生产人员的工资和补贴）及其他直接支出（生产人员福利费等）。
- **制造费用**：分厂或车间管理人员的工资、折旧费及其他制造费用（车间办公费、差旅费和劳保费等）

为了核算生产成本，企业可设置生产成本账户进行核算，并可分设“基本生产成本”和“辅助生产成本”账户。而制造费用在未计入各产品成本计算对象之前，应先在“制造费用”账户中进行归集核算，然后按一定标准分配计入各产品成本中。

财务统计员需要根据人力资源部提供的工资表和产值表来统计企业的生产成本。首先，新建一个空白工作簿，将其保存为“财务统计表”工作簿（存储位置由财务统计员自行决定），再次打开工作簿，右击工作簿左下角的“Sheet1”标签，在弹出的下拉菜单中选择“重命名”命令，输入工作表的名称，这里为“生产成本统计表”，然后单击工作表中的任意位置即可完成重命名设置操作，如图 5-1 所示。

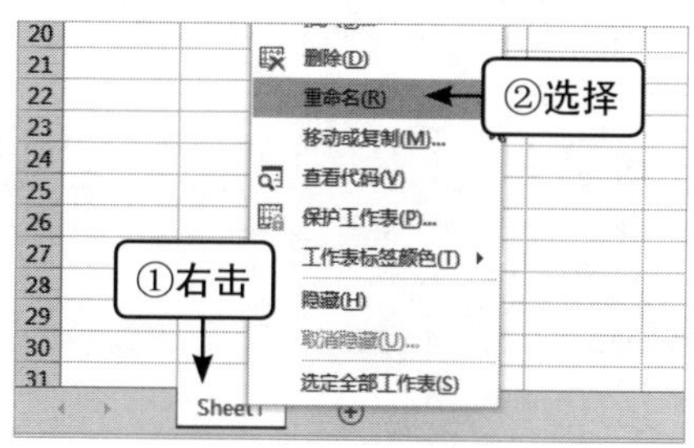

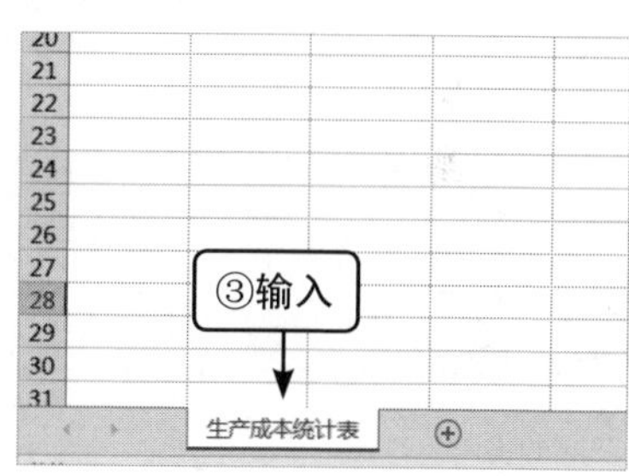

图 5-1

在“生产成本统计表”中，选择相应的单元格，输入各表头内容，需要合并单元格时，在“开始”选项卡的“对齐方式”功能组中单击“合并后居中”按钮，如图 5-2 所示。

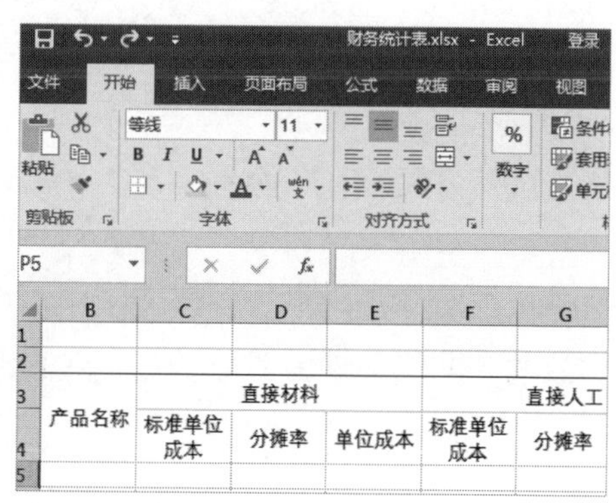

图 5-2

在恰当的单元格中输入表格标题“生产成本统计表”，并设置其字体和大小，然后将各项统计数据填入相应的单元格中，如图 5-3 所示。

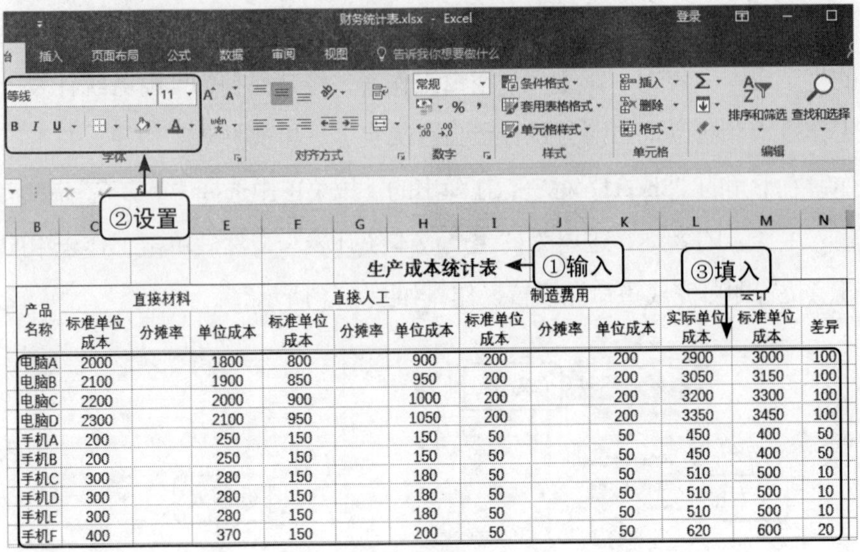

①输入 ②设置 ③填入

生产成本统计表

产品名称	直接材料			直接人工			制造费用			合计		
	标准单位成本	分摊率	单位成本	标准单位成本	分摊率	单位成本	标准单位成本	分摊率	单位成本	实际单位成本	标准单位成本	差异
电脑A	2000		1800	800		900	200		200	2900	3000	100
电脑B	2100		1900	850		950	200		200	3050	3150	100
电脑C	2200		2000	900		1000	200		200	3200	3300	100
电脑D	2300		2100	950		1050	200		200	3350	3450	100
手机A	200		250	150		150	50		50	450	400	50
手机B	200		250	150		150	50		50	450	400	50
手机C	300		280	150		180	50		50	510	500	10
手机D	300		280	150		180	50		50	510	500	10
手机E	300		280	150		180	50		50	510	500	10
手机F	400		370	150		200	50		50	620	600	20

图 5-3

由制作的表格可知，企业财务统计员统计出的数据有标准生产成本和实际生产成本之分，而编制记账凭证的财会人员在登记“生产成本”科目时，其数额应为实际生产成本的数额。

但是在有的企业，《生产成本统计表》由生产部门自己制作，然后递交给企业财务部，由财会人员据此登账。

5.1.2　核算生产效益

生产效益是投入与产出的比例关系问题，包括生产资料效益、劳动力效益和非实体性因素效益。企业的财务统计员参考生产部门提交的产值表，核算企业的生产效益。虽然这一统计结果不会应用到编制记账凭证的工作中，但却会用在财务经理编写的财务报告中，所以对财务部来说，该工作不能被忽视。其计算公式如下：

生产效益 = 实际生产成本 ÷ 主营业务收入 × 100%

财务统计员在 Excel 工作簿中新建一个名为“生产效益”的工作表，按照上一节内容中的步骤完成表头的制作。然后输入相应的年月和对应的主营业务收入与实际生产成本，将“年月”列的数字格式设置为“日期”，“生产效益”列的设置为“百分比”，其他列的设置为“常规”，如图 5-4 所示。

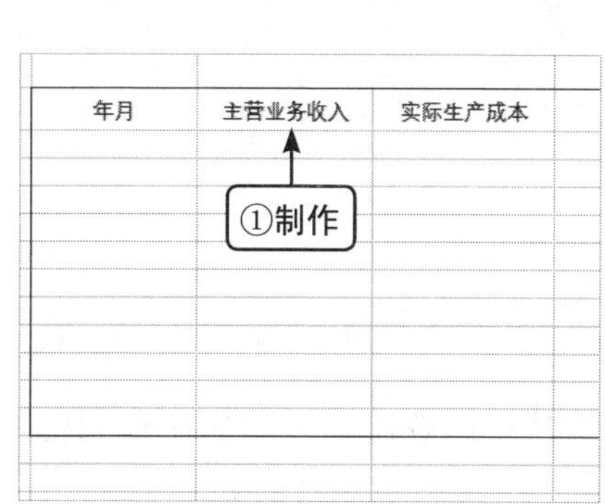

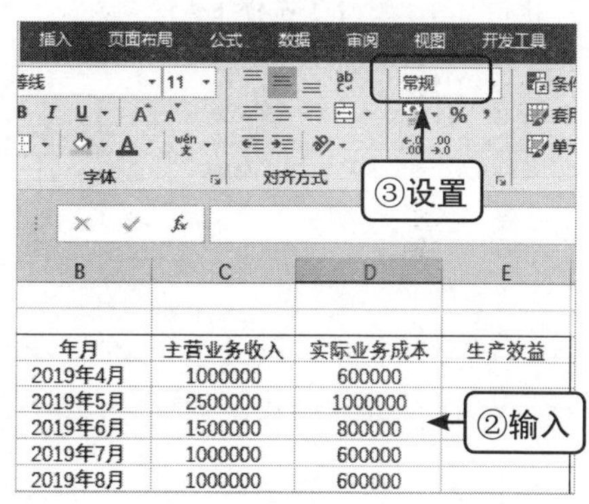

图 5-4

选择适当的单元格，这里选择 E4 单元格，然后在编辑栏中输入相应的公式，这里为“=D4/C4*100%”，按【Enter】键后即可得到 2019 年 4 月份的生产效益数据，如图 5-5 所示。

年月	主营业务收入	实际业务成本	生产效益
2019年4月	1000000	600000	=D4/C4*100%
2019年5月	2500000	1000000	
2019年6月	1500000	800000	
2019年7月	1000000	600000	
2019年8月	1000000	600000	
2019年9月	1800000	850000	
2019年10月	3000000	1800000	

①输入

年月	主营业务收入	实际业务成本	生产效益
2019年4月	1000000	600000	60%
2019年5月	2500000	1000000	
2019年6月	1500000	800000	
2019年7月	10000		
2019年8月	10000		
2019年9月	1800000	850000	
2019年10月	3000000	1800000	

②按【Enter】键得出

图 5-5

选择 E4 单元格，双击该单元格的控制柄，其他月份的生产效益数据将自动计算出来，最后，给表格添加标题，这里为“生产效益表”，这样就完成了生产效益表的制作，如图 5–6 所示。

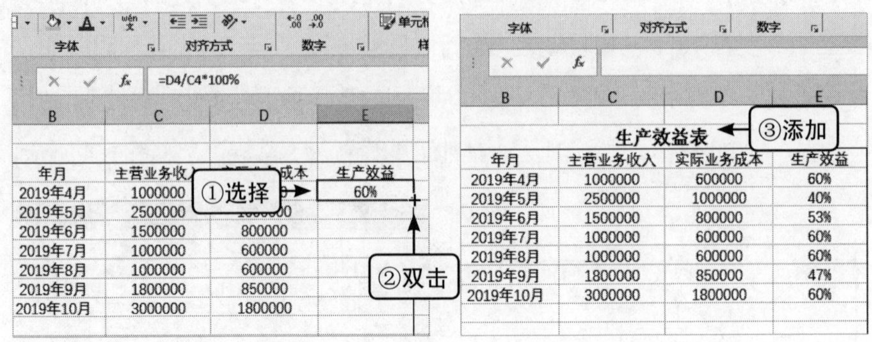

图 5-6

不同的企业，其《生产效益表》包含的内容不尽相同，各企业可根据自身需求制作符合自身实际经营情况的《生产效益表》。这里制作的《生产效益表》是最简单的一种，其中涉及的快捷设置和填列数据的方法可运用到制作复杂的《生产效益表》中，这样可以帮助财务统计员节省不少时间。比如，有些企业的生产效益表具体到生产资料效益、劳动力效益和非实体性因素效益，如图 5–7 所示。

生产效益表

年月	主营业务收入	直接材料成本	效益	直接人工成本	效益	其他成本	效益
2019年4月	1000000	220000	22.00%	370000	37.00%	10000	1.00%
2019年5月	2500000	380000	15.20%	600000	24.00%	20000	0.80%
2019年6月	1500000	290000	19.33%	490000	32.67%	20000	1.33%
2019年7月	1000000	250000	25.00%	340000	34.00%	10000	1.00%
2019年8月	1000000	210000	21.00%	375000	37.50%	15000	1.50%
2019年9月	1800000	340000	18.89%	490000	27.22%	20000	1.11%
2019年10月	3000000	640000	21.33%	1120000	37.33%	40000	1.33%

图 5-7

5.2

整合其他部门提供的数据

一个具有一定规模的企业，不仅有生产部门和财务部门，还有人事部门、仓管部门和行政部门等。这些部门在企业经营过程中也会发生一些成本费用开支，所以需要定期向财务部门报交相应的统计数据，方便财务人员参考相应资料并填制有关记账凭证，而有的数据还需要财务人员进行汇总并编制成 Excel 报表，然后才能作为编制记账凭证的直接依据。

5.2.1　统计“应付职工薪酬”数额

应付职工薪酬是企业根据有关规定应付给员工的各种薪酬，包括“工资、奖金、津贴、补贴”“职工福利”“社会保险费”“住房公积金”“工会经费”“职工教育经费”“解除职工劳动关系补偿”“非货币性福利”和“其他与获得职工提供的服务相关的支出”等项目。财务统计员要做的就是，分别合计出这些项目的每月金额。

以第 4 章中的《工资汇总表》为例，在该表的最后一行下面再添加一行为“合计”行，并选择相应的单元格，然后在编辑栏中输入一定的计算公式，计算出当月的员工各项薪酬总额。比如，这里选择 E28 单元格，在编辑栏中输入公式“=SUM(E5:E27)”，按【Enter】键即可自动求和该列数据，如图 5–8 所示。

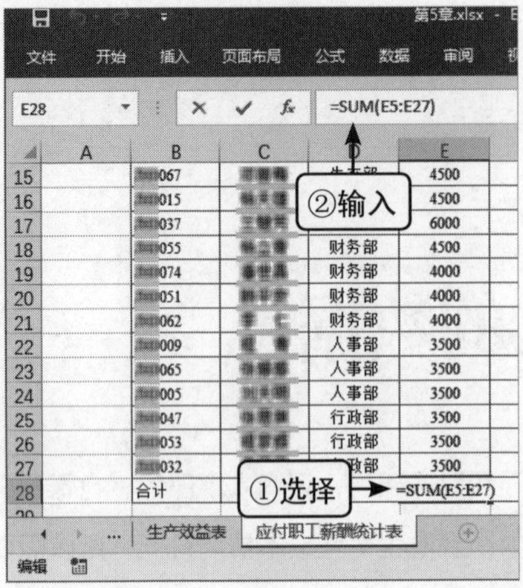

图 5-8

其他列的数据也以相同的方式进行自动求和，但要注意其他列输入的公式都是不相等的，最后求出的结果如图 5-9 所示。

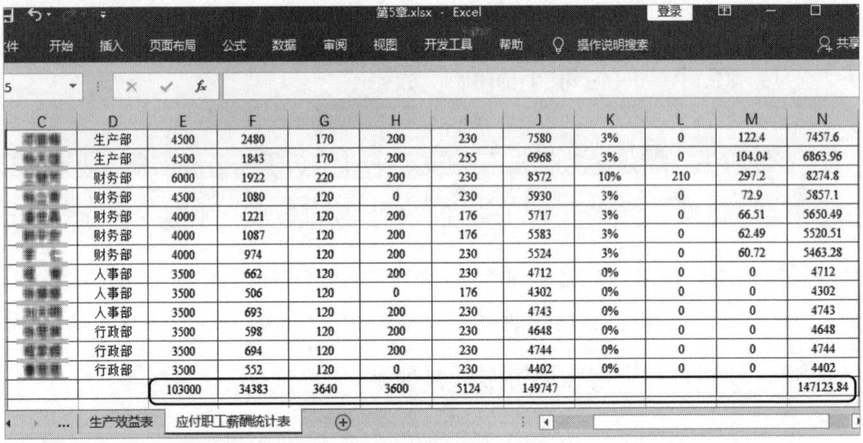

C	D	E	F	G	H	I	J	K	L	M	N
	生产部	4500	2480	170	200	230	7580	3%	0	122.4	7457.6
	生产部	4500	1843	170	200	255	6968	3%	0	104.04	6863.96
	财务部	6000	1922	220	200	230	8572	10%	210	297.2	8274.8
	财务部	4500	1080	120	0	230	5930	3%	0	72.9	5857.1
	财务部	4000	1221	120	200	176	5717	3%	0	66.51	5650.49
	财务部	4000	1087	120	200	176	5583	3%	0	62.49	5520.51
	财务部	4000	974	120	200	230	5524	3%	0	60.72	5463.28
	人事部	3500	662	120	200	230	4712	0%	0	0	4712
	人事部	3500	506	120	0	176	4302	0%	0	0	4302
	人事部	3500	693	120	200	230	4743	0%	0	0	4743
	行政部	3500	598	120	200	230	4648	0%	0	0	4648
	行政部	3500	694	120	200	230	4744	0%	0	0	4744
	行政部	3500	552	120	0	230	4402	0%	0	0	4402
		103000	34383	3640	3600	5124	149747				147123.84

图 5-9

该统计表统计出的结果将作为总账会计登记“应付职工薪酬”科目的重要数据来源，会涉及“应付职工薪酬——工资”“应付职工薪酬——职工福利费”“应付职工薪酬——工会经费”以及“应付职工薪酬——社保”等会计科目。

而日常会计工作中编制记账凭证的工作，要根据各部门具体的薪酬总数来完成，其工作更加细致和具体化，比如这里只统计当月销售部门人员的各项薪酬总额，相应的财会人员编制的记账凭证中会涉及“销售费用”和“银行存款”等科目。

5.2.2　固定资产的采购数据统计

一般来说，企业的固定资产是指车间使用到的机械、器具和设备，以及公司的办公楼、厂房和计算机等单位价值比较高的物体。就计算机而言,不止财务部这一个部门需要,其他部门也会有购置计算机的可能性,所以固定资产的采购数据会比较复杂。

有关部门需要采购固定资产时，需先向采购部门说明，采购部再向财务部提交采购数据，审核通过后由采购部进行实物采购，然后将采购清单和相应发票递交给财务部,财务统计员要将所有固定资产进行分类。

①生产部门采购的固定资产，计入“固定资产”科目。

②财务部门采购的固定资产，计入“财务费用”科目。

③销售部门采购的固定资产，计入“销售费用”科目。

④管理部门和其他部门采购的固定资产，计入“管理费用”科目。

但在实际核算工作中，很多企业的财务部门并没有单独对固定资产的采购数据进行分类统计，因为这么做虽然为管理者明确了各项费用成本的分配方向，但却加重了财会人员的工作量。

5.2.3　整合办公用品明细表数据

通常情况下，企业每天收到的每一张单据都要相应地填制一张记账凭证，但有时同类的单据太多，为避免编制过多的记账凭证，财会人员会先将同类的单据进行归类整理，计算出汇总数据，然后根据汇总数据编制一张记账凭证。或者有时没有及时收到购买办公用品的发票，此时也可以在月底根据收到的所有办公用品类发票，进行数据汇总，然后编制一张记账凭证。

比如，某企业 2019 年 6 月购买了很多次办公用品，但没有收到任何发票，而在月底时从各外部单位收到当月相应的办公用品购置发票。此时，可将所有发票涉及的金额进行汇总，编制如图 5-10 所示的 Excel 报表。（与统计应付职工薪酬数据的方法相似）

办公用品汇总表

2019年6月

时间	办公用品	单位	数量	单价	金额	凭证号	备注
6月1日	办公桌	张	5	100	500		
6月2日	签字笔	盒	20	15	300		
6月3日	绿色植物	盆	40	5	200		
6月4日	文件夹	个	50	7	350		
……							
6月30日	文件袋	个	100	3.5	350		
合计			500		3000	××	

图 5-10

根据汇总数据（3 000）填制记账凭证。需要注意的是，这时编制的记账凭证的附件有很多张，编制时一定要注意写清楚附件张数。

要想该表体现更加详细的信息，以便日后财会人员查对账目，还可以在表格中添加“使用部门”项目；另外，根据该汇总表编制记账凭证的财会人员，可以在凭证上注明相应的明细科目，如“管理费用——办公用品——办公桌”“管理费用——办公用品——绿色植物”和“管理费用——办公用品——文件夹”等。

5.3

日常费用的记录与统计

企业生产经营过程中发生最多的业务就是各种费用开支，不同部门的费用开支需要计入不同的费用类会计科目，其核算工作相对较复杂。因此，为了方便记账人员编制费用类的记账凭证，很多时候需要财会人员先将同类的费用进行汇总，然后用于编制记账凭证的工作中。本节主要介绍各项费用的记录与统计工作。

5.3.1　汇总企业经营中的管理费用

管理费用是指企业行政管理部门，为组织和管理生产经营活动而发生的各项费用，它属于期间费用，在发生的当期就计入当期的损失或利益。该费用是企业所有期间费用中核算工作最复杂的一项，只要是不能归类于其他特定费用（如销售费用和财务费用等）的费用开支都会计入管理费用。因此，该费用的分类归集工作尤为重要。

首先，财务统计员新建一个名为“管理费用统计表”的 Excel 工作表，制作相应的表头，这里分别为“时间”“车辆使用费”“通信费”“差旅费”“房租费”“水电费”“应酬费”“招聘费”“其他费用”“合计”和“备注”等，在表格最后一行的第一个单元格中输入“合计”，然后输入表标题为“管理费用统计表”，在表格右上角合适的单元格中输入“年月”，用于填写制作该表的时间，如图 5-11 所示。

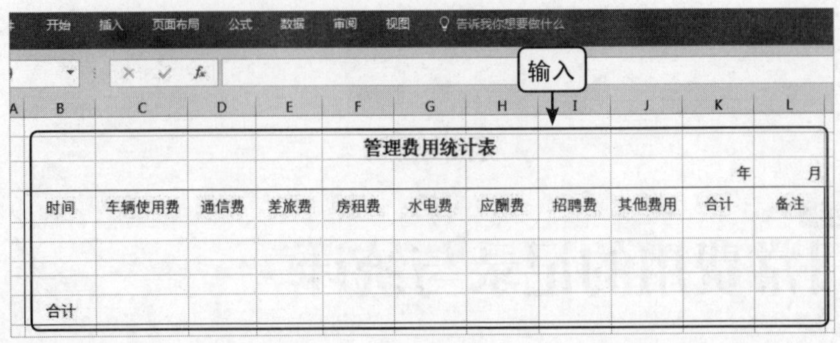

图 5-11

按每一天发生的管理费用及其类型，在工作表的空白部分完成该表格的数据填列和统计（纵向与横向），制作出来的表格如图 5-12 所示。

	A	B	C	D	E	F	G	H	I	J	K	L
1												
2		管理费用统计表										
3												2019年6月
4		时间	车辆使用费	通信费	差旅费	房租费	水电费	应酬费	招聘费	其他费用	合计	备注
5		6月1日	50						100	10	160	
6		6月2日			3000				100		3100	
7		6月3日	6							50	110	
8		6月4日						500			500	
9		......										
10		6月30日	30	1000		3000	500			20	4550	
11		合计	140	1000	3000	3000	500	500	200	80	8420	

①统计 ②统计

图 5-12

由图 5-12 可知，当某一天发生了不一样的管理费用时，可先对这一天的管理费用进行合计，当天管理费用就只需填制一张记账凭证，一个月就只填制 30 或 31 张管理费用凭证。该表格中的数据有利于财会人员进行明细账核算，若企业对明细账的要求不高，则该汇总表格可不需要制作。

5.3.2 为销售业务服务的费用统计

通常，企业经营过程中为销售业务服务的费用都会计入销售费用，比如广告费、宣传费、展览费、销售部门员工工资和差旅费，以及签订合同时发生的会议费等。因此，在发生这些费用时，需要财会人员对其进行汇总统计，然后才方便登记与销售费用相关的记账凭证。

在工作表的相应位置填入准确数据，然后对每一天的所有费用进行横向统计，对当月的每一项费用进行纵向统计，编制出的 Excel 表格如图 5-13 所示。

销售费用统计表

2019年6月

时间	销售人员工资	销售员差旅费	广告费	宣传费	展览费	销售会议费	其他费用	合计	备注
6月1日		3000	300	120	60			3480	
6月2日						300	100	400	
6月3日			200	100	60			360	
6月4日		5000					80	5080	
……									
6月30日	120000					300		120300	
合计	120000	8000	500	220	120	600	180	129620	

①统计
②统计

图 5-13

财会人员在收到人力资源部递交的工资表并编制记账凭证时，不会参考到这张统计表，涉及的会计分录一般如下。

借：应付职工薪酬

　　贷：银行存款 / 库存现金

当财会人员要结转企业各项成本和费用时就需要用到该表格，将销售人员的工资从应付职工薪酬中分离出来，并与其他属于销售费用的小额费用一起，同时计入“销售费用”科目。

借：销售费用　　120 000

　　贷：应付职工薪酬　　120 000

借：本年利润　　129 620

　　贷：销售费用　　129 620

5.3.3 各项手续费与部分利息支出的整理

企业在经营过程中，发生的手续费和利息支出等大都与金融机构有关，一般计入“财务费用”科目。而其他少数与金融业务不相关的手续费则记入相应的费用，如管理费用或销售费用。

财务费用是指企业在生产经营过程中为筹集资金而发生的筹资费用，包括企业生产经营期间发生的利息支出、汇兑损益（商品流通企业和保险企业进行单独核算的，不包括在财务费用中）、金融机构手续费以及企业发生的现金折扣等。

需要注意的是，在企业筹建期间发生的利息支出应计入开办费，因此，最终会计入“管理费用”科目；而为购建或生产满足资本化条件的资产发生的应予以资本化的借款费用，要计入“在建工程”或“制造费用”等科目进行核算。

有些企业的财务部门会专门制作一张《财务费用明细表》，它反映企业在一定期间内发生的财务费用及其构成情况，如图 5-14 所示。

财务费用明细表

				2019年6月30日
项目	本年计划数	上年同期实际数	本月实际数	本年累计实际数
利息支出（减利息收入）	12100	1600	1895	35380
汇兑损失（减汇兑收益）	0	0	0	0
金融机构手续费	5000	358	220	5011
其他	0	0	0	0
合计	17100	1958	2115	40391

图 5-14

财务费用与产品生产没有直接关系，不计入产品生产成本，按发生的期间进行归集，将当期的实际发生数直接计入当期损益。它与管理费用一样，费用的高低不影响产品成本，直接影响当期利润。

第6章

记账是会计实操的起步

在当今会计电算化的大环境下，企业会计实操是从编制记账凭证开始的。企业财会人员将借助安装在计算机中的财务软件进行做账工作，主要是编制各类记账凭证和报表。而实操过程中，只需财会人员按照一定的规则填入内容即可，不需要其编制记账凭证或报表。同时，需要纸质记账凭证或报表时，财会人员可直接用财务软件生成。

6.1

记账凭证的填制要规范

记账凭证又称记账凭单，是财会人员根据审核无误的原始凭证，按照经济业务事项的内容加以分类，并据以确定会计分录后所填制的会计凭证。它是登记账簿的直接依据，所以财会人员要严格按照规定的格式和内容进行填制。除此之外，填制记账凭证还要牢记相关的注意事项和会计规定，不能随意填制。

6.1.1 原始凭证与记账凭证的对应关系

一般情况下，一张原始凭证对应填制一张记账凭证，比如各种经济业务收到的增值税发票。但是，有时一张原始凭证上记录的经济内容较多，需要填制多张记账凭证，该方式下，对同一笔经济业务不得填制对应关系不清楚的多借多贷记账凭证。

而有时同类的原始凭证比较多，如果按照一对一的方式填制记账凭证，那么会增加财会人员的工作量，也浪费时间，因此会采取多张原始凭证登记一张记账凭证的方式。但需要注意的是，不同类型业务的原始凭证不能混同编制一张记账凭证。

另外，有的企业为了细化工作职责，会安排专门的财会人员先编制原始凭证汇总表，然后由相关会计人员根据该汇总表登记记账凭证。而对于转账业务，财会人员可以用自制的原始凭证或汇总原始凭证来代替记账凭证。

财会人员在登记记账凭证时，原始凭证将作为记账凭证的附件形式存在，两者的关系如下。

①除了结账和更正错误的记账凭证可以不附带原始凭证之外，其他记账凭证必须附有原始凭证。

②当一张或几张原始凭证涉及几张记账凭证时，可将原始凭证附在一张主要的记账凭证后面，在摘要栏中注明“本凭证附件包括 ×× 号记账凭证业务”的字样，在其他记账凭证上则注明“原始凭证在 ×× 号记账凭证后面”的字样。

③若根据同一原始凭证填制数张记账凭证，则应在未附原始凭证的记账凭证上注明“附件 ×× 张，见第 ×× 号记账凭证”的字样。

④如果一张原始凭证所列支出需要几个单位共同承担的，应根据其他单位承担部分开给对方原始凭证分割单进行结算，并将相应原始凭证及分割单副本一起附在记账凭证后面。

⑤每张记账凭证只能反映一项经济业务，但少数特殊业务必须将几个会计科目填在一张记账凭证上。

6.1.2　记账凭证的基本内容

无论是收、付款凭证还是转账凭证，所有记账凭证都有其必须具备的内容，即基本内容，具体如下。

- 记账凭证的名称和填制单位的名称。
- 填制记账凭证的日期和记账凭证的编号。
- 经济业务事项的内容摘要。
- 经济业务事项所涉及的会计科目及其记账方向。

◆ 经济业务事项的金额和记账标记。

◆ 记账凭证所附的原始凭证张数及会计主管、记账、审核、出纳和制单等有关人员的签章。图 6-1 所示为通用记账凭证。

记　账　凭　证

年　月　日　　　　　　　　字第　　号

摘　要	总账科目	明细科目	记账✓	借方金额										记账✓	贷方金额										记账符号
				千	百	十	万	千	百	十	元	角	分		千	百	十	万	千	百	十	元	角	分	
大写：																									

附件　张

会计主管　　记账　　出纳　　制单

图 6-1

一般企业做账过程中有三大记账凭证，如图 6-2 ～图 6-4 所示为收款凭证、付款凭证和转账凭证。

收　款　凭　证

出纳编号 ____

借方科目：　　　　年　月　日　　　　制单编号 ____

对方单位（或领款人）	摘要	贷方科目		金额										记账符号
		总账科目	明细科目	千	百	十	万	千	百	十	元	角	分	
		合计金额												

附凭证　张

会计主管　　记账　　出纳　　制单

图 6-2

付　款　凭　证

出纳编号 ____

贷方科目：　　　　年　月　日　　　　制单编号 ____

对方单位（或领款人）	摘要	借方科目		金额										记账符号
		总账科目	明细科目	千	百	十	万	千	百	十	元	角	分	
		合计金额												

附凭证　张

会计主管　　记账　　出纳　　制单

图 6-3

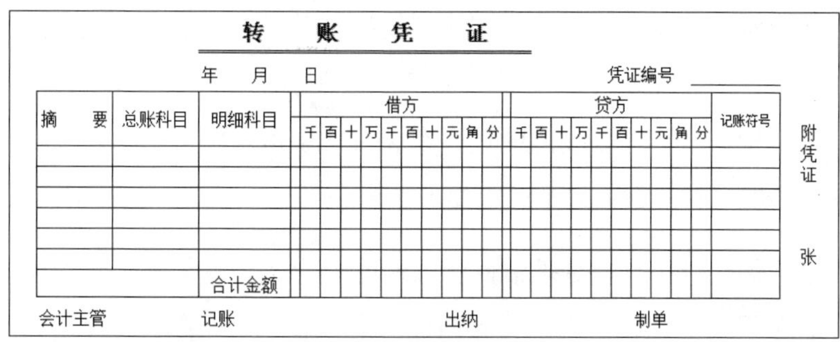

转　账　凭　证

年　月　日　　　　　凭证编号 ________

摘　要	总账科目	明细科目	借方										贷方										记账符号
			千	百	十	万	千	百	十	元	角	分	千	百	十	万	千	百	十	元	角	分	
		合计金额																					

附凭证　张

会计主管　　记账　　出纳　　制单

图 6-4

6.1.3　规范书写文字与数字

填制记账凭证时，有数字内容和文字内容，每一种内容有其规定的填列方式。具体介绍如下。

1. 数字内容的填写

记账凭证上，数字内容包括记账凭证的编号、记账凭证的日期、会计科目对应的金额、合计栏金额以及附件张数等，具体填写规范如下。

（1）记账凭证的编号

记账凭证的编号有三种填写方法：一是将财会部门内的全部记账凭证作为一类凭证统一编号，编为记字第 × 号；二是分别按现金和银行存款收入、现金和银行存款付出及转账业务这三类进行编号，分别编为收字第 × 号、付字第 × 号和转字第 × 号；三是按现金收入、现金付出、银行存款收入、银行存款付出和转账这 5 类进行编号，分别编为现收字第 × 号、现付字第 × 号、银收字第 × 号、银付字第 × 号和转字第 × 号。

当月记账凭证的编号可在填写记账凭证的当日填写，也可在月末或装订凭证时填写。无论是统一编号还是分类编号，都应区分月份并按自然数字顺序连续编号。通常，一张记账凭证编一个号，不得跳号或重号。

业务量大的企业可使用“记账凭证编号单”，按照企业记账凭证编号的方法，事先在编号单上印满顺序号，编号时用一个销一个，一般由制证人注销编号。需要注意的是，在装订凭证时要将编号单附上，使记账凭证的编号和张数一目了然，便于查账。

复杂的会计事项需要填制两张或两张以上的记账凭证时，应编写分号，即在原编记账凭证号码后面用分数形式表示，如第 1 号记账凭证需要填制两张记账凭证，则第一张编号为 1（1/2），第二张为 1（2/2）。

（2）记账凭证的日期

记账凭证的日期一般是财会人员填制记账凭证当天的日期，也可根据管理需要填写经济业务发生的日期或月末日期。比如，报销差旅费的记账凭证填写报销当日的日期；现金收、付记账凭证填写办理收、付现金的日期；银行收款业务的记账凭证一般按财务部门收到银行进账单或银行回执的戳记日期填写；次月收到上月的银行收、付款凭证，可按财务部门实际办理转账业务的日期填写；属于计提和分配费用等转账业务的记账凭证，应以当月最后的日期填写。

（3）会计科目的金额和合计金额

会计科目的金额和合计金额需根据实际发生数和总计数，以阿拉伯数字的形式一一对应地填入相应的位置，如图 6-5 所示。

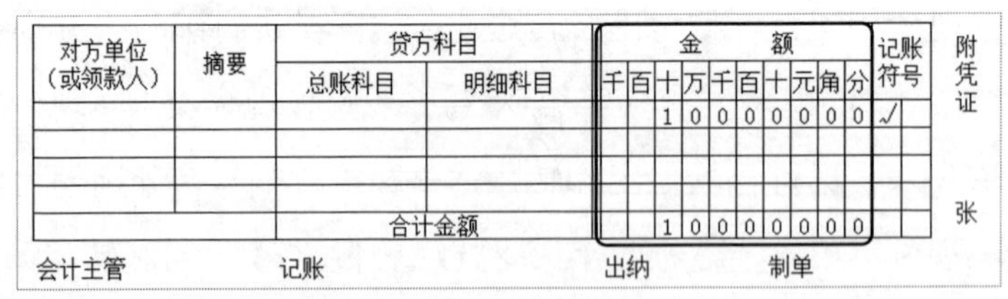

对方单位（或领款人）	摘要	贷方科目		金额									记账符号	附凭证
		总账科目	明细科目	千	百	十	万	千	百	十	元	角	分		
							1	0	0	0	0	0	0	√	
		合计金额					1	0	0	0	0	0	0		张

会计主管　　记账　　出纳　　制单

图 6-5

（4）凭证的附件张数

记账凭证的附件张数计算方法有两种：一是按构成记账凭证金额的

原始凭证张数计算；二是以所附原始凭证的自然张数为准，即凡是与经济业务内容相关的每一张原始凭证都作为记账凭证的附件统计张数。

凡是属于收、付款业务的，原始凭证张数计算都以自然张数为准。但对差旅费、市内交通费和医疗费等报销单，可贴在一张纸上作为记账凭证的一张原始凭证附件。附件张数应用阿拉伯数字填写。

职场小贴士

过宽过长的附件应进行纵向和横向的折叠，折叠后的附件外形尺寸不应长于或宽于记账凭证，同时还要便于翻阅。过窄过短的附件不能直接装订时，应进行必要的加工后再粘贴于特制的原始凭证粘贴纸上，然后装订粘贴纸。原始凭证粘贴纸的外形尺寸应与记账凭证相同，纸上可事先印一个合适的方框，各种不能直接装订的原始凭证，如汽车票、地铁票、市内公共汽车票、火车票和出租车票等，都应按类别整齐地粘贴在粘贴纸的方框内，不得超出。

2. 文字内容的填写

记账凭证的文字内容有填制单位的名称、凭证的名称、经济业务摘要、会计科目和有关人员的签字，这些内容的填写规范如表 6-1 所示。

表 6-1　记账凭证的文字内容填写规范

文字内容	填写规范
填制单位名称	即填制记账凭证的企业的名称。会计电算化下，该内容已在建账时确定好，一般为企业的全称
凭证的名称	根据实际情况填写，如收款凭证、付款凭证和转账凭证等
经济业务摘要	摘要填写要简明扼要，每项经济内容准确对应一个摘要，不同经济内容不能笼统使用同一个摘要。摘要中必须要反映时间、人数、数量和经济业务事项
会计科目	根据凭证上的指示填写，该记借方的记借方，该记贷方的记贷方，该记总账科目的记总账科目，该记明细科目的记明细科目
有关人员签字	相应责任人在凭证下方对应位置签字或盖章，不得代签

6.2

记账凭证的填制与汇总

在会计电算化下，企业财会人员填制记账凭证是通过财务软件进行的，这样一来，财会人员不再动笔填写凭证，直接在财务软件中的记账凭证模板中输入数据并保存即可，为财务人员减轻了工作负担。接下来将进入财务软件的实操记账环节，教你如何利用财务软件做账。

6.2.1 根据购货业务填制付款凭证

在第 4 章中，某企业 2019 年 7 月 3 日购进了一批电子零件 A，收到了销货方开具的增值税专用发票，但还未收到银行的付款回单，所以填制的记账凭证涉及会计科目为“原材料”“应交税费——应交增值税（进项）”和“应付账款”。

登录财务软件系统，在“主控台”界面中单击“账务处理”选项卡，在右侧的“子功能选项”区域单击“凭证录入”按钮，如图 6-6 所示。

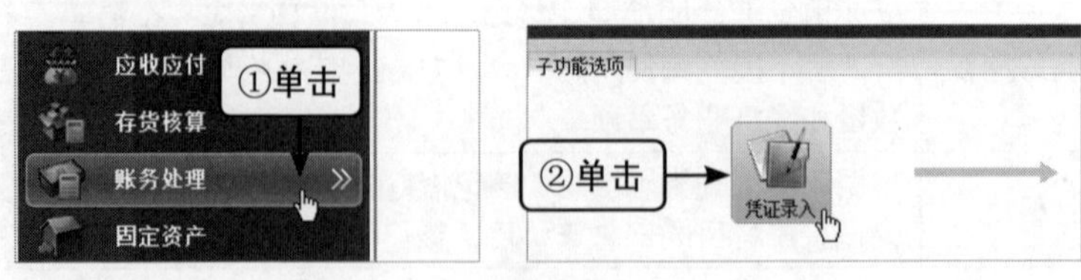

图 6-6

打开“记账凭证 - 新增”界面，设置业务日期和填制凭证的日期为“2019 年 7 月 3 日”，在界面右上角单击“凭证字”文本框右侧的下拉按钮，在弹出的下拉菜单中选择“记”选项，然后输入凭证号为“1”，附件张数为“1”，如图 6-7 所示。

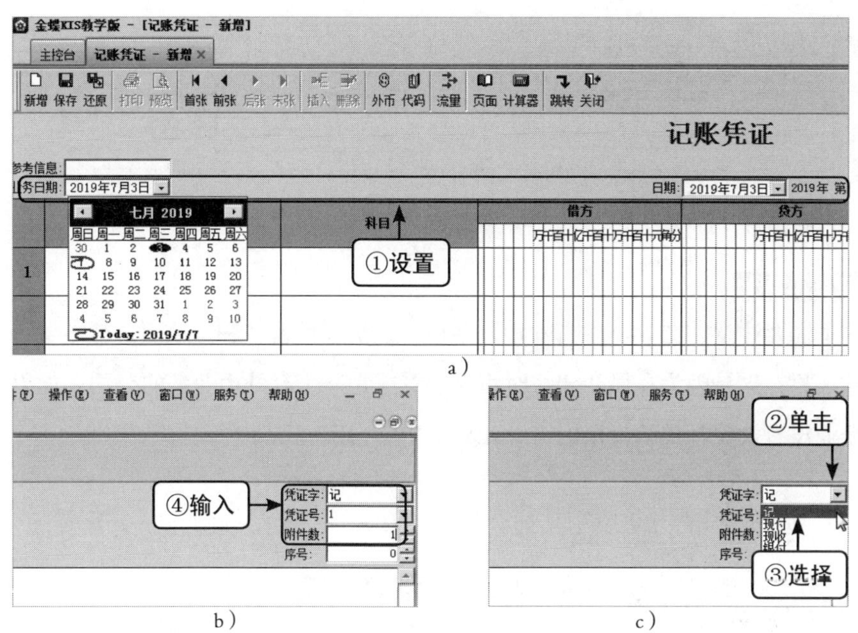

图 6-7

在凭证模板的“摘要”栏中输入“购买原材料电子零件 A”，双击第一行“科目”栏的方格，打开“会计科目”对话框，选择相应的会计科目，这里选择“原材料”选项，单击“确定”按钮，如图 6-8 所示。

图 6-8

按【Enter】键即可在“科目”栏中同时显示科目名称和其代码。最后在第一行的“借方”栏中输入购买原材料的价款金额“500”，系统会自动对应金额位数，如图 6–9 所示。

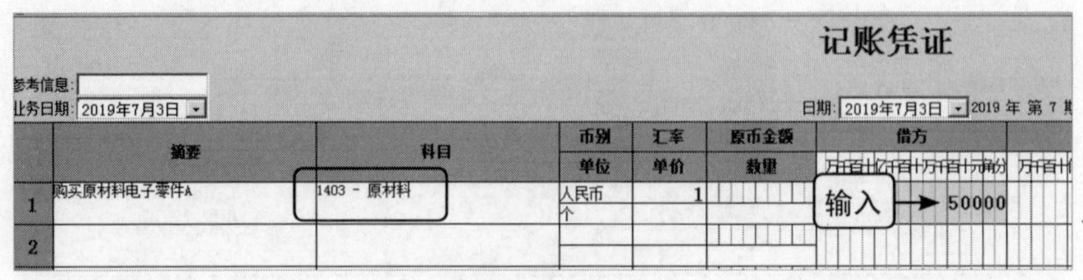

记账凭证

参考信息：

业务日期：2019年7月3日　　　　日期：2019年7月3日　2019 年 第 7 期

	摘要	科目	币别/单位	汇率/单价	原币金额/数量	借方
1	购买原材料电子零件A	1403 – 原材料	人民币/个	1		50000
2						

图 6-9

职场小贴士

这里需要注意，图 6–9 中有“币别单位”“汇率单价”和“原币金额数量”这 3 栏，这是因为在最初建账时将企业看成是一个有外币业务的公司。如果企业没有设置相关的外币内容，此凭证中不会出现这 3 栏项目。

按照相同的方法填写其他会计科目和对应金额，如图 6–10 所示。

新增　保存　还原　打印　预览　首张　前张　后张　末张　插入　删除　外币　代码　流量　页面　计算器　跳转　关闭

记账凭证

考信息：

务日期：2019年7月3日　　　　日期：2019年7月3日　2019 年 第 7 期

	摘要	科目	币别/单位	汇率/单价	原币金额/数量	借方	贷方
1	购买原材料电子零件A	1403 – 原材料	人民币/个	1	50000	50000	
2		2221 – 应交税费	人民币	1	6500	6500	
3		2202 – 应付账款	人民币	1			56500
4							

填写

图 6-10

双击界面下方“供应商”文本框，在打开的“核算项目 – 供应商”对话框中选择供应商并双击，返回后按【Enter】键即可看到“供应商”文本框中显示供应商代码及供应商名称，最后单击界面左上角的“保存”按钮，即可保存该记账凭证，如图 6–11 所示。

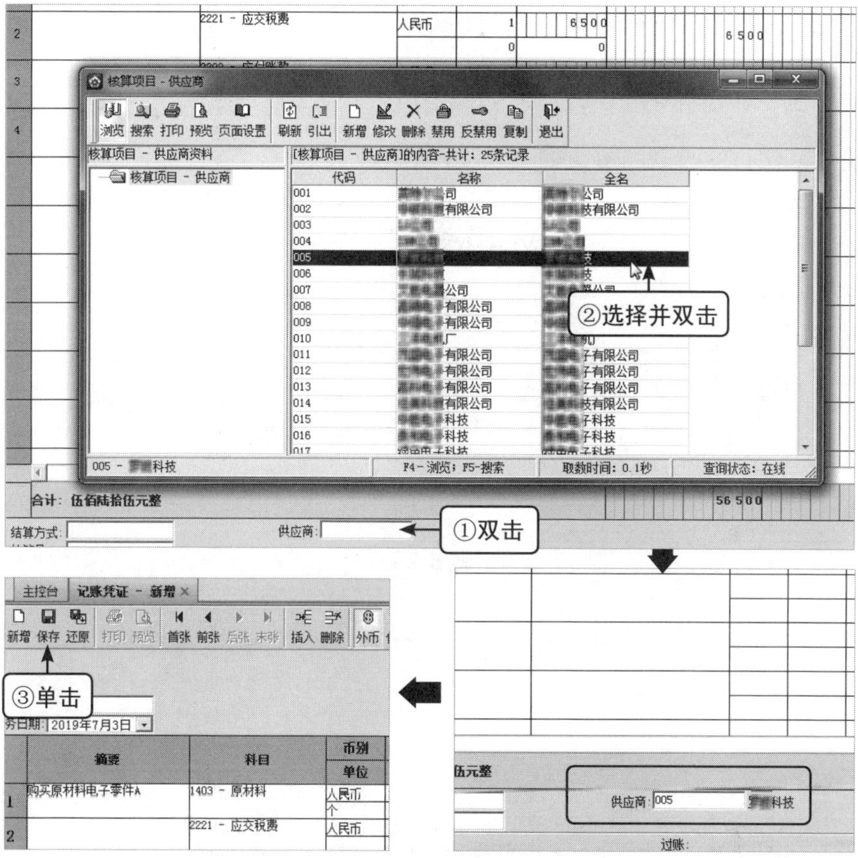

图 6-11

当企业收到银行发来的付款回单时，还需要编制如图 6-12 所示的记账凭证。

	摘要	科目	借方	贷方
1	支付购买电子零件A货款	2202 - 应付账款/005 - ■■科技	56500	
2		1002.04 - 银行存款 - 农商银行		56500
3				
	合计：伍佰陆拾伍元整		56500	56500

结算方式：

图 6-12

6.2.2 发生销售业务填制收款凭证

当企业对外销售产品时，自身会给客户开具增值税专用发票，同时会收到银行的收款回单，如图 6-13 所示。

广州农商银行电汇凭证（回单）

币别：人民币　　　　2019年7月8日

付款人	全　称	电脑公司	收款人	全　称	电子有限公司
	账　号	623458×××××		账　号	b23088002×××××
	开户行	中国工商银行		开户行	××农商银行
金额		壹拾壹万叁仟元整		小写：113000.00	
凭证种类			凭证号码		
结算方式		电汇	用途	收到产品货款	
摘要：收到电脑公司支付的货款。					

图 6-13

企业财务部收到该收款回单时，按照凭证填制方法，编制并保存如图 6-14 所示的记账凭证。

记账凭证

参考信息：
业务日期：2019年7月8日　　　　日期：2019年7月8日　2019 年 第 7

	摘要	科目	借方	贷方
1	收到电脑公司支付的货款	1002.04 - 银行存款 - 农商银行	11300000	
2		6001 - 主营业务收入		10000000
3		2221 - 应交税费		1300000
4				
	合计：壹拾壹万叁仟元整		11300000	11300000

结算方式：
结算号：
审核：　　过账：　　出纳：

图 6-14

需要注意的是，如果企业在发出商品后没有及时收到货款，但按照权责发生制原则，企业已经发生了业务，所以此时，上述记账凭证中的借方科目应为“应收账款”；待到日后企业收到银行的收款回单后，再填制一张借方为“银行存款”科目，贷方为“应收账款”科目的记账凭证，以达到冲账目的。

职场小贴士

转账业务是指与货币资金收付无关的业务，一般是月末结转成本或费用时，通过“转账凭证”功能自动生成转账凭证。也就是说，转账凭证是内部凭证之间的转化，不涉及具体的经济业务。该类凭证的具体填制过程将在本书第 8 章进行讲解。

6.2.3　委托代销业务如何填制凭证

委托代销是指受货物所有人的委托进行销售，在商议好代理销售费的情况下，当产品销售回款后自行将商议货款付至委托人的经营活动。其特点是，受托方只是一个代理商，委托方将商品发出后，所有权并未转移给受托方，因此，商品所有权的主要风险和报酬仍在委托方。委托代销的类型有如下几种。

- 受托方按照委托方的要求销售商品，受托方只收取代销手续费，且该手续费与商品销售量和销售额没有必然联系。
- 受托方按照委托方的要求销售商品，受托方只收取代销手续费，且该手续费与商品销售量和销售额有关联。
- 受托方将代销商品加价出售，与委托方按协议价格结算，不再另外获得手续费。该类型就是日常所说的视同买断，受托方以商品差价作为经营报酬。

作为委托方，企业必须和受托方签订代销协议，通常情况下，受托方不垫付资金。需要注意的是，销售代销货物视同销售，受托方在未销售产品之前，不需要和委托方进行结算，而委托方也就不需要开票结算，一般要在收到代销清单后才开票结算。图 6-15 所示为委托代销合同的一般格式。

委托代销合同

甲方：________________有限公司　　乙方：________________

由于业务发展需要，经甲方和乙方友好协商，签订以下××代销协议，协议具体内容如下：

一、甲方向乙方提供________台电脑作为代销电脑，甲方保证所提供的电脑为手续完整、质量合格的电脑。

二、乙方必须在提货前向甲方支付______%的货款作为保证金。

三、乙方在收到货物_______日内需向甲方支付全部款项，逾期故意拖欠货款的，甲方有权立即收回乙方的代理权。

四、甲方要保证为乙方提供充足的货源，乙方则要向甲方保证每月不少于__________台的销售量，如果乙方连续_____个月都达不到甲方要求的销售量，甲方有权将代理权转为其他公司所有。

五、乙方有义务为甲方维护公司的形象及甲方公司产品的品牌形象，如发现乙方有损坏甲方形象的行为，甲方有权立即终止双方的合作。

六、乙方要及时为甲方提供最新信息，反馈信息中包括价格、销量、客户反馈、同级经销商意见反馈和当地货源等，每月不少于_____次。甲方会针对反馈的有效信息制定相应的计划。

七、代理期间，乙方应确保代销电脑的安全和完整。乙方在收货时应全面检查电脑的质量，甲方交货完毕后，若车辆发生任何质量问题，由乙方自负。如车辆出现乙方引发的质量问题，则甲方可以自行按维修费用的_______%从乙方的保证金中扣除，扣款超出保证金的，乙方应补足。若电脑被盗或报废，则由乙方按此被盗或报废电脑的原价支付全款。

八、乙方将全部货款付清后，由甲方向乙方的指定客户开具电脑销售发票。

九、其他未尽事宜，双方以友好协商的方式予以解决。

附加条件：________________________

甲方（盖章）：__________有限公司　　乙方（盖章）：______________

业务代表（签字）：____________　　业务代表（签字）：__________

日期：______________________　　日期：____________________

图 6-15

假设企业在 2019 年 7 月 10 日，委托某电脑销售公司销售一批电脑，总价值为 28 万元，双方签订了委托代销合同。合同规定受托方要以委托方制定的原价出售商品，而委托方给予受托方 5% 的手续费，当这批电脑销售完后，总的销售收入大概为 40 万元。作为委托方的企业，在委托代销的整个过程中，需要编制的记账凭证如下。

企业将商品交付给受托方时，需要根据销售部或仓管部门提供的产品出库单，编制如图 6-16 所示的记账凭证。在填制记账凭证的过程中，有的科目还需要填核算项目，否则不能保存，比如“应收账款”和“应付账款”等往来科目。

记账凭证

参考信息：

业务日期：2019年7月10日　　　　日期：2019年7月10日　2019 年 第

	摘要	科目	币别 / 单位	汇率 / 单价	原币金额 / 数量	借方	贷方
1	委托外单位销售电脑A	1322 － 委托代销商品	人民币	1	28000000	28000000	
2		1405 － 库存商品	人民币	1			28000000
3							
	合计：贰拾捌万元整					28000000	28000000

结算方式：

结算号：

审核：　　过账：　　出纳：

图 6-16

其次，一个月后，企业收到受托方递交的代销清单，此时企业要确认企业的销售收入 40 万元和应支付的手续费 2 万元（40 × 5%）。要填制的记账凭证如图 6-17 所示。

记账凭证

参考信息：

业务日期：2019年8月10日　　　　日期：2019年8月10日　2019 年 第 8

	摘要	科目	币别 / 单位	汇率 / 单价	原币金额 / 数量	借方	贷方
1	收到受托方递交的代销清单，确认销售收入	1122 － 应收账款/002 － [illegible]网络公司	人民币	1	45200000	45200000	
2		6001 － 主营业务收入	人民币	1	40000000		40000000
3		2221 － 应交税费	人民币	1	5200000		5200000
4							
	合计：肆拾伍万贰仟元整					45200000	45200000

结算方式：

结算号：

图 6-17

记账凭证

考信息：
务日期：2019年8月10日
日期：2019年8月10日 2019 年 第 8 期

摘要	科目	币别/单位	汇率/单价	原币金额/数量	借方	贷方
结转委托代销商品的成本	6401 - 主营业务成本	人民币	1	28000000	28000000	
	1322 - 委托代销商品	人民币	1			28000000
合计：贰拾捌万元整					28000000	28000000

结算方式：
结算号：
核： 过账： 出纳：

记账凭证

参考信息：
业务日期：2019年8月10日
日期：2019年8月10日 2019 年 第 8

	摘要	科目	币别/单位	汇率/单价	原币金额/数量	借方	贷方
1	确认应支付的委托代销手续费	6601 - 销售费用	人民币	1	2000000	2000000	
2		1122 - 应收账款/002 - ■■网络公司	人民币	1	2000000		2000000
3							
	合计：贰万元整					2000000	2000000

结算方式：
结算号：
审核： 过账： 出纳：

图 6-17（续）

企业收到受托方递交的销售货款净额为 43.2 万元（452 000 − 20 000），当收到银行收款回单时就要填制如图 6-18 所示的记账凭证。

记账凭证

参考信息：
业务日期：2019年8月11日
日期：2019年8月11日 2019 年 第 8

	摘要	科目	借方	贷方
1	收到委托代销款净额	1002.04 - 银行存款 - 农商银行	43200000	
2		1122 - 应收账款/002 - ■■网络公司		43200000
	合计：肆拾叁万贰仟元整		43200000	43200000

结算方式： 客户：002 ■■网络公司
结算号：

图 6-18

6.3

填制费用类记账凭证

企业经营过程中会产生诸多费用，不同的费用应计入不同的会计科目进行核算。为了对其进行统一，很多特殊的费用都规定了其核算科目。比如，车间管理人员的工资要通过“制造费用”科目核算，销售部门员工的工资要通过“销售费用”科目核算，企业发生的办公用品费用一般计入“管理费用”核算等。所以，费用类记账凭证的填制是企业财会人员日常工作的重要部分之一。

6.3.1　企业办公用品支出填制凭证

企业办公用品的支出费用通过“管理费用”科目进行核算，当财会人员收到出纳员递交的费用报销单时，需要编制如图 6-19 所示的凭证。

记账凭证

参考信息:
业务日期: 2019年7月10日
日期: 2019年7月10日 2019 年 第 7

	摘要	科目	借方	贷方
			万千百十亿千百十万千百十元角分	万千百十亿千百十万千百十元角分
1	购买办公用品	6602.02 - 管理费用 - 办公费	10000	
2	购买办公用品	1001 - 库存现金		10000
3				
	合计：壹佰元整		10000	10000

结算方式:
结算号:
审核:　过账:　出纳:

图 6-19

如果企业购置办公用品的费用支出超过了企业的库存现金数，则需要通过银行存款方式支付相应的办公费，此时记账凭证的贷方科目应为“银行存款”。

职场小贴士

当财会人员在填制图 6–19 所示的记账凭证时，如果借方只填了“管理费用”科目而没有选填明细科目“办公费”，则在单击“保存”按钮后，系统会提示财会人员还没有选填明细科目或核算科目，此时财会人员只需在填列“管理费用”科目时增填明细科目“办公费”，然后单击“确定”按钮，即可成功保存该记账凭证，如图 6–20 所示。

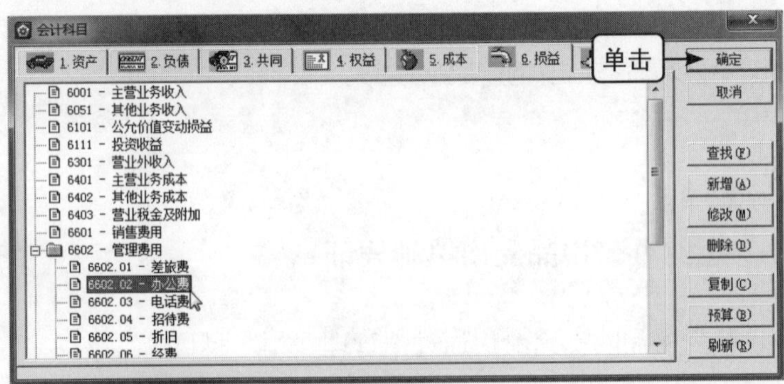

图 6-20

6.3.2 差旅费的发生要填制凭证

差旅费的发生有两种形式，一是员工先向公司借钱出差，后报销并将剩余资金退还给公司；二是员工先自己垫付出差费用，后报销领款。不同的方式下，财会人员会编制不同的记账凭证。

1. 先借钱再报销

先借钱再报销方式下又分为 3 种情况，不同情况下财会人员也需要编制不同的记账凭证，具体介绍如下。

（1）借款刚好用完

在借款刚好用完的情况下，财会人员要填制两张记账凭证。下面是 2019 年 7 月 5 日企业销售部陈勇借款出差业务需要会计人员填制的凭证。一张是在收到出纳员递交的借款单时填制，如图 6-21 所示；另一张在出纳员递交差旅费报销单时填制，如图 6-22 所示。

记账凭证

参考信息：
业务日期：2019年7月5日　　日期：2019年7月5日 2019 年 第 7

	摘要	科目	借方	贷方
1	销售部陈勇借款出差	1221 - 其他应收款/04.01 - 销售部 - 销售一科/025 - 陈勇	450000	
2	销售部陈勇借款出差	1001 - 库存现金		450000
3				
	合计：肆仟伍佰元整		450000	450000

结算方式：
结算号：
审核：　过账：　出纳：

图 6-21

记账凭证

参考信息：
业务日期：2019年7月12日　　日期：2019年7月12日 2019 年 第 7

	摘要	科目	借方	贷方
1	销售部陈勇报销差旅费	6602.01 - 管理费用 - 差旅费	450000	
2	销售部陈勇报销差旅费	1221 - 其他应收款/04.01 - 销售部 - 销售一科/025 - 陈勇		450000
3				
	合计：肆仟伍佰元整		450000	450000

结算方式：
结算号：
审核：　过账：　出纳：

图 6-22

（2）借款有剩余

在借款有剩余的情况下，财会人员要多填制一张记账凭证。比如，出纳员收到员工退回的剩余借款为 100 元，除了要在收到借款单时填制如图 6-21 所示的记账凭证外，还要在收到差旅费报销单和现金收支明细表时填制 6-23 所示的两张记账凭证。所以，该情况下需要财会人员填制 3 张记账凭证。

记账凭证

参考信息：
业务日期：2019年7月12日
日期：2019年7月12日 2019 年 第 7

	摘要	科目	借方（万千百十亿千百十万千百十元角分）	贷方（万千百十亿千百十万千百十元角分）
1	销售部陈勇报销差旅费	6602.01 - 管理费用 - 差旅费	440000	
2	销售部陈勇报销差旅费	1221 - 其他应收款/04.01 - 销售部 - 销售一科/025 - 陈勇		440000
3				
	合计：肆仟肆佰元整		440000	440000

结算方式：
结算号：
审核： 过账： 出纳：

记账凭证

参考信息：
业务日期：2019年7月12日
日期：2019年7月12日 2019 年 第 7

	摘要	科目	借方（万千百十亿千百十万千百十元角分）	贷方（万千百十亿千百十万千百十元角分）
1	收到销售部陈勇退回的借款	1001 - 库存现金	10000	
2	收到销售部陈勇退回的借款	1221 - 其他应收款/04.01 - 销售部 - 销售一科/025 - 陈勇		10000
3				
	合计：壹佰元整		10000	10000

结算方式：
结算号：
审核： 过账： 出纳：

图 6-23

（3）借款不够，报销领款

在借款不够，报销领款的情况下，财会人员需要填制两张记账凭证。比如员工差旅费共用了 4 600 元，自身垫付了 100 元，一张如图 6-21 所示，另一张记账凭证要在财会人员收到员工差旅费报销单和现金收支明细表时填列，具体填制的记账凭证如图 6-24 所示。

记账凭证

参考信息：

业务日期：2019年7月12日　　　　　日期：2019年7月12日　2019 年 第 7

	摘要	科目	借方	贷方
1	销售部陈勇报销差旅费	6602.01 - 管理费用 - 差旅费	460000	
2	销售部陈勇报销差旅费	1221 - 其他应收款/04.01 - 销售部 - 销售一科/025 - 陈勇		450000
3	补付陈勇的差旅费	1001 - 库存现金		10000
	合计：肆仟陆佰元整		460000	460000

结算方式：

结算号：

审核：　　过账：　　出纳：

图 6-24

2. 先垫付再报销

在先垫付再报销方式下，记账凭证的填制工作比较简单，财会人员只需在收到出纳员递交的员工差旅费报销单时填制一张与管理费用有关的记账凭证即可，如图 6-25 所示。

记账凭证

参考信息：

业务日期：2019年7月12日　　　　　日期：2019年7月12日　2019 年 第 7

	摘要	科目	借方	贷方
1	销售部陈勇报销差旅费	6602.01 - 管理费用 - 差旅费	450000	
2	支付陈勇的差旅费	1001 - 库存现金		450000
3				
	合计：肆仟伍佰元整		450000	450000

结算方式：

结算号：

审核：　　过账：　　出纳：

图 6-25

财会人员在填制图 6-25 所示的记账凭证时，要根据员工实际报销的差旅费金额填制，这里的差旅费为 4 500 元，如果员工报销的差旅费为 4 600 元或 4 400 元，则记账凭证中填列的借贷方金额就应为“4 600”或“4 400”。

6.3.3 企业用水用电费用支出的凭证

企业经营过程中必然会产生水电费，有的企业是供应部门负责缴纳，有的企业没有专门的供应部门，则由后勤部门负责缴纳。然后相关部门再向财务部报销费用。先由出纳员递交费用报销单，再由财会人员根据报销单填制记账凭证。如 6–26 所示为 83 000 元的水电费凭证。

记账凭证

参考信息：
业务日期：2019年7月11日　　　　日期：2019年7月11日　2019 年 第 7

	摘要	科目	借方（万千百十亿千百十万千百十元角分）	贷方（万千百十亿千百十万千百十元角分）
1	支付6月水电费	6602.09 – 管理费用 – 水电费	8300000	
2	支付6月水电费	1002.04 – 银行存款 – 农商银行		8300000
3				
	合计：捌万叁仟元整		8300000	8300000

结算方式：
结算号：
审核：　　过账：　　出纳：

图 6-26

6.3.4 填制手续费支出的记账凭证

企业生产经营过程中不仅会发生众多管理费用，还涉及部分手续费用的支出或收入。比如，企业的银行出纳员将超出库存现金限额的部分现金存入银行时会发生手续费的支出；企业的银行存款产生利息收益时，收到的利息会看成是手续费的收入等。

无论是手续费的支出还是收入，都会将大部分的手续费通过“财务费用”科目核算，也有少部分手续费通过“销售费用”或“管理费用”核算。下面以与银行有关的业务产生的手续费为例，介绍财会人员填制的记账凭证。图 6–27 所示为因为企业向某供货商转账 17 550 元而产生的 50 元金融手续费的凭证。

记账凭证

参考信息：
业务日期：2019年7月11日
日期：2019年7月11日　2019 年 第 7

	摘要	科目	借方	贷方
			万千百十亿千百十万千百十元角分	万千百十亿千百十万千百十元角分
1	支付转账手续费	6603 - 财务费用	5000	
2	支付转账手续费	1002.04 - 银行存款 - 农商银行		5000
	合计：伍拾元整		5000	5000

结算方式：
结算号：
审核：　过账：　出纳：

图 6-27

6.3.5　利息收入也需要填制记账凭证

企业不仅对转账发生的手续费进行凭证填制，对收到的银行存款利息收入也要填制记账凭证。财会人员在收到银行的利息收入通知单时填制如图 6-28 所示的记账凭证。

记账凭证

参考信息：
业务日期：2019年7月11日
日期：2019年7月11日　2019 年 第 7

	摘要	科目	借方	贷方
			万千百十亿千百十万千百十元角分	万千百十亿千百十万千百十元角分
1	收到银行存款利息	1002.04 - 银行存款 - 农商银行	30000	
2	收到银行存款利息	6603 - 财务费用		30000
3				
	合计：叁佰元整		30000	30000

结算方式：
结算号：
审核：　过账：　出纳：

图 6-28

如果手续费表现为费用，则图 6-28 中的借方科目为“财务费用”，贷方科目为“银行存款”或“库存现金”。

6.3.6 销售宣传支出的广告费要填凭证

在企业经营过程中，为了宣传自身的新产品，都会进行一些促销活动，或者向各媒体买时间段打广告，进而会发生一些宣传费或广告费等。这些费用也会影响企业的经营效益，发生时也需要财会人员进行相应的账务处理，准确填制记账凭证。

一般来说，由销售部门向财务部提交广告费和宣传费等的费用报销单，然后财会人员根据费用报销单填制记账凭证。图 6-29 所示为企业在 2019 年 7 月 11 日之前发生了广告费和宣传费共计 1 000 元的凭证。

记账凭证

参考信息：
业务日期：2019年7月11日　　日期：2019年7月11日　2019 年 第 7

	摘要	科目	借方	贷方
1	销售部发生宣传费和广告费	6601 - 销售费用	100000	
2	支付宣传费和广告费	1002.04 - 银行存款 - 农商银行		100000
3				
	合计：壹仟元整		100000	100000

结算方式：
结算号：
审核：　过账：　出纳：

图 6-29

如果企业非常重视明细科目的核算，尤其是集团企业需要明确各部门的责任时，图 6-29 中的借方科目“销售费用”还会带有明细科目，比如“销售一科”或“销售一部”等，具体情况根据企业自身设置的核算项目而定。

6.3.7 运输费、装卸费和保险费登记入账

企业发生运输费和装卸费的环节不止一个，可能在采购环节发生运输费和装卸费，也可能在销售商品时发生运输费和装卸费。不同环节发

生的运输费和装卸费应计入不同的费用类科目，比如，销售环节发生的运输费和装卸费等需要计入“销售费用”科目进行核算，其记账凭证的编制可参考 6.3.6 节的内容；采购环节发生的运输费和装卸费等，一般计入“采购成本”科目进行核算。

而企业发生的保险费一般计入“管理费用”科目，比如财产保险费。其记账凭证的编制可参考 6.3.3 节的内容。需要注意的是，当企业发生保险费时，财会人员填制的记账凭证要列明管理费用的明细科目为“××保险费”，即凭证借方科目为“管理费用 -×× 保险费”。

管理费用、财务费用和销售费用是企业经营过程中常见的期间费用，它们在发生时就要计入当期损益。而期末结转企业的利润时，需要将这部分费用结转至“本年利润”科目的借方，凭证填制的具体内容将在本书第 8 章进行详讲。

6.4 通过记账凭证填制科目汇总表

科目汇总表也称为记账凭证汇总表或者账户汇总表，是将一定时期内所有的记账凭证进行汇总而重新编制的记账凭证，其编制目的是简化总分类账的登记手续。因此，会计电算化下，企业财会人员要学会编制科目汇总表。

6.4.1 业务量多的单位如何生成科目汇总表

市场中不乏有业务量很多的企业存在，对于这些企业的财务部门而言，其工作量会特别大，因此，企业要求财会人员能够学会使用财务软件简化会计工作，提高会计工作效率。那么，对于业务量较大的企业，财会人员要如何利用财务软件生成科目汇总表，从而节省因手动制作需耗费的大量时间呢？

在财务软件的“主控台”界面中单击“账务处理”选项卡，在界面右侧选择“科目余额表”选项，如图 6-30 所示。

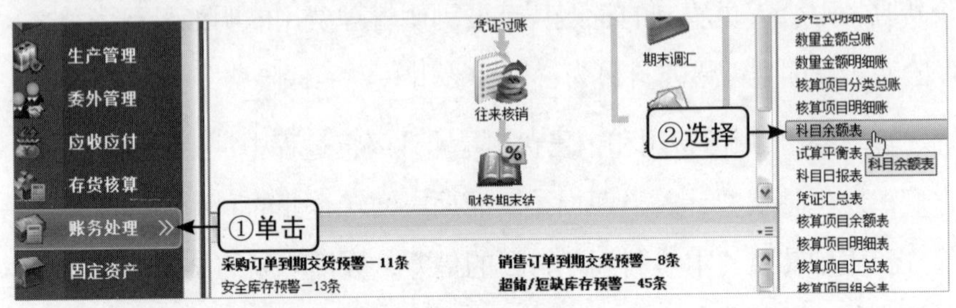

图 6-30

在打开“科目余额表”界面的同时会打开“过滤条件”对话框，设置需要生成科目汇总表的会计期间，这里设置为“2017 年 7 期”，然后单击“科目代码”文本框右侧的按钮，打开“会计科目”对话框，双击第一个会计科目的名称，这里为“库存现金”，如图 6-31 所示。

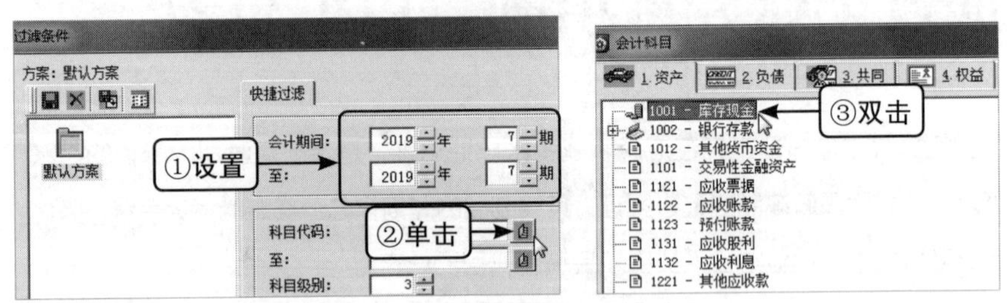

图 6-31

返回“过滤条件”对话框即可看到“科目代码”文本框中显示科目的代码。然后单击“至”文本框右侧的按钮，在打开的“会计科目”对话框中，找到企业设置的最后一个会计科目并双击其名称，这里为“以前年度损益调整”科目，如图 6–32 所示。

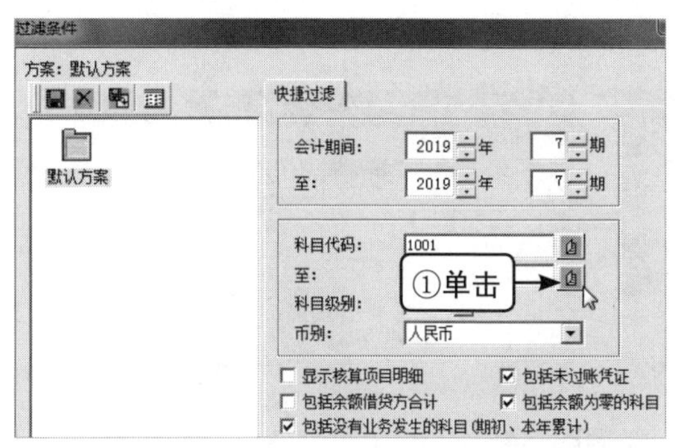

图 6-32

返回“过滤条件”对话框可看到“至”文本框中显示的科目代码，然后设置科目级别（企业设置的会计科目最小一级），币别根据企业实际情况进行设置，选中下方需要选项前面的复选框，单击“确定”按钮，即可生成企业的科目汇总表或科目余额表，如图 6–33 所示。

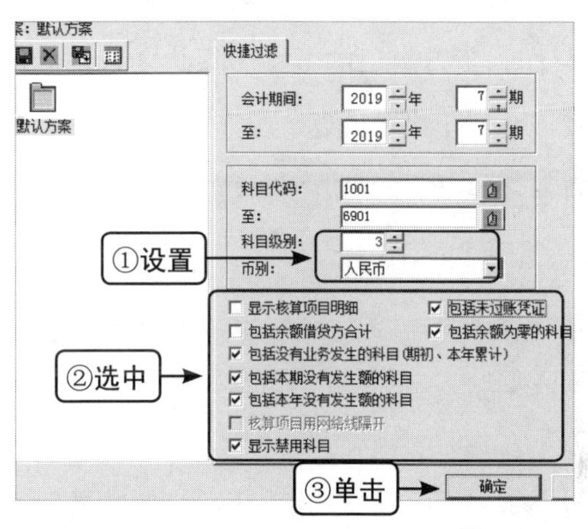

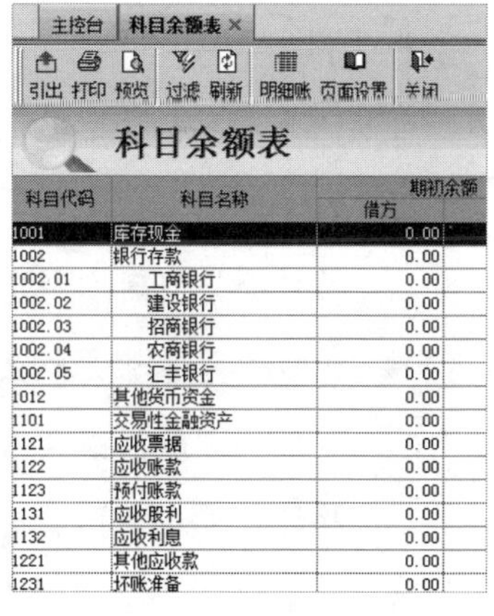

科目代码	科目名称	期初余额 借方
1001	库存现金	0.00
1002	银行存款	0.00
1002.01	工商银行	0.00
1002.02	建设银行	0.00
1002.03	招商银行	0.00
1002.04	农商银行	0.00
1002.05	汇丰银行	0.00
1012	其他货币资金	0.00
1101	交易性金融资产	0.00
1121	应收票据	0.00
1122	应收账款	0.00
1123	预付账款	0.00
1131	应收股利	0.00
1132	应收利息	0.00
1221	其他应收款	0.00
1231	坏账准备	0.00

图 6-33

科目余额表的数据会随着当月凭证的变化而变化，所以账上不需要保存，但可以将该表格导出保存。若要导出保存，则需要单击“引出”按钮，在打开的“引出‘科目余额表’”对话框中，选择数据类型为 Excel 格式，这里选择“MS Excel 97–2002（*.xls）”选项，然后单击“确定”按钮，最后根据提示将导出的科目余额表进行保存，如图 6–34 所示。

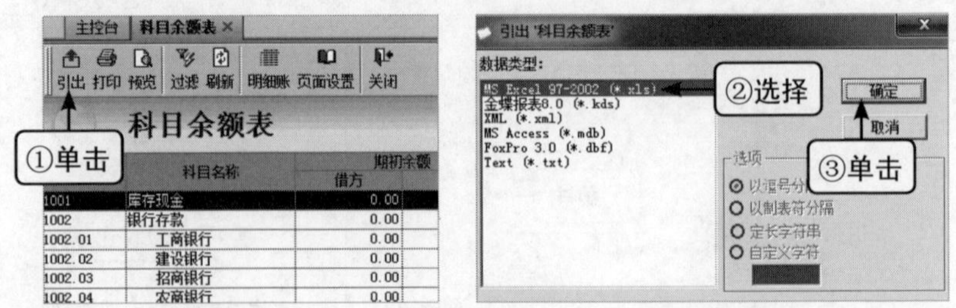

图 6-34

6.4.2　填制科目汇总表要注意的细节

为了方便编制科目汇总表，在会计的前期工作中就要注意，每一张收款凭证一般应填列一个贷方科目；每一张付款凭证一般应填列一个借方科目；转账凭证应只填列一个借方科目和一个贷方科目，一式两联，一联作为借方科目的汇总，一联作为贷方科目的汇总。除此之外，会计人员在实际编制科目汇总表时要注意以下细节问题。

◆ 为了便于登记总账，科目汇总表上的科目排列应按总分类账上科目的排列顺序来定。

◆ 科目汇总表汇总的时间不宜过长，业务量多的企业可每天汇总一次，一般间隔期为 5 ~ 10 天，以便对发生额进行试算平衡，及时了解资金运动情况。

◆ 要牢记企业禁用的会计科目名称，在编制科目汇总表时要过滤掉这些会计科目。

◆ 太小的明细科目最好不要汇总到科目汇总表中，这样很容易将科目汇总表复杂化，影响其提供准确清晰的会计科目等。

第7章

核对账务发现错漏做调整

企业财会人员日常做账工作的完成并不代表整个会计工作流程的结束，为了提高企业财务管理的效率，会计工作还需要做到账后对账、查账及审核。对在查账和对账工作中发现的错漏问题进行正规且正确的调整，方便日后进行结账工作。财会人员要想快速找出账务中的错漏问题，必须要学会相应的查账和对账方法。

7.1

会计人员如何对账和查账

在实际工作中，会计人员要在结账之前对所有处理了的账务进行对账，查看是否有处理不正确的账务。一旦发现有不正确的账务，会计人员可及时对其进行调整，防止在结账后调账引起很多不必要的麻烦。那么，财会人员要学会对账和查账的相关技巧及注意事项，这样可使对账和查账工作进行得更顺利，从而提高会计工作的效率，为日后的结账工作提供准确性保障。

7.1.1 8 项对账技巧要掌握

在对账前，财务部门的财会人员对企业的供应商提供的对账资料应进行初步审核，不满足条件的对账资料应要求供应商补充完善。首先审核对账手续，看是否经过有权人士的签批，其次要从下列 8 项技巧出发进行审核对账。

①对于只提供余额而没有明细账目的对账资料不予对账。供应商必须提供最后一次对账以来的全部账目资料；以前从未进行过对账的，必须提供自双方开始业务往来以后的所有账目资料。对于供应商因财务决算审计发函要求核对账面余额的，同样要按照该原则办理。

②对于供应商直接依据其销售部门往来资料而非财务部门账目提供对账资料的，不予对账。企业与供应商或者企业与客户之间核对的账目

主要应是账务账目，供应商销售部门账目可能与其财务部门账目不符，对账基数就存在问题，会给以后双方的清算工作带来不必要的麻烦。

③对于多年无业务往来的供应商前来对账的，即使经过业务有权人士签批，供应商的对账资料也必须加盖供应商公章（或财务专用章），或提供加盖公章的介绍信，否则不予对账。因为企业对多年无业务往来的供应商不了解其在一定时期的情况，可能原有企业已解体或改制，在一定时期对账及以后催款等都可能是个人行为，并不代表企业，因而可能使对账人并不具有索偿权利。

④对于对账手续和账目资料齐全的供应商，应及时对账并出具对账单。对账是每个企业进行结账前的必要工作步骤，因此对账的及时性对交易双方都有必要。

⑤对于属于小企业或个体工商户的供应商，如果其账目资料不齐全（可能缺失以前年度的账目资料），则要分情况进行对账。如果今后双方会继续合作，那应该就现有资料出具“有保留意见的对账单”，至少对账目齐全的年度不拖拉，不会造成历史遗留问题。

职场小贴士

“有保留意见的对账单”就是在对账单上加一个说明段，说明双方对账由于供应商提供账目不全的原因，只针对某年某月以来的账目资料进行对账，以前年度的账目并未核对，暂时以某余额为准出具对账单，采购企业保留根据证据进一步调整账目的权利。

⑥对于发票丢失又无法确认是采购企业责任的，采购企业不能在对账单上确认相应的债务。此时，企业需要要求供应商调减相应的债权。

⑦要充分利用财务软件查找串户错误。串户是指企业会计制证和记账不按会计制度规定处理会计事项，混淆会计科目，串户记账。这里的

串户错误是指对方入账而我方账面上没有入账，则很可能是下错户。通过财务软件查找串户错误，主要是查看有无相应金额的发生额。

⑧为了方便对账，企业可要求供应商下次对账时携带当次的对账单或对账单复印件。这样节省下次对账的时间，为对账工作提供直接资料。

7.1.2 其他对账妙招

在 7.1.1 节中我们了解的 8 项对账技巧，几乎都是针对企业与供应商对账的。除此之外，企业自身内部也会进行一些对账工作，以保证账目的准确性，比如账账核对、账实核对和账表核对等。

（1）账账核对

账账核对主要是指总账和明细账的核对工作。首先将明细账余额加计后与总账余额进行核对；当余额核对有差额时，再接着核对发生额，把发生额的合计数加计后判断借贷方的对与错，最后再核对。

（2）账实核对

账实核对一般是指企业库存现金、固定资产和存货等的账面余额与实存数之间进行对账。这一类对账工作没有特别简便的技巧，只能进行实地对账，实存数与账面余额必须一致才行。

（3）账表核对

账表核对是指账目和会计报表进行核对，主要涉及资产负债表、损益表、纳税申报表和其他相关报表等。形成的账目与报表数据不一致的原因有很多，比如漏项错项（包括软件）、取数不对、调整项和总账不平等原因。

当报表数据不平时，先看差额，通过差额找出错账或漏账；然后看科目汇总表，软件导出的数据既有发生额也有余额，根据发生额和余额查出错漏账；最后结出总账余额，编制余额表进行试算平衡，以此找出错漏账。

虽然利用财务软件不会出现借贷不平的情况，但并不等于财会人员的前期会计工作没有错，这时就需要再核对其他明细账才能看到错误。

7.1.3　会计查账十大重点事项

企业财会人员查账是指通过会计凭证、账簿、报表和分析会计资料，从中找出账目出现差错的原因。为了保证查账工作的有效性，财会人员在查账时要注意如表 7-1 所示的 10 个重点事项。

表 7-1　会计查账工作的十大重点事项

事项	介绍
要注意了解企业情况	不同的企业有不同的生产、经营、服务和职能特点，也有不同的资金收支和财务管理特点。了解企业的基本情况、业务概况和财务管理状况、生产、经营、服务、职能、资金收支和财务管理的特点，尤其要重点检查财务管理上的薄弱环节，使得查账更有针对性
要突出查账重点	根据企业的特点和查账的目的，要突出环节上、时间上和人员上的重点。比如，企业销售环节混乱，则重点查销售环节的账目；企业频繁发放员工福利，则突出检查元旦、春节、五一节、端午节、中秋节和国庆节等重要节日的礼品发放等
要慎选查账方法	查账的技术和方法很多，在具体查账过程中要根据企业的实际情况，科学地选用查账方法。查账方法的选择直接关系到查账的成败，方法选择得好，就能提高查账的工作效率；方法选用不当，则可能达不到查账的目的，甚至会得出错误的查账结论
充分利用掌握的线索	在查账过程中，很多错漏账都是有迹可循的，只要找到一点线索就要深究下去，很可能真相就在眼前
依靠其他员工的力量	群众的眼睛是雪亮的，财会人员在查账时要发动企业的其他员工踊跃举报，积极提供违法违纪线索
要注意快速核实	财会人员在发现账目错误后要快速核实，这样能尽快找到责任人，并且尽快解决账目中的错误问题，加快进入结账工作的步伐

续表

事项	介绍
要熟悉财经法规	企业的经济业务及其所形成的资金收付行为合法与否，可与现有的法规、制度相对照进行检查，所以财会人员在查账前一定要熟悉财经法规
请求企业其他部门配合	企业的所有账目与所有部门密切相关，财会人员在查账时可请求其他部门积极配合，尽快找出错账及漏账的原因和相关责任人
注意账务问题间的联系	财会人员在进行某一目的查账时，要注意发现其他账务问题。比如，在对固定资产进行专项检查时，也要注意是否有故意隐瞒责任，损坏固定资产而不报的现象；或者在对津贴补助进行查账时，也要注意发现是否有贪污和挪用等行为
要注意做好查账记录	根据查账的目的，对查到的错账或漏账，该摘录的要摘录，该复制的要复制，并要在复制文件上注明摘录或复制原件的出处，必要时要在复制件上签署意见和盖上行政公章或财务专用章

实际工作中，查账一般是指专门的查账部门对企业实施查账工作，即财务检查。查账部门通过对企业账证及有关资料的检查，查核企业会计资料所反映的经济活动是否真实、合法，以及有无经济违法行为等。

而作为企业，为了防止查账部门查出企业存在问题，影响企业的形象和声誉，所以会在这一查账工作之前进行自我检查，即内部查账工作。企业要摆正态度，积极协助查账部门对企业账务的审查，主动提供账务资料，遇到需要辅助人员的时候，积极调动企业员工配合查账人员的工作。

企业要想更好地配合查账部门对企业进行查账，就要了解查账部门会对企业的哪些账务资料进行检查。具体有总账和明细分类账账簿、损益表、银行对账单、发票存根和企业的仓库保管账等。因此，企业在查账人员到达之前，就要把这些账务资料准备好，节省查账时间，同时也方便查账人员实施工作。

7.2

审计查账的几种经典技巧

对企业实施查账工作的部门一般为审计部门，即我们常说的审计局。为了能够查出企业账目上存在的问题，审计部门都会对相关查账人员进行审计和查账工作培训，主要内容就是一些常用的查账技巧。这样一来，那些抱着侥幸心理的企业管理者就无处遁形。市场中的企业都要摆正自己的态度，学习查账人员的查账技巧，进而进行企业内部的查账工作，不仅能防止企业被查出问题而影响自身在公众心中的形象，还能给审计部门的查账人员提供便利，促进查账工作顺利进行。

7.2.1　收入不入账、多收少记或少付多记的查账

这些问题账一般发生在财会制度不健全的企业，尤其是开票与收款同为一人时最容易出现这种现象。一般涉事人员大都是那些直接经手并管理企业财物的员工，比如采购员、出纳员、仓库保管人员和收款员等。

这些涉事人员有的是在开票时提高单价，达到从中吃回扣或报销后占有财物的目的；有的是内外勾结，一票两开进行贪污；有的是收款后只给交款人开收款收据而不记账。针对这些处理账务的手段，查账人员一般会从以下几个方面组织调查。

①将所有已经使用过的发票和收据的存根联都集中起来，检查号码是否连续，有无缺号、缺页或作废的发票和收据的正联以及入账联是否

粘贴在存根联上，然后将发票和收据存根联的合计数与入账数进行核对，看是否一致。

②对收款人员和交款人保存的单据进行相互核对，若有差额，则追踪差额的去向。

③将账目的笔数与金额进行相互核对，若有差额，则追踪差额的去向。

④通过调查企业内部相关人员，收集人证后与其他资料进行核对。

⑤进行账实核对，同时将业务发生单据与相应账目进行核对，避免相关人员私自变动实物数量而致使账实相符。

由此可以看出，该类错漏账的检查关键在于原始凭证的检查核对。

7.2.2 虚报冒领费用开支的查账

虚报冒领费用开支的错账也大都发生在直接经手和管理财物的人员手中，其主要舞弊手段是伪造、盗用、涂改或重报购货发票和费用单据。其中，伪造单据常常是利用白条发票或收据，主要的行为有：虚报冒领职工差旅费和临时工工资，以及长期支取已死亡职工的退休金等。对于这类错账，查账人员一般从图 7-1 所示的几点出发组织调查。

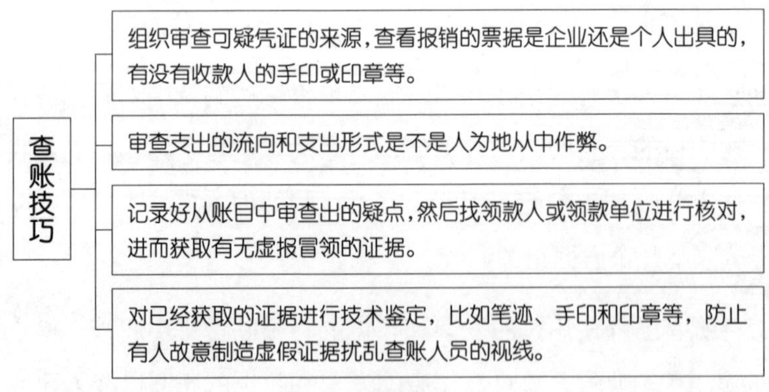

图 7-1

7.2.3　对开假单据报销的查账

对开假单据的财务作假手段大都发生在直接经管财物的产、供、销人员或金融管理人员中，其对开假单据的形式很多，情况比较复杂，但总的分为两类：一类开具的是经税务机关登记的有税契的合法形式的发票；另一类是开具未经有关部门允许而印制的非法发票和白条。针对这类错漏账，查账人员一般从如下几个方面进行调查。

①查账人员认真仔细地审查发票的来源,重点审查票据的出处、样式、规格和发票本身记载的品名、数量、单价和金额等。要注意查对发票的出处与购货渠道和内容是否一致，发票本身反映的内容与购货的渠道是否一致，发票上反映出的内容与购货企业所需要的产品和原材料等是否相符，发票的首尾内容是否相一致，是何人书写等。通过对这些内容的审查，发现其中的疑点，进而追查错漏账的产生原因。

②将发票与入库的实物相对照，进而确认是否有实物入库。

③查账人员对有疑点的发票进行科学的笔迹鉴定，从而查验发票是否伪造。

对开假单据如果不按照上述方法来实施查账，该作弊行为很难被发现，因为交易双方以双赢的目的协商对开发票，查账人员如果只检查往来对账单或相应账目，很难发现其中的问题。所以，需要按照上述方法进行发票与实物的核对。

7.2.4　隐瞒收入，“小金库”的查账

隐瞒收入的账务作弊手段往往是因为公私不分，以公家名义达到营私的目的。有些“小金库”名义上是为了集体利益，而实际上是为隐形私利服务。“小金库”的存在，给贪污受贿违纪活动打开了方便之门。

审查部门对这类账务处理违纪行为很难查，主要是因为该行为不好认定，企业常常以不正之风为借口，以退代罚。尽管如此，审查部门也有一定的查账方法，具体有如图 7-2 所示。

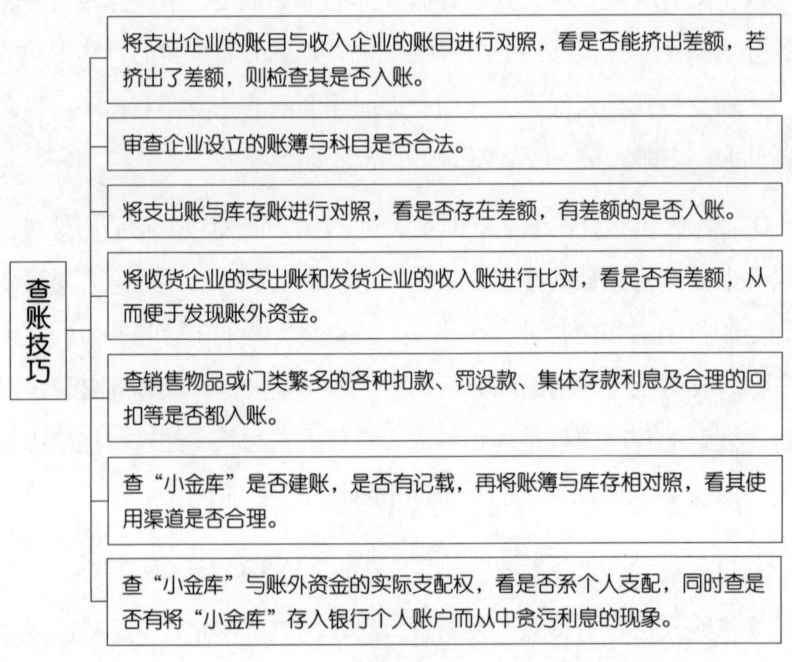

图 7-2

7.2.5 重复报销的查账

重复报销，是指一张单据报销两次、正副联各入账报销一次、把已经挂失和作废的单据又私自报销，以及把前一个会计年度已经入账的单据抽出后在下一个会计年度又报销等。

这类错账的涉事人员一般是直接从事财务工作的财会人员或管理财物的人员，他们钻管理混乱或制度不健全的漏洞，寻机作案。对于采用这类手段的账务作假行为，查账人员从以下几个方面入手调查。

◆ 审查入账的票据凭证是正联还是副联，一般副联是不能作为记账凭据的。

◆ 审查票据的发生时间，看其是否是当年当月发生。发现跨年度的票据，尤其是原因不明的，要当作重点范围进行追查。

职场小贴士

“大头小尾”账就是俗称的开“阴阳票”，也就是各类票据的存根联、记账联和收款联上的数字不相同，一般是存根联和记账联上的数字小，而收款联上的数字大。通常做法是将正联撕下后另写或隔开套写。这种错误的账务处理涉事人员大多是各类开票人员和业务员，他们很多时候相互勾结作案。针对这类错漏账，查账人员也有其查账技巧：一是派相关查账人员持开票方的底联，与业务企业的报销联相互核对；二是票据与实物相核对；三是发动企业知情人进行匿名揭发。

7.2.6　虚设账户与账目混乱的查账

虚设账户与账目混乱都属于利用账户做文章的账务处理手法，但两者的情况有所不同，具体介绍如下。

（1）虚设账户侵吞公款的查账

虚设账户从中侵吞公款的情况，一般发生在应收、应付货款等往来结算账户中。比如，事先将一笔赊销的货款业务记入一个虚设的应收销货款账户中，而不以客户真实名称设立账户，当该货款收到后，企业就将该笔货款侵吞到私囊中，然后采用坏账方法注销该账户。

针对这一账务处理的错误行为，查账人员的查账技巧是：一方面清查应收销货款账户上处理坏账损失的手续是否完备且真实；另一方面通过其他途径进行追查，弄清情况，比如与购货企业的购货人取得联系，求证购货企业的真实名称是否与账户上记录的相同。

（2）利用账目混乱混淆视听的查账

利用账目混乱混淆视听的情况，通常发生在会计制度不健全、机构管理不健全或财务工作无人负责的企业中。账目混乱会使账务处理复杂化，并且是最可能出现重复记账或漏记账的一种作弊手法。

该类错漏账手法的涉事人员一般是企业的财会人员，查账人员对其也有一定的查账技巧。首先清理账目，通过账证、账账和账表的相互核对，清理所有会计账目；然后财务通过内查外调的方式来搞清楚该类错漏账是属于会计业务处理上的问题，还是属于违法违纪舞弊问题。

7.2.7 利用漏账和错账截留而中饱私囊的查账

企业财会人员在进行往来业务结算工作中发生错账、漏账或原始凭证的计算上发生错误的情况下，会因为长期无人过问而把账目一直挂在账上。同时，财会人员就可能趁机截留相应的资金，达到中饱私囊的目的。

涉事的财会人员一般采用的手法是：将收到的其他现金款项不如实入账，而是直接冲销相应的账户；或者将相应账户转入其他应收款项账目上所虚拟的暂付款账目后，再开具现金支票，进而顺理成章地落入私囊，并用以冲平虚拟的暂付款账户。

针对该类账务处理舞弊行为，查账人员的查账技巧是：对于不如实入账而直接冲销相应账户的行为，可通过现金收入凭证与相应账户进行核对验证；对于转入虚拟暂付款账目后再开现金支票冲平账户的行为，查账人员会通过仔细审查“其他应收款”账目上的暂付账户来弄清楚资金的来龙去脉。

所有查账技巧都是基于实事求是的前提产生的，查账人员可以根据账证核对、账账核对、账表核对以及账实核对等基础手法来延伸查账技巧。

7.3

企业内外部账务核对

企业在实际经营过程中，不仅有内部对账工作，也有外部对账工作。内部对账工作可总结为四大类：账证核对、账实核对、账账核对和账表核对；而还有一些对账工作需要与外部单位协同完成，比如银行存款日记账的核对及往来账项的核对。企业只有在完成了查对账工作以后才能进行结账工作，目的是降低错账率，使结账工作更顺利、更准确。

7.3.1　银行存款日记账与银行对账单

银行存款日记账是专门用来记录银行存款收支业务的一种特种日记账，每日业务终了时，出纳员应计算并登记当日的银行存款收入合计数、支出合计数以及账面结余额。而银行对账单是银行和企业核对账务的联系单，可用来证实企业业务往来的记录，也可作为企业资金流动的依据。

银行存款日记账与银行对账单的核对工作，首先在财务软件中核算出银行存款的余额，然后与银行对账单上显示的银行存款余额进行核对比照，看两者是否一致。

财会人员进入财务软件系统，先按照 6.4.1 节讲解的内容完成企业科目余额表的编制，然后选择“银行存款”科目选项并双击，打开“明细分类账”页面，财会人员就能查看企业银行存款的明细收支，如图 7–3 所示。

科目余额表

科目名称	期初余额		本期发生		本年累计		期末余额	
	借方	贷方	借方	贷方	借方	贷方	借方	贷方
库存现金	0.00	0.00	0.00	4,600.00	0.00	4,600.00	0.00	4,600.00
银行存款	0.00	0.00	113,300.00	93,515.00	113,300.00	93,515.00	19,785.00	0.00
工商银行	0.00	0.00	0.00	0.00	0.00	0.00	0.00	0.00
建设银行	0.00	0.00	0.00	0.00	0.00	0.00	0.00	0.00
招商银行	0.00	0.00	0.00	[illegible]	00	0.00	0.00	0.00
农商银行	0.00	0.00	113,300.00	[illegible]	00	93,515.00	19,785.00	0.00

选择并双击

明细分类账 --[1002]银行存款

日期	凭证字号	摘要	结算方式	结算号	对方科目	借方金额	贷方金额	余额	
2019/7/1		期初余额			·	0.00	0.00	平	0.00
2019/7/4	记 - 2	支付购买电子零件A货款			2202 应付账款	0.00	565.00	贷	565.00
2019/7/8	记 - 3	收到■■电脑公司支付的货款			6001 主营业务收入	113,000.00	0.00	借	112,435.00
2019/7/11	记 - 12	收到银行存款利息			6603 财务费用	300.00	0.00	借	112,735.00
2019/7/11	记 - 10	支付6月水电费			6602.09 管理费用 - 水电费	0.00	83,000.00	借	29,735.00
2019/7/11	记 - 11	支付转账手续费			6603 财务费用	0.00	50.00	借	29,685.00
2019/7/11	记 - 13	支付宣传费和广告费			6601 销售费用	0.00	1,000.00	借	28,685.00
2019/7/14	记 - 15	付黄某报购买办公用品费			6602.02 管理费用 - 办公费	0.00	-1,300.00	借	29,985.00
2019/7/17	记 - 17	支付租入固定资产租金			1123 预付账款	0.00	3,000.00	借	26,985.00
2019/7/18	记 - 20	支付租入固定资产的改良支出			1801 长期待摊费用	0.00	7,200.00	借	19,785.00
2019/7/31		本期合计				113,300.00	93,515.00	借	19,785.00
2019/7/31		本年累计				113,300.00	93,515.00	借	19,785.00

图 7-3

由图 7-3 可知，企业当月银行存款的余额在借方，且为 19 785 元。财会人员此时即可查看银行发到企业的银行对账单显示的银行存款余额是多少。图 7-4 所示为企业收到银行发来的银行对账单。

广州农商银行对账单

账号：b23088002××××× 时间：2019年7月31日 第 1 页

单位名称：■■电子有限公司

日期	交易	凭证号	借方	贷方	余额	标记
7月					0	
7月4日	支付原材料款	#4501		565	-565	√
7月8日	收到销货款	#4502	113000		112435	√
7月11日	支付水电费	#4503		83000	29435	√
7月11日	支付手续费	#4504		50	29385	√
7月11日	收到存款利息	#4505	300		29685	√
7月11日	支付宣传费和广告费	#4506		1000	28685	√
7月17日	支付租入固定资产租金	#4508		3000	25685	√
7月18日	支付租入固定资产的改良支出	#4509		7200	18485	√

图 7-4

银行对账单中显示的银行存款余额为 18 485 元，与企业的银行存款日记账不相符，原因是我们在财务软件做账时，将 7 月份的期初余额假设为 0 元。在本书 8.1.2 节的账务处理中会涉及企业 6 月份的账目，其中关于“付黄某报购买办公用品费”的账务涉及错账更正，实际上企业没有发生银行存款的支出，所以银行对账单没有这笔经济业务的记录，即“银行存款”贷方本期发生额合计 94 815 元（93 515+1 300），最终余额为借方 18 485 元（113 300−94 815），说明企业的银行存款日记账没有问题。

7.3.2 填制银行存款余额调节表

银行存款余额调节表一般作为银行存款科目的附列资料保存，填制该表的主要目的是核对企业账目与银行账目的差异，也用于检查企业与银行账目的差错。通过该表调节后的银行存款余额是企业对账日银行存款的实际可用数额。

若财会人员通过银行存款日记账和银行对账单进行对账工作后，发现两者余额不相等，则此时就要考虑是否有处理错误的账务，比如未达账项。为了快速而准确地找到银行存款日记账与银行对账单之间存在差异的原因，很多时候都需要出纳编制银行存款余额调节表，如图 7-5 所示。

银 行 存 款 余 额 调 节 表

编制单位： 年 月 金额单位：元

银行账号： 开户行： 币种：人民币

项目				金额					金额
企业银行存款账面余额					银行对账单余额				
加：银行已收而企业未收的款项					加：企业已收而银行未收的款项				
序号	记账日期	票据号码	摘要		序号	记账日期	票据号码	摘要	
减：银行已付而企业未付的款项					减：企业已付而银行未付的款项				
序号	记账日期	票据号码	摘要		序号	记账日期	票据号码	摘要	
调节后的存款余额：					调节后的存款余额：				

财务主管： 复核： 出纳： 年 月 日

图 7-5

一般企业很少会用到这一表格，即使要使用该表格，其制作与填列工作都将由企业的出纳员进行，而会计人员只需在收到出纳员递交的该表格后进行银行存款的账务调整。

7.3.3 现金日记账与实际库存数

现金日记账是企业用来逐日反映库存现金的收入、支出及结余情况的特种日记账。主要由企业出纳人员根据审核无误的现金收、付款凭证和从银行提现的银付凭证逐笔登记而产生的。

由于现金日记账与企业的库存现金密切相关，所以现金日记账只有与库存现金实存数进行核对才能达到对账目的。财会人员进入财务软件系统，编制出科目余额表后即可查看企业账面上的库存现金数额(选择“库存现金”科目选项并双击，可查看库存现金的明细分类账)，如图7-6所示。

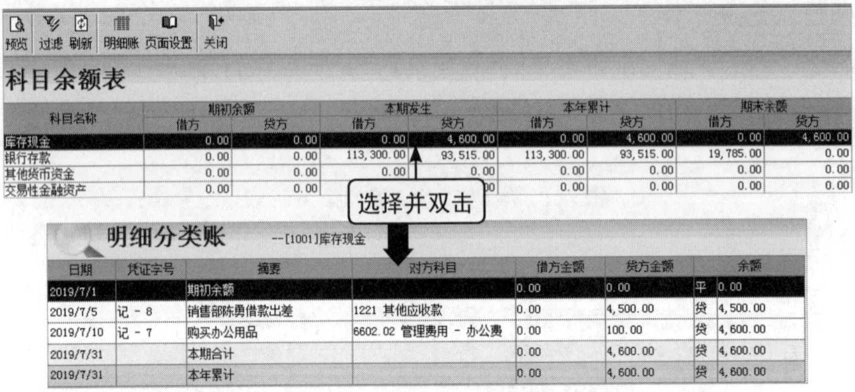

预览 过滤 刷新 明细账 页面设置 关闭

科目余额表

科目名称	期初余额		本期发生		本年累计		期末余额	
	借方	贷方	借方	贷方	借方	贷方	借方	贷方
库存现金	0.00	0.00	0.00	4,600.00	0.00	4,600.00	0.00	4,600.00
银行存款	0.00	0.00	113,300.00	93,515.00	113,300.00	93,515.00	19,785.00	0.00
其他货币资金	0.00	0.00	0.00	0.00	0.00	0.00	0.00	0.00
交易性金融资产	0.00	0.00	[illegible]	[illegible]	0.00	0.00	0.00	0.00

选择并双击

明细分类账 --[1001]库存现金

日期	凭证字号	摘要	对方科目	借方金额	贷方金额	余额	
2019/7/1		期初余额		0.00	0.00	平	0.00
2019/7/5	记 - 8	销售部陈勇借款出差	1221 其他应收款	0.00	4,500.00	贷	4,500.00
2019/7/10	记 - 7	购买办公用品	6602.02 管理费用 - 办公费	0.00	100.00	贷	4,600.00
2019/7/31		本期合计		0.00	4,600.00	贷	4,600.00
2019/7/31		本年累计		0.00	4,600.00	贷	4,600.00

图7-6

出纳员需要实地盘查企业的库存现金实有数，看其金额是否与“库存现金”科目的余额相等，若相等，则说明企业的现金日记账没有问题；若不相等，则说明企业的现金日记账存在问题，出纳员要进一步查明问题产生的原因。出纳员在进行现金日记账和实际库存数的对账工作时，要有会计人员或企业财务负责人同时在场，即出纳与会计协同对账。

若对账后发现两者之间有差异，且查明了原因，需要会计人员调账的，就要进行相应账务处理；若不需要会计人员调账但需要相关责任人补齐现金的，就需要将库存现金的数额补齐，使之与库存现金账面余额相等。

7.3.4　材料物资的盘点

企业的对账工作不仅针对货币资金，对其他的流动资产也要进行账目核对，比如原材料、库存商品和在途物资等。这些对账工作与现金日记账的对账工作相似，都要根据账面余额数，查验实际库存数或结余数。

会计人员的材料物资账面余额显示的是原材料或库存商品的剩余总价值，因此，在实地盘点材料物资时要借助仓管部门的《材料盘点记录表》实施对账，如图 7-7 所示。

材料盘点记录表

编制单位：

库　别：　　　　　　　　　　　　　　填报日期：　年　月　日

库存项数		金额		盘点项数		盘点率	%	点盈项数		点亏项数		盘亏率	%

材料编号	材料名称	规格型号	单位	单价	成分	账面		自点		盈		亏		原因	处理意见
						数量	金额	数量	金额	数量	金额	数量	金额		

物资负责人：　　　　　　　监盘人：　　　　　　　盘点人：

图 7-7

在图 7-7 所示的表格中，“账面”栏的数量和金额一般记录的是财会人员编制的科目余额表中的结存数，而“自点”栏的数量和金额记录的是实地盘点时的材料物资实有数。通过这两者的对比，得出材料物资实有数与账面结存数的关系，若账面结存数大于实有数，则在“亏”栏中登记账面结存数与实地盘点数的差额，表示材料物资盘亏；若账面结存数小于实存数，则在“盈”栏中登记两者的差额，表示材料物资盘盈。

无论是盘盈还是盘亏，财会人员都要调整以前处理的账务。如果材料物资盘盈，则将盘盈的材料物资登记在借方，科目为“原材料”或“库存商品”，贷方登记“待处理财产损溢”科目（有的企业会登记为“待处理财产损溢——待处理流动资产损溢”科目）。会计人员需要通过财务软件填制图 7-8 所示的记账凭证。

记账凭证

考信息:
务日期: 2019年7月31日　　　　日期: 2019年7月31日　2019年 第 7 期

摘要	科目	币别 / 单位	汇率 / 单价	原币金额 / 数量	借方	贷方
盘盈原材料电子零件A	1403 - 原材料	人民币	1	100000	100000	
		件	5	200		
盘盈原材料电子零件A	1901 - 待处理财产损溢	人民币	1	100000		100000
合计：壹仟元整					100000	100000

图 7-8

若能够查明材料物资盘盈的原因，则根据原因来填制相应的凭证。图 7-9 所示为查明原材料不准溢余，且经过批准后做冲销管理费用处理而填制的记账凭证，从“待处理财产损溢”的借方转入“管理费用”。

记账凭证

考信息:
务日期: 2019年7月31日　　　　日期: 2019年7月31日　2019年 第 7 期

摘要	科目	币别 / 单位	汇率 / 单价	原币金额 / 数量	借方	贷方
盘盈原材料冲减管理费用	1901 - 待处理财产损溢	人民币	1	100000	100000	
盘盈原材料冲减管理费用	6602.08 - 管理费用 - 其他	人民币	1	100000		100000
合计：壹仟元整					100000	100000

图 7-9

如果材料物资盘亏，则批准前填制的记账凭证的“原材料”或“库存商品”等科目需要填在记账凭证的贷方，“待处理财产损溢”科目填在记账凭证的借方；而批准后填制的记账凭证的贷方登记“待处理财产损溢”科目，借方科目则需要根据实际情况而定，具体有以下 3 种情况。

- 如果经查明盘亏的部分要由过失人赔款，则借方应登记的科目为“其他应收款”。
- 如果经查明盘亏的部分是残料，并且需要重新入库，则借方应登记的科目为“原材料”。
- 如果经查明盘亏的部分是材料的非正常耗损，则借方应登记的科目为“管理费用”。

7.3.5 清查固定资产后调整账目

固定资产的清查与材料物资的盘点类似，都要通过“账实核对”来达到对账清查目的。企业应定期或至少每年年末对固定资产进行清查盘点，以保证固定资产核算的真实性。若发现盘盈或盘亏的固定资产，相关人员需要填制《固定资产盘盈盘亏报告表》，如图 7-10 所示。

固定资产盘盈盘亏报告表

编制时间： 年 月 日

序号	部门	资产名称	资产编号	折旧年限	存放地	保管人	单位	币值	购入日期	已使用年限	单价	账面结存数量	实际结存数量	盘盈数量	盘亏数量	建议处理对策	审核

总经理： 部门主管： 制表人：

图 7-10

《固定资产盘盈盘亏报告表》没有固定的范本，企业只需根据自身情况进行编制和记录，而财会人员则根据该报告表调整固定资产的相关账目。其处理过程与材料物资的盘点类似，但涉及的会计科目不仅仅是“待处理财产损溢”，还有“以前年度损益调整”科目。

（1）固定资产盘盈

财会人员在对固定资产进行对账清查时，其实有数大于固定资产账面数即为盘盈，此时涉及会计科目为“以前年度损益调整”。比如企业盘盈账外生产机器一台，估计价值为5 000元，而已经计提折旧为3 000元，在未批准前，借方登记“固定资产”科目，贷方登记“累计折旧”和“以前年度损益调整”科目，会计人员要填制图7-11所示的记账凭证。

记账凭证

参考信息：
业务日期：2019年7月31日
日期：2019年7月31日 2019 年 第 7

	摘要	科目	借方 万千百十亿千百十万千百十元角分	贷方 万千百十亿千百十万千百十元角分
1	盘盈账外生产机器一台	1601 - 固定资产	500000	
2	已计提折旧	1602 - 累计折旧		300000
3	盘盈账外生产机器一台	6901 - 以前年度损益调整		200000
	合计：伍仟元整		500000	500000

图7-11

在固定资产盘盈经过批准后，一般将其结转为留存收益，此时财会人员需要编制图7-12所示的记账凭证，将盘盈的固定资产从“以前年度损益调整”科目的借方转到“利润分配”科目。

记账凭证

参考信息：
业务日期：2019年7月31日
日期：2019年7月31日 2019 年 第 7

	摘要	科目	借方 万千百十亿千百十万千百十元角分	贷方 万千百十亿千百十万千百十元角分
1	结转盘盈的固定资产	6901 - 以前年度损益调整	200000	
2	结转盘盈的固定资产	4104 - 利润分配		200000
	合计：贰仟元整		200000	200000

图7-12

如果遇到盘盈的固定资产在批准后需要计缴企业所得税或进行利润分配的情况，则实际转入留存收益的固定资产不是2 000元。比如，若计算盘盈固定资产的企业所得税为500（2 000×25%）元，提取法定盈余公积150（1 500×10%）元，则转为留存收益的固定资产价值为1 350

（2 000 － 500 － 150）元。也就是说，在固定资产盘盈批准后的记账凭证中，贷方应记“应交税费——应交企业所得税 500”“盈余公积——法定盈余公积 150”以及“利润分配——未分配利润 1350”等科目。

（2）固定资产盘亏

财会人员在对固定资产进行对账清查时，其实有数小于固定资产账面数即为盘亏，此时涉及会计科目为“待处理财产损溢”。比如，企业在固定资产清查中盘亏一台生产设备，账面原值为 15 000 元，已提折旧 10 000 元，在未批准前，借方登记“待处理财产损溢”和“累计折旧”科目，贷方登记“固定资产”科目，数值为固定资产的原值，财会人员要填制图 7-13 所示的记账凭证。

记账凭证

参考信息：

业务日期：2019年7月31日　　日期：2019年7月31日　2019年 第 7

	摘要	科目	借方（万千百十亿千百十万千百十元角分）	贷方（万千百十亿千百十万千百十元角分）
1	盘亏生产设备一台	1901 － 待处理财产损溢	500000	
2	盘亏的固定资产已计提折旧	1602 － 累计折旧	1000000	
3	盘亏的设备原值	1601 － 固定资产		1500000
	合计：壹万伍仟元整		1500000	1500000

图 7-13

盘亏固定资产经过批准后，无论查明的原因是什么，财会人员需要编制的记账凭证的贷方科目都为“待处理财产损溢”，而借方科目则根据不同的原因进行填制。比如，经查明需要相关责任人进行赔偿的，借方科目登记为“其他应收款”；而不能查明原因的，借方科目应登记为“营业外支出——盘亏损失”。

7.3.6　外勤沟通查对往来账项

企业与往来单位核对账项时，主要针对企业的债权债务与往来单位进行核对，验证双方记录是否相符。该对账工作的主要流程如下。

第一步，往来账自查。企业在与对方企业核对余额前，应将全部应收、应付业务入账并结出余额，然后审查往来账余额的大小和方向，看是否有不正常的余额和方向，若有，则重点审查相应的明细账；审查明细账时要看是否有不正常发生额或异常摘要，若有，则审查相应原始凭证和记账凭证，以确定往来账没有错记金额。检查原始凭证和记账凭证时要做好日期、金额和发票编号等的记录，方便之后与对方企业对账。

第二步，与外单位对账。在往来账自查无误的基础上，企业要与对方企业进行余额核对，此时需要用到企业外部《对账单》（见本书 4.2.1 节内容）。若双方余额一致，则表明双方账务处理无误；若不一致，则要计算两方差额，并对差额的方向和大小进行分析，看是否有未达账项，是否有发生额登记错误，是否需要编制"余额调节表"进行调节，是否有账户方向记错的业务等。

第三步，回复对账情况。当企业和对方企业完成了往来账项的对账工作后，需要收到对账单的企业返回对账单回执联，告知发出对账单的企业对账工作已完成，并在回执联中记录有问题的账目，如图 7-14 所示。

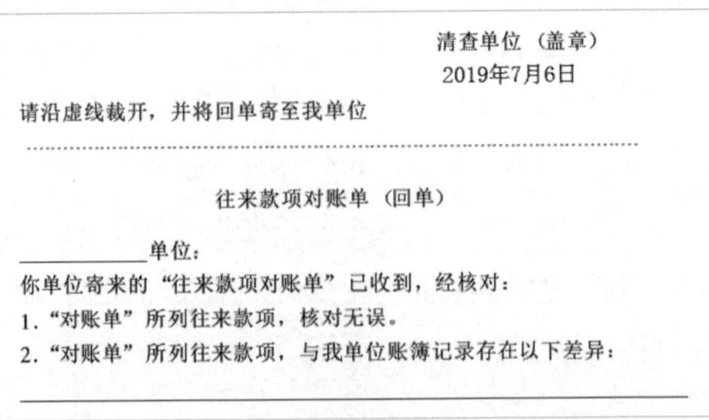
清查单位（盖章）
2019年7月6日

请沿虚线裁开，并将回单寄至我单位

往来款项对账单（回单）

＿＿＿＿＿＿单位：

你单位寄来的"往来款项对账单"已收到，经核对：

1."对账单"所列往来款项，核对无误。

2."对账单"所列往来款项，与我单位账簿记录存在以下差异：

＿＿＿＿＿＿＿＿＿＿＿＿＿＿＿＿＿＿＿＿

图 7-14

企业会计人员根据回执单的对账结果，对往来账项进行相应调整。

第8章

发生错账或特殊情况要调账

在企业财会人员查对相关账目以后，不能直接就进行结账工作，还需要对一些错账或特殊账目进行调账，纠正财会人员在前期会计工作中的一些错误，进而为后续的结账工作提供有效且准确的会计资料。而在调账过程中会用到一些会计工作中特有的技术方法，企业财会人员要切实了解哪些特殊账目需要调整，并且掌握相应的调账方法，才能提高会计工作效率。

8.1

凭证记账错误如何修正

企业财会人员在实际工作中难免会有出错的地方，一般表现为记账凭证填制错误。而记账凭证填制错误又分为几种情况：一是记账凭证中文字或数字填写错误；二是记账凭证中会计科目对应的金额填写错误等。针对不同的记账凭证错误，财会人员需要通过不同的方法对凭证进行修改更正，最终，修改后的凭证或者因为修改操作而增加的凭证都将作为企业结账的凭证依据。

8.1.1 文字或数字的笔误用划线更正法

划线更正法是指用划红线注销原来错误的记录，然后在错误记录的上方写上正确记录的方法。具体做法是：先在错误的文字或数字上划一条红线表示注销，划线时必须使原有字迹仍可辨认；然后将正确的文字或数字用蓝字写在划线处的上方，由记账人员在更正处盖章，以明确责任。

该方法的适用范围是：结账前发现账簿记录有文字或数字错误（记账凭证没有错误）。需要注意的是，对于文字的错误，会计人员可以只划去错误的部分，并更正；但对于数字的错误，会计人员必须要划掉全部数字，不能只更正某一数据中的个别错误数字。另外，如果记账凭证中的文字或数字发生错误，在尚未过账前也可使用划线更正法。

在实际工作中，划线更正法大多用在手工记账的企业，在电算化下的财务软件中很少使用。下面通过一个手工做账的案例，来了解划线更正法的具体操作。

案例陈述　划线更正法更正错误的凭证内容

某企业 2019 年 6 月底过账前，组织财会人员对当月填制的记账凭证进行统一的对账检查，结果发现两张凭证的内容有误。一张是 2019 年 6 月 15 日填制的第 18 号凭证，其摘要填写错误，如图 8-1 所示，本来应该是“付李某报差旅费”，结果会计人员登记成“付李某报办公费”。

记　账　凭　证

文字内容填写错误

2019 年　6 月　15 日　　　　字第 18 号

摘要	总账科目	明细科目	借方金额										贷方金额									
			千	百	十	万	千	百	十	元	角	分	千	百	十	万	千	百	十	元	角	分
付李某报办公费	管理费用	差旅费					1	3	5	0	0	0										
付李某报办公费	库存现金																1	3	5	0	0	0
合计（大写）壹仟叁佰伍拾元整						¥	1	3	5	0	0	0				¥	1	3	5	0	0	0

附件 2 张

会计主管 ××　　记账 ××　　出纳 ××　　制单 王×

图 8-1

由于是在过账前发现该凭证的内容填制出错，所以会计人员在原来的记账凭证上利用划线更正法划掉了错误的摘要文字，并写上正确的摘要，同时还盖了会计人员专用章，如图 8-2 所示。

记　账　凭　证

2019 年　6 月　15 日　　　　字第 18 号

摘要	总账科目	明细科目	借方金额										贷方金额									
			千	百	十	万	千	百	十	元	角	分	千	百	十	万	千	百	十	元	角	分
差旅费 王会计 ~~付李某报办公费~~	管理费用	差旅费					1	3	5	0	0	0										
差旅费 ~~付李某报办公费~~	库存现金																1	3	5	0	0	0
合计（大写）壹仟叁佰伍拾元整						¥	1	3	5	0	0	0				¥	1	3	5	0	0	0

附件 2 张

会计主管 ××　　记账 ××　　出纳 ××　　制单 王×

图 8-2

另外一张是 2019 年 6 月 16 日填制的第 19 号记账凭证的附件张数填写错误，应该为一张，结果填写成两张，如图 8-3 所示。会计人员也使用划线更正法更正错误的数字，如图 8-4 所示。

记　账　凭　证

2019 年　6 月　16 日　　　　字第 19 号

摘要	总账科目	明细科目	借方金额										贷方金额										附件
			千	百	十	万	千	百	十	元	角	分	千	百	十	万	千	百	十	元	角	分	
付王某报办公费	管理费用	办公费						8	0	0	0	0											
付王某报办公费	库存现金																	8	0	0	0	0	2
																							张
合计（大写）捌佰元整							¥	8	0	0	0	0					¥	8	0	0	0	0	

会计主管　××　　记账 ××　　出纳 ××　　制单 王×

数字填写错误

图 8-3

记　账　凭　证

2019 年　6 月　16 日　　　　字第 19 号

摘要	总账科目	明细科目	借方金额										贷方金额										附件
			千	百	十	万	千	百	十	元	角	分	千	百	十	万	千	百	十	元	角	分	王会计
付王某报办公费	管理费用	办公费						8	0	0	0	0											1
付王某报办公费	库存现金																	8	0	0	0	0	~~2~~
																							张
合计（大写）捌佰元整							¥	8	0	0	0	0					¥	8	0	0	0	0	

会计主管　××　　记账 ××　　出纳 ××　　制单 王×

图 8-4

财会人员需要注意的是，记账凭证中除了涉及金额的数字不用划线更正法更正以外，其他内容中涉及的数字错误都用划线更正法更正；与会计科目和记账方向无关的文字内容出错都用划线更正法。而在使用财务软件做账时，只要还没有过账，财会人员就可以直接更改记账凭证的内容，无须采用划线更正法、红字更正法或补充登记法等。

8.1.2　红字更正法的使用情形

会计人员在记账以后，如果在当月或当年内发现记账凭证所记的科目或金额有错时，可采用红字更正法进行更正。具体做法是：先用红字填制一张与原来错误凭证完全相同的记账凭证，目的是冲销原有的错误记录；然后用蓝字填制一张正确的记账凭证，并在“摘要”栏中注明“订正 ×× 年 × 月 × 日 × 号凭证”，据以登记入账。

该方法适用于两种情况：一是记账后发现账簿记录的错误是因为记账凭证中的会计科目或记账方向有错误而引起的；二是记账后发现记账凭证和账簿记录的金额大于应计的正确金额，而会计科目没有错误。需要注意的是，该方法一般用于企业当期已经结账而在下一会计期间发现凭证错误的情况。下面来看一个具体的案例，深入学习红字更正法。

案例陈述　跨期发现记账凭证错误用红字更正法

某企业 2019 年 7 月初，组织财会人员对上一个月的记账凭证进行统一的检查，结果发现其中有一张 2019 年 6 月 16 日填制的记账凭证（第 20 号）的会计科目填写错误，同时其涉及的金额也出错。错误的记账凭证如图 8-5 所示。

记账凭证

参考信息：
业务日期：2019年6月16日
日期：2019年6月16日　2019 年 第 6

	摘要	科目	借方	贷方
1	付黄某报购买办公用品费	6602.02 - 管理费用 - 办公费	130000	
2	付黄某报购买办公用品费	1002.04 - 银行存款 - 农商银行		130000
3				
	合计：壹仟叁佰元整		130000	130000

结算方式：

图 8-5

在图 8-5 所示的记账凭证中，贷方科目应该为“库存现金”，涉及的业务金额应为 500 元。鉴于此，该企业的相关会计人员在 2019 年 7 月

14 日用红字填制了一张完全相同的记账凭证，记为第 15 号凭证。

首先在凭证第一行输入摘要内容，借方科目“管理费用——办公费”，金额为 1 300 元，然后按【 - 】键（减号键），金额将变为红色字体，如图 8-6 所示。

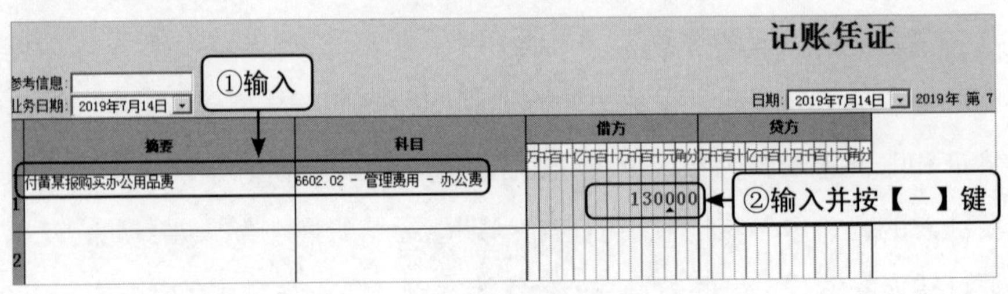

图 8-6

按相同的操作输入摘要、贷方科目和相应的金额，最终效果如图 8-7 所示。

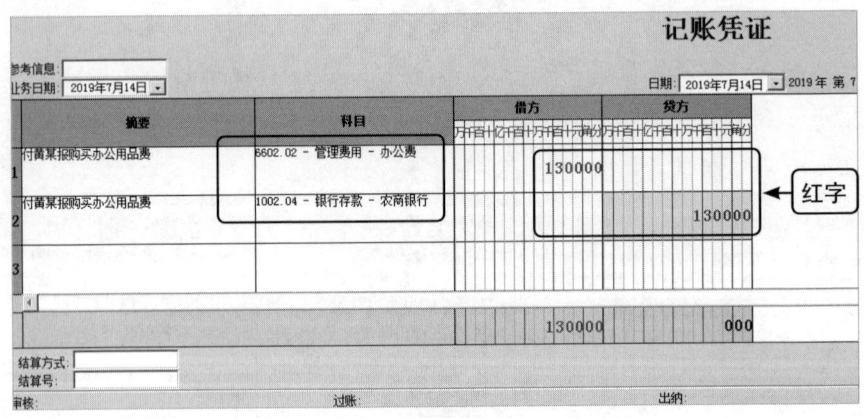

图 8-7

会计人员完成红字凭证的填制后，用蓝字（财务软件中指的黑色字体）填制一张正确的记账凭证。此时，会计人员按照填制记账凭证的一般操作进行正确凭证的填写，借方科目为“管理费用——办公费”，金额为 500 元；贷方科目为“库存现金”，金额为 500 元，另外还要在下一行摘要栏中注明“订正 2019 年 6 月 16 日第 20 号凭证”字样。最终填制的正确记账凭证如图 8-8 所示，凭证号为第 16 号。

记账凭证

参考信息：

业务日期：2019年7月14日

日期：2019年7月14日　2019年 第 7

	摘要	科目	借方	贷方
1	付黄某报购买办公用品费	6602.02 - 管理费用 - 办公费	50000	
2	付黄某报购买办公用品费	1001 - 库存现金		50000
3	订正2019年6月16日第20号凭证			
	合计：伍佰元整		50000	50000

结算方式：

结算号：

审核：　过账：　出纳：

图 8-8

职场小贴士

有的企业在运用红字更正法更正错误凭证时，只填制一张红字凭证，而没有另外填制蓝字凭证。这种处理手段也是正确的，但会计人员此时在填制红字凭证时，其金额将不再与错误金额相等，而是错误金额与正确金额之间的差额。也就是说，上述案例中，如果企业会计人员不想在最后编制蓝字凭证，则在编制红字凭证的时候，摘要、会计科目及相应记账方向等都与错误记账凭证相同，而金额将填制为 800（1 300–500）元，同时在红字凭证的摘要栏中注明“注销 2019 年 6 月 16 日第 20 号凭证多记金额”字样。

8.1.3　少记的金额用补充登记法更正

补充登记法是指在会计核算中，用补记金额的方式更正原来错误凭证记录的一种方法。具体做法是：在科目对应关系正确时，将少记的金额另外填制一张记账凭证，在摘要栏中注明“补记 ×× 年 × 月 × 日 × 字第 × 号凭证少计数”字样，并据以登记入账。

如果 8.1.2 节的案例中，企业 2019 年 6 月 16 日填制的第 20 号记账凭证的会计科目没有错误，只是金额填成 300 元，则错误的记账凭证如图 8–9 所示。

记账凭证

参考信息:
业务日期: 2019年6月16日

日期: 2019年6月16日 2019 年 第 6

	摘要	科目	借方	贷方
			万千百十亿千百十万千百十元角分	万千百十亿千百十万千百十元角分
1	付黄某报购买办公用品费	6602.02 - 管理费用 - 办公费	30000	
2	付黄某报购买办公用品费	1001 - 库存现金		30000
3				
合计: 叁佰元整			30000	30000

结算方式:
结算号:

审核: 过账: 出纳:

图 8-9

根据补充登记法的更正做法，会计人员只需再填制一张会计科目和其记账方向完全相同但金额为 200 元的记账凭证（记为 2019 年 7 月 14 日的第 15 号凭证），然后在摘要栏中注明“补记 2019 年 6 月 16 号第 20 号凭证少记金额”字样。最终补记的记账凭证如图 8–10 所示。

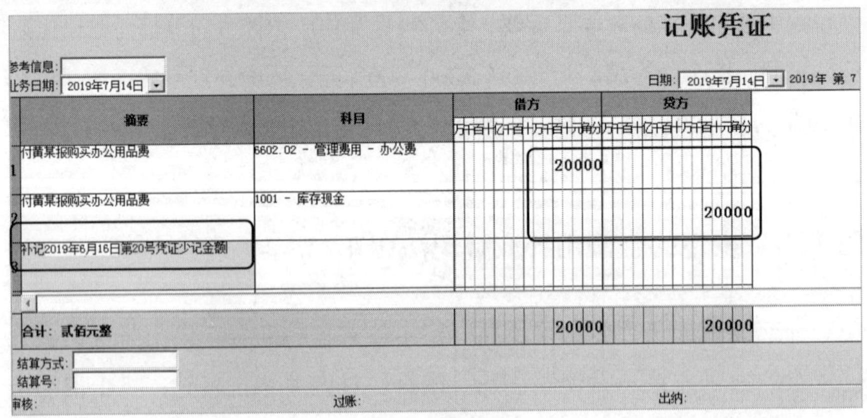

记账凭证

参考信息:
业务日期: 2019年7月14日

日期: 2019年7月14日 2019 年 第 7

	摘要	科目	借方	贷方
			万千百十亿千百十万千百十元角分	万千百十亿千百十万千百十元角分
1	付黄某报购买办公用品费	6602.02 - 管理费用 - 办公费	20000	
2	付黄某报购买办公用品费	1001 - 库存现金		20000
3	补记2019年6月16日第20号凭证少记金额			
合计: 贰佰元整			20000	20000

结算方式:
结算号:

审核: 过账: 出纳:

图 8-10

8.2

各种递延资产和递延负债的处理

递延资产是指本身没有交换价值、不可转让、一经发生就已消耗、但能为企业创造未来收益，并从未来收益的会计期间抵补的各项支出；还指不能全部计入当期损益而应在以后年度内较长时期摊销的，除固定资产和无形资产以外的其他费用支出，如开办费、租入固定资产改良支出和摊销期在一年以上的长期待摊费用等。递延负债主要是指企业根据所得税准则确认的应纳税暂时性差异产生的所得税负债。

8.2.1　开办费的摊销

开办费指企业在其批准筹建之日起，到开始生产、经营（包括试生产、试营业）之日为止的期间发生的费用支出，包括筹建期人员工资、办公费、培训费、差旅费、印刷费、注册登记费以及不计入固定资产和无形资产购建成本的汇兑损益和利息支出。以下列举的是不计入开办费的开支。

- 取得各项资产所产生的费用，包括购建固定资产和无形资产时支付的运输费、安装费、保险费和相关人工费用。
- 规定应由投资方各方负担的费用。比如，投资各方为筹建企业进行调查和洽谈发生的差旅费、咨询费和招待费等支出。我国政府还规定，中外合资进行谈判时，要求外商洽谈业务所发生的招待费用不得列为企业的开办费。
- 为培训职工而购建的固定资产和无形资产等支出。

◆ 投资方因投入资本自行筹措款项所支付的利息。

◆ 以外币现金存入银行而支付的手续费等。

企业发生的开办费一般按 5 年摊销，新《企业会计制度》规定开办费一次摊销。但是，税法上仍然规定按照 5 年进行摊销计税。

当某企业筹建期间发生开办费 10 000 元时，用银行存款支付这笔费用开支，则借记“长期待摊费用——开办费”科目，贷记“银行存款”或“库存现金”科目，编制出的记账凭证如图 8-11 所示。

记账凭证

参考信息：

业务日期：2019年2月14日

日期：2019年2月14日 2019 年 第 2

	摘要	科目	借方（万千百十亿千百十万千百十元角分）	贷方（万千百十亿千百十万千百十元角分）
1	支付企业筹建期开办费	1801 - 长期待摊费用/01 - 开办费	1000000	
2	支付企业筹建期开办费	1002.04 - 银行存款 - 农商银行		1000000
	合计：壹万元整		1000000	1000000

图 8-11

在企业成立后的最初 5 年，每月摊销该笔费用，摊销额约为 166.67 元。也就是说，企业将从 2019 年 3 月开始摊销该笔开办费，直到 2024 年 2 月摊销完毕。借记“管理费用——开办费摊销”科目，贷记“长期待摊费用——开办费”科目，每月应编制的记账凭证如图 8-12 所示。

记账凭证

参考信息：

业务日期：2019年3月14日

日期：2019年3月14日 2019 年 第 3

	摘要	科目	借方（万千百十亿千百十万千百十元角分）	贷方（万千百十亿千百十万千百十元角分）
1	摊销企业筹建期开办费	6602.10 - 管理费用 - 开办费摊销	16667	
2	摊销企业筹建期开办费	1801 - 长期待摊费用/01 - 开办费		16667
	合计：壹佰陆拾陆元陆角柒分		16667	16667

图 8-12

企业每月摊销的开办费的账务处理一般在每月结账前进行，若不按相应的会计企业摊销，则会影响当月的经营成本，进而影响当月的利润，相应地就会影响企业当月缴纳的税费总额。但如果当月确实忘记摊销，财会人员则必须在下月进行开办费摊销的补录工作。

8.2.2　租入固定资产改良支出要均摊

租入固定资产改良支出是指企业以经营租赁方式租入的固定资产改良工程支出，或者是能增加以经营租赁方式租入的固定资产的效用或延长其使用寿命的改装、翻修及改良等支出。该费用支出不应作为当期费用处理，而应作为长期待摊费用管理，在租赁有效期内分期摊销制造费用或管理费用。

以经营租赁方式租入的固定资产改良支出的账务处理大致分为 4 个步骤，下面通过一个具体的案例来认识该费用支出的账务处理过程。

案例陈述　租入固定资产改良支出的账务处理过程

某企业因拓展业务的需要，2019 年 7 月 17 日从附近的机床厂租入一个已因工停产的车间。企业为了提高产品质量和科技含量，对租入的车间进行了计算机集成制造系统的改造和部分关键零部件的更换，总共费用开支 7 200 元。按照租约的规定，租赁期为 5 年，每月租金 1 000 元，其中厂房 800 元，办公用房 200 元，每季度初预付。相关账务处理如下。

每季度初应付租金＝ 3×1 000 ＝ 3 000（元）

每月应摊销的固定资产改良支出＝ 7 200÷5÷12 ＝ 120（元）

①7 月 17 日和以后每季度初支付租金时，借方登记“预付账款”科目，贷方登记“银行存款”或“库存现金”科目，记账凭证如图 8–13 所示。

记账凭证

参考信息：
业务日期：2019年7月7日　　日期：2019年7月7日　2019年 第 7

	摘要	科目	借方	贷方
			万千百十亿千百十万千百十元角分	万千百十亿千百十万千百十元角分
1	支付租入固定资产租金	1123 - 预付账款/010 - [illegible]电机厂	300000	
2	支付租入固定资产租金	1002.04 - 银行存款 - 农商银行		300000
	合计：叁仟元整		300000	300000

图 8-13

②每月摊销租入固定资产租金时，将摊销的租金分别计入管理费用和制造费用，即借方登记“管理费用”和“制造费用”科目，贷方登记“预付账款”科目，应编制的记账凭证如图 8-14 所示。

记账凭证

参考信息：
业务日期：2019年7月17日　　日期：2019年7月17日　2019 年 第 7

	摘要	科目	借方	贷方
			万千百十亿千百十万千百十元角分	万千百十亿千百十万千百十元角分
1	摊销租入固定资产租金	6602.08 - 管理费用 - 其他	20000	
2	摊销租入固定资产租金	5101.05 - 制造费用 - 租赁费	80000	
3	摊销租入固定资产租金	1123 - 预付账款/010 - [illegible]电机厂		100000
	合计：壹仟元整		100000	100000

图 8-14

③支付租入固定资产改良支出时，将费用开支计入“长期待摊费用”科目进行核算，应编制的记账凭证如图 8-15 所示。

记账凭证

参考信息：
业务日期：2019年7月18日　　日期：2019年7月18日　2019 年 第 7

	摘要	科目	借方	贷方
			万千百十亿千百十万千百十元角分	万千百十亿千百十万千百十元角分
1	支付租入固定资产的改良支出	1801 - 长期待摊费用/02 - 租入固定资产改良支出	720000	
2	支付租入固定资产的改良支出	1002.04 - 银行存款 - 农商银行		720000
	合计：柒仟贰佰元整		720000	720000

图 8-15

④按月摊销租入固定资产改良支出时，将其摊销为制造费用，即借记“制造费用——租入固定资产改良支出”科目，贷记“长期待摊费用——租入固定资产改良支出”科目，应编制的记账凭证如图 8-16 所示。

记账凭证

参考信息：
业务日期：2019年7月18日　　日期：2019年7月18日　2019 年 第 7

	摘要	科目	借方	贷方
			万千百十亿千百十万千百十元角分	万千百十亿千百十万千百十元角分
1	摊销租入固定资产改良支出	5101.06 – 制造费用 – 租入固定资产改良支出	12000	
2	摊销租入固定资产改良支出	1801 – 长期待摊费用/02 – 租入固定资产改良支出		12000
	合计：壹佰贰拾元整		12000	12000

图 8-16

由上述案例可知，企业发生的租入固定资产改良支出在以后的 5 年内每月进行的摊销操作确实为均摊，且每月均摊金额为 120 元。

职场小贴士

租入固定资产包括经营租入固定资产和融资租入固定资产。在实际经营过程中，租入固定资产改良支出会出现一些作假行为，具体方式有两种：一是租入固定资产改良支出的核算不真实，企业在实际工作中将无形资产的支出和在建工程项目核算都计入固定资产改良支出，进而减少当期费用，虚增当期利润，或将固定资产改良支出计入期间损益，虚减利润达到偷税漏税的目的；二是租入固定资产改良支出的摊销不合理，企业故意延长或缩短改良支出的期限，而不按租赁的有效期均摊，进而随意地调整成本利润。

8.2.3　长期待摊费用与待摊费用不同

“长期待摊费用”科目一般用于核算企业已经支出但摊销期限在一年（不含）以上的各项费用，包括固定资产修理支出、租入固定资产改良支出和摊销期在一年以上的其他待摊费用。而“待摊费用”科目一般用于核算企业已经支出但应由当期或以后各期分别负担的各项费用，如低值易耗品摊销、一次支出数额较大的财产保险费、排污费、技术转让费和广告费等。

待摊费用的账务处理与长期待摊费用的账务处理类似，当发生（支付）各项待摊费用时，会计分录如下。

借：待摊费用——××

　　贷：银行存款／低值易耗品等

摊销费用时，按车间部门和费用用途，分别计入“制造费用”“辅助生产成本”“销售费用”或“管理费用”等科目，会计分录如下。

借：制造费用／辅助生产成本／销售费用／管理费用

　　贷：待摊费用——××

目前，有的企业已经取消了“待摊费用”科目，取消后，一年内的摊销费用直接计入期间费用或制造费用，超过一年的计入长期待摊费用。

8.2.4 递延所得税负债分期扣缴

递延所得税负债是指根据应税暂时性差异计算的未来期间应付所得税的金额。“递延所得税负债”科目在期末时一般表现为贷方余额，反映企业已确认的递延所得税负债的余额。主要账务处理有如下两个环节。

◆ 企业在确认相关资产和负债时，根据所得税准则应确认的递延所得税负债，借记“所得税——递延所得税费用”和“资本公积——其他资本公积”等科目，贷记“递延所得税负债”科目。

◆ 资产负债表日，企业根据所得税准则应确认的递延所得税负债大于“递延所得税负债”科目余额的，借记“所得税——递延所得税费用”和“资本公积——其他资本公积”等科目，贷记“递延所得税负债”科目；应确认的递延所得税负债小于“递延所得税负债”科目余额的，做相反会计分录。

案例陈述　递延所得税负债的账务处理

某企业 2018 年度按《企业会计准则——基本准则》计算的税前会计利润为 1 500 万元，所得税税率为 25%，未来税率预计不会发生调整。已知当年按税法核定的全年计税工资为 270 万元，全年实发工资为 300 万元，提取的相关福利费、工会经费和职工教育经费等，税法都准予全额税前扣除。

已知企业固定资产原值为 75 000 万元，采用加速折旧法计提折旧，当年折旧额为 9 600 万元，累计折旧额为 36 600 万元，没有减值准备；税务处理要求采用平均年限法计提折旧，当年折旧额为 7 500 万元，累计税前扣除折旧额为 22 500 万元，预计使用年限和净残值与会计处理没有差异。年初递延所得税资产账面余额为 2 500 万元，递延所得税负债账面余额为 0 元。未来很可能取得足够的应纳税所得额抵扣可抵扣暂时性差异。

①当期根据税法规定计算的应交所得税

首先确认所得税费用，会计利润为 1 500 万元，工资费用纳税调增额为 30（300−270）万元，折旧费用纳税调增额为 2 100（9 600−7 500）万元，所以，应纳税所得额为 3 630（1 500+30+2 100）万元，应交所得税为 907.5（3 630×25%）万元，会计人员应编制的记账凭证如图 8-17 所示。

记账凭证

参考信息:
业务日期: 2018年12月31日
日期: 2018年12月31日 2018 年 第 12

	摘要	科目	借方	贷方
1	确认所得税费用	6801 - 所得税费用	907500000	
2	确认所得税费用	2221.03 - 应交税费 - 应交企业所得税		907500000
	合计：玖佰零柒万伍仟元整		907500000	907500000

结算方式:
结算号:
审核:　过账:　出纳:

图 8-17

根据税法规定计算的当年应交所得税，属于当期费用，所以应计入当期“所得税费用”科目。

②按照资产、负债的账面价值与计税基础之间的差额，确认暂时性差异和其递延所得税

固定资产账面价值 = 75 000−36 600 = 38 400（万元）

固定资产计税基础 = 75 000−22 500 = 52 500（万元）

可抵扣暂时性差异为 14 100（52 500−38 400）万元，表明企业未来在使用和处置固定资产时，根据税法的规定，需调减应纳税所得额 14 100 万元，即意味着企业未来可少交所得税 3 525（14 100 × 25%）万元，表现为递延所得税资产，所以当期应增计递延所得税资产 3 525 万元。

除此之外，企业当年还购入了准备近期出售的某上市公司股票，购置成本为 300 万元，年末市价为 390 万元，当年未发生派发红利等事项。交易性金融资产账面价值为 300 万元，计税基础为 390 万元，所以应纳税暂时性差异为 90（390−300）万元，表明企业未来出售该金融资产时，根据税法的规定，需调增应纳税所得额 90 万元，进而需要多交 22.5（90 × 25%）万元的所得税，表现为递延所得税负债。所以当期应增计递延所得税负债 22.5 万元。根据计算出的递延所得税资产和递延所得税负债，财会人员需要编制的记账凭证如图 8−18 所示。

记账凭证

参考信息：

业务日期：2018年12月31日　　日期：2018年12月31日　2018 年 第 12

	摘要	科目	借方（万千百十亿千百十万千百十元角分）	贷方（万千百十亿千百十万千百十元角分）
1	确认递延所得税资产和负债	1811 － 递延所得税资产	3525000000	
2	确认递延所得税资产和负债	6801 － 所得税费用		3502500000
3	确认递延所得税资产和负债	2901 － 递延所得税负债		2250000
	合计：叁仟伍佰贰拾伍万元整		3525000000	3525000000

图 8-18

8.3

特殊情形下的调账工作

企业财会人员有时会遇到一些特殊的账务处理事项，这些账务处理事项会在一定程度上影响企业当期的账务处理结果。因此，为了使当期账务处理的结果更准确，财会人员需要对特殊账务进行调账工作，防止将这些问题遗留到下一会计期间或会计年度，进而加重财会人员的工作负担。

8.3.1　资产负债表日后调整事项

资产负债表日后事项是指资产负债表日至财务报告批准报出日之间发生的有利或不利事项，包括资产负债表日后调整事项和资产负债表日后非调整事项。资产负债表日后调整事项是指对资产负债表日已经存在的情况提供了新的或进一步证据的事项；资产负债表日后非调整事项是指表明资产负债表日后发生的情况的事项。

如果企业发生了资产负债表日后调整事项，则财会人员需要相应地调整资产负债表日的财务报表；如果企业发生了资产负债表日后非调整事项，则不需要调整资产负债表日的财务报表。下面先来介绍资产负债表日后调整事项。

- 资产负债表日后诉讼案件结案，法院判决证实了企业在资产负债表日已经存在现时义务，企业需要调整原来确认的与该诉讼案件相关的预计负债，或确认为一项新负债。

- ◆ 资产负债表日后取得确凿证据，表明某项资产在资产负债表日发生了减值或需要调整该项资产原来确认的减值金额。
- ◆ 资产负债表日后进一步确定了资产负债表日前购入资产的成本或售出资产的收入。
- ◆ 资产负债表日后发现了财务报表舞弊或有差错。

企业财会人员和管理人员除了要认识资产负债表日后调整事项，同时也要认识资产负债表日后非调整事项，这样才能全方面保证财务报表的准确性。非调整事项具体如下。

- ◆ 资产负债表日后发生重大诉讼、仲裁或承诺。
- ◆ 资产负债表日后资产价格、税收政策和外汇汇率发生重大变化。
- ◆ 资产负债表日后因自然灾害导致资产发生重大损失。
- ◆ 资产负债表日后发行股票、债券和其他巨额举债。
- ◆ 资产负债表日后资本公积转增资本。
- ◆ 资产负债表日后发生巨额亏损。
- ◆ 资产负债表日后发生企业合并或处置子公司。

资产负债表日后，企业利润分配方案中拟分配的以及经审议批准宣告发放的股利或利润，不确认为资产负债表日的负债，所以不会因此调整财务报表，但应在附注中单独披露。

8.3.2 不能直接按错误额调整利润该怎么办

财会人员在实际工作中可能会把账目数据搞错，进而会涉及利润的调整。但此时不能直接按错误额调整利润，而需要对错误金额进行分摊。计算分摊的方法是，将审查出的需要分配的错误金额，按材料、自制半成品、在产品、产成品和产品销售成本等核算环节的程序，一步一步地往下分配。然后将计算出的各环节应分摊的成本数额，分别调整有关账户，在期末结账后，当期销售产品应分摊的错误数额应直接调整利润数。

案例陈述　错误额的出现，如何调整利润

注册税务师受托对某企业进行纳税审查，发现该企业某月将基建工程领用的生产用原材料 20 000 元计入了生产成本。由于当期期末既有期末在产品，也有完工产品，且完工产品当月对外销售了一部分。因此，多计入生产成本的 20 000 元已随企业的生产经营过程分别进入生产成本、产成品和产品销售成本中。经核实，期末在产品成本为 10 万元，产成品成本为 10 万元，产品销售成本为 20 万元，则注册税务师可按以下步骤计算分摊各环节的错误数额，并做相应的调账处理。

①计算分摊率

分摊率 = 20 000 ÷（100 000+100 000+200 000）= 0.05

②计算各分摊数额

在产品应分摊数额 = 100 000 × 0.05 = 5 000（元）

产成品应分摊数额 = 100 000 × 0.05 = 5 000（元）

当期产品销售成本应分摊数额 = 200 000 × 0.05 = 10 000（元）

应转出的增值税进项税额 =（5 000 × 2+10 000）× 13% = 2 600（元）

③调整相关账户

如果审查在当年，则财会人员需要编制的调整分录如下。

借：在建工程　　　　22 600

　　贷：生产成本　　　　5 000

　　　　库存商品　　　　5 000

　　　　本年利润　　　　10 000

应交税费——应交增值税（进项税额） 2 600

如果审查在以后年度，财会人员需要编制的调账分录如下。

借：在建工程 22 600

贷：生产成本 5 000

库存商品 5 000

以前年度损益调整 10 000

应交税费——应交增值税（进项税额） 2 600

8.3.3 对上一年度错误账目如何调账

对上一年度错误会计账目进行调账时，需要分多种情况进行处理，具体介绍如下。

（1）对上年度错账且对上年度税收产生影响的，分为两种情况

如果在上年度决算报表编制前发现，可直接调整上年度账项，方法参考8.3.2节的内容，对于影响利润的错账还必须调整“本年利润”科目；如果在上年度决算报表编制后发现，一般不能再用8.3.2节中的方法，而需要按正常的会计核算过程，对有关账户进行逐一调整。另外，对于不影响上年利润的项目，可直接进行调整，对于影响上年利润的项目，应通过“以前年度损益调整”科目进行调账。

（2）对上年度错账且不影响上年度税收但与本年核算和税收相关的

这种情况下，可根据上年度账项的错漏金额影响本年度税项的情况，相应调整本年度有关账项。如果在预算报表编制前发现且产品还未出售，则应用转账调整法调整上年度账项，如借记“材料成本差异”科目，贷记“库存商品”科目；如果在决算报表编制后发现且产品已售出，则要直接调整本年度的“主营业务成本”或“本年利润”科目，如借记“材料成本差异”科目，贷记“主营业务收入”或“本年利润”科目。

第9章

税费的计算与申报缴纳

企业财会人员在结账之前，还需要核算企业当期应交的税费金额，后续的税务工作也是会计工作的一个重要组成部分。而且，企业税费的计算、申报和缴纳等工作并不简单，计算环节容易出错，进而会给申报和缴纳工作带来麻烦。因此，财会人员不仅要懂得做账，还要懂税费的计算和申报缴纳工作的内容。

9.1

各项税费的核算

企业经营过程中会涉及很多税种，但因为企业的经营范围不同而有所差异。一般企业都会涉及的税种有增值税、企业所得税、个人所得税、印花税、城市维护建设税、教育费附加和地方教育附加等。正规企业都需要核算当期的这些税费，并按一定的程序进行申报缴纳。这一项工作有专门的会计人员负责，在结账前就要核算出当期的各项税费有多少，同时还要编制相应的记账凭证，为利润表提供数据。

9.1.1 核算城市维护建设税

城市维护建设税简称城建税，是我国为了加强城市的维护建设、扩大和稳定城市维护建设资金的来源，对有经营收入的单位和个人征收的一个税种。该税以纳税人实际缴纳的增值税和消费税为计税依据，分别与增值税和消费税同时缴纳。

在财会人员填制完当期的记账凭证后，通过实际缴纳的增值税和消费税税额总和，计算城市维护建设税税额大小，计算公式如下。

城建税应纳税额 =（应交增值税 + 应交消费税）× 适用税率

适用税率会因为纳税人所在地的不同而有不同的标准，一般来说，市区为7%，县城和镇为5%，乡村为1%，大中型工矿企业所在地不在城市市区、县城或建制镇的，税率为1%。

如果生产企业涉及出口业务，且符合免抵退税条件，则其城建税的计算公式如下。

城建税应纳税额 =（增值税 + 当期免抵税额 + 消费税）× 适用税率

财会人员在核算城建税税额时，要清楚该税种的相关征免规定，全方位确保核算出的税额准确无误。主要有如下一些需要掌握的内容。

①对出口产品退还增值税或消费税的，不退还已缴纳的城建税。

②海关对进口产品代征的增值税和消费税，不征收城建税。

③对增值税和消费税实行先征后返、先征后退或即征即退办法的，除另有规定外，对随增值税和消费税附征的城建税，一律不予退还。

④城建税一般不单独减免，但如果纳税人确有困难需要单独减免的，可由省级人民政府酌情给予减税或免税照顾。

财会人员核算出当月应交的城建税后，要填制相关记账凭证（作为编制科目汇总表或科目余额表的数据来源之一），涉及的会计分录如下。

借：税金及附加

　　贷：应交税费——应交城市维护建设税

纳税人必须在税务机关规定缴纳增值税和消费税期限内同时缴纳城市维护建设税，如果纳税人违反了增值税和消费税的有关规定，税务部门将对其追收应纳税款，加收滞纳金或罚款时还会追征其应纳的城建税，并相应加收滞纳金或罚款。

对于按规定以 1 天、3 天、5 天、10 天或 15 天为一期缴纳增值税、消费税和城建税的纳税人，应在按规定预缴增值税和消费税的同时预缴相应的城市维护建设税。

预缴后，企业应当在月度终了后，在进行增值税和消费税申报的同时进行城市维护建设税的纳税申报（一般在下月15日之间进行）。对于以一个月为一期缴纳增值税和消费税的施工企业，应在缴纳当月全部增值税和消费税的同时，按照纳税申报表确定的应纳税额全额缴纳城市维护建设税。

9.1.2 教育费附加和地方教育附加

教育费附加也是对缴纳增值税和消费税的单位及个人征收的一种税（附加税），作用是发展地方性教育事业，扩大地方教育经费的资金来源。而地方教育附加是指根据国家有关规定，为实施“科教兴省”战略，增加地方教育资金投入，促进各省、自治区和直辖市教育事业发展而开征的一项地方政府性基金，作用是补充各地方的教育经费。计算公式如下。

应纳教育费附加 = 实际缴纳的增值税和消费税总额 × 征收率

应纳地方教育附加 = 实际缴纳的增值税和消费税总额 × 征收率

其中，教育费附加的征收率为3%，地方教育附加的征收率为2%。与城市维护建设税一样，教育费附加和地方教育附加也有相关的减免规定，具体内容如表9-1所示。

表9-1 教育费附加和地方教育附加的减免规定

税种	减免规定
教育费附加	1. 对海关进口产品征收的增值税和消费税，不征收教育费附加； 2. 对由于减免增值税和消费税而发生退税的，可同时退还已征收的教育费附加，但对出口产品退还增值税和消费税的，不退还已征收的教育费附加； 3. 对新办的商贸企业（从事批发、批零兼营和其他非零售业务的商贸企业除外），当年新招用下岗失业人员达到职工总数30%以上（含30%），并与其签订一年以上期限劳动合同的，经劳动保障部门认定，税务机关审核，3年内免征教育费附加； 4. 对下岗失业人员从事个体经营（除建筑业、娱乐业、广告业、桑拿、按摩、网吧和氧吧外）的，自领取营业执照之日起3年内免征教育费附加；

续表

税种	减免规定
教育费附加	5. 对为安置自谋职业的城镇退役士兵就业而新办的服务型企业(除广告业、桑拿、按摩、网吧和氧吧外)，当年新安置自谋职业的城镇退役士兵达到职工总数 30% 以上，并与其签订一年以上期限劳动合同的，经县以上民政部门认定，税务机关审核，3 年内免征教育费附加； 6. 经中国人民银行依法决定撤销的金融机构及其分设于各地的分支机构(包括被依法撤销的商业银行、信托投资公司、财务公司、金融租赁公司、城市信用社和农村信用社)，用其财产清偿债务时，免征被撤销金融机构转让货物、不动产、无形资产、有价证券和票据等应缴纳的教育费附加
地方教育附加	1. 地方教育附加由地方税务局负责征收，也可委托国家税务局征收； 2. 海关进口产品征收的增值税和消费税，不征收地方教育附加

当企业财会人员根据当月实际应缴纳的增值税和消费税计算出应缴纳的教育费附加和地方教育附加税额后，需要编制相关记账凭证，会计分录如下。

借：税金及附加

　　贷：应交税费——应交教育费附加

　　　　　　　　——应交地方教育附加

纳税人在申报缴纳增值税和消费税的同时，申报缴纳教育费附加和地方教育附加。

9.1.3　印花税的核算不能忘

印花税是对经济活动和经济交往中设立和领受具有法律效力的凭证的行为所征收的一种税。在应税凭证上粘贴印花税票即标志着完税。印花税的纳税人包括在境内设立和领受规定的经济凭证的企业、行政单位、事业单位、军事单位、社会团体、其他单位、个体工商户和其他个人。具体的征税范围如下。

经济合同。主要包括购销合同、加工承揽合同、建设工程勘察设计合同、建筑安装工程承包合同、财产租赁合同、货物运输合同、仓储保管合同、借款合同、财产保险合同及技术合同。

产权转移书据。产权转移即财产权利关系的变更行为，表现为产权主体发生变更。产权转移书据是在产权买卖、交换、继承、赠与及分割等产权主体变更过程中，产权出让人与受让人之间订立的民事法律文书。印花税税目中的产权转移书据包括财产所有权、版权、商标专用权、专利权和专有技术使用权这5项产权转移书据。另外，土地使用权出让合同、土地使用权转让合同和商品房销售合同按照产权转移书据征收印花税。

营业账簿。目前，只有记载资金的账簿（资金账簿）才要求缴纳印花税，其他营业账簿不缴纳。

其他印花税税目。不动产权证、工商营业执照、商标注册证、专利证、土地使用证、许可证照以及经财政部确定征税的其他凭证。

印花税的征税方式有两种，从价计征和从量计征。企业财会人员按照适用税率或税额标准计算应纳税额，公式如下。

应纳税额 = 应纳税凭证记载的金额（费用或收入等）× 适用税率

应纳税额 = 应纳税凭证件数 × 适用税额标准

在上述列举的印花税税目中，其贴花计税方式如表 9-2 所示。

表 9-2　印花税税目的计税方式

税目	计税方式
买卖合同	纳税人为立合同人，按支付价款的 0.3‰贴花
承揽合同	纳税人为立合同人，按加工或承揽收入的 0.3‰贴花
建设工程合同	纳税人为立合同人，按支付价款的 0.3‰贴花
建筑安装工程承包合同	纳税人为立合同人，按承包金额的 0.3‰贴花

续表

税目	计税方式
租赁合同	纳税人为立合同人，按租赁金额的 1‰贴花，税额不足 1 元的，按 1 元贴花
融资租赁合同	纳税人为立合同人，按租赁金额的 0.05‰贴花
运输合同	纳税人为立合同人，按运输费用的 0.3‰贴花，单据作为合同使用的，按合同贴花（不包括管道运输合同）
仓储保管合同	纳税人为立合同人，按仓储费或保管费用的 1‰贴花，仓单或栈单作为合同使用的，按合同贴花
借款合同	纳税人为立合同人，按借款金额的 0.05‰贴花，单据作为合同使用的，按合同贴花
财产保险合同	纳税人为立合同人，按保险费收入的 1‰贴花，单据作为合同使用的，按合同贴花（不包括再保险合同）
技术合同	纳税人为立合同人，按支付价款、报酬或使用费的 0.3‰贴花
产权转移书据	纳税人为立据人，按支付价款的 0.5‰贴花
营业账簿	纳税人为立账簿人，按实收资本和资本公积的合计金额的 0.25‰贴花
权利、许可证照	纳税人为领受人，按件贴花（5 元 / 件）
证券交易	纳税人为证券交易的出让方，按成交金额的 1‰贴花

印花税也有一些免征和暂免征的规定，这里就不再一一列举说明，企业可查看相关税法规定。当企业财会人员核算出需要缴纳的印花税税额后，需要编制记账凭证，会计分录如下。

借：税金及附加

　　贷：应交税费——应交印花税

印花税实行由纳税人根据规定自行计算应纳税额，购买并一次性贴足印花税票的缴纳方法。印花税还可委托代征，税务机关委托经由发放或办理应税凭证的单位代征收印花税款。

印花税可按一个月的期限汇总缴纳（汇缴），在具体实施过程中，财会人员统计出采购金额和销售金额的总数，然后核算应交印花税的税额；而账簿则根据当年度所用账簿的册数按件缴纳印花税。企业应交的印花税税费可在当年度年底缴纳，也可在下一年度年初时缴纳。

9.1.4 税金及附加影响企业利润

前述内容涉及的城市维护建设税、教育费附加、地方教育附加、印花税及消费税等，在做账期间全部归集到“税金及附加”科目进行核算。除此之外，土地使用税、车船税和资源税也通过该科目核算。“税金及附加”科目的发生额会影响企业当期的营业利润，所以对税金及附加的核算要慎重且准确。一般计算公式如下：

税金及附加＝消费税＋城市维护建设税＋教育费附加＋地方教育附加＋印花税＋土地使用税＋资源税＋车船税等

除了增值税、企业所得税、个人所得税、契税、耕地占用税和车辆购置税以外的税费基本上都归集到“税金及附加”科目核算。该科目及其发生额最终出现在当期利润表中，是核算企业营业利润的数据来源之一。结转利润时，需要编制记账凭证，会计分录如下。

借：本年利润

　　贷：税金及附加——应交消费税

　　　　　　　　　——应交城市维护建设税

　　　　　　　　　——应交教育费附加

　　　　　　　　　——应交印花税等

9.1.5 常规的企业所得税如何核算

企业所得税是对我国内资企业和经营单位的生产经营所得和其他所得征收的一种税。征税对象包括销售货物所得、提供劳务所得、转让财产所得、股息红利等权益性投资收益所得、利息所得、租金所得、特许权使用费所得、接受捐赠所得和其他所得。其计算公式如下。

企业应纳所得税额 = 当期应纳税所得额 × 适用税率

当期应纳税所得额 = 收入总额 − 准予扣除项目的金额

在我国，企业所得税的适用税率为 25%，内资企业和外资企业一致。但国家重点扶持的高新技术企业的所得税税率为 15%，小型微利企业为 20%，非居民企业为 20%（在中国境内设立机构和场所的，应就其所设机构和场所取得的来源于中国境内的所得，以及发生在中国境外但与其所设机构和场所有实际联系的所得，缴纳企业所得税）。

企业所得税分月或分季预缴，企业应自月份或季度终了之日起 15 日内，无论盈利或亏损，都向税务机关报送预缴企业所得税纳税申报表，预缴税款。而企业应自年度终了之日起 5 个月内，向税务机关报送当年企业所得税纳税申报表，并汇算清缴，结清应缴应退税款。企业在报送企业所得税纳税申报表时，应按规定附送财务会计报告和其他有关资料；而在规定申报期内申报确有困难的，可报经主管税务机关批准，延期申报。

所得税的产生与企业的净利润相关，而申报所得税时，数额的计算以累计额为标准，比如，第一季度申报时是亏损的，而第二季度申报时是盈利的，但第二季度的盈利额小于第一季度的亏损额，则在第二季度申报所得税时不会有应缴纳的所得税产生。

所得税可以先计提，然后缴纳，最后结转相关费用。计提时要填制相关记账凭证，会计分录如下。

借：所得税费用

　　贷：应交税费——应交企业所得税

而企业预缴所得税时，也要填制相应的记账凭证，会计分录如下。

借：应交税费——应交企业所得税

　　贷：银行存款

所得税费用要从净利润中减掉，所以“所得税费用”科目要通过“本年利润”科目进行结转。结转时同样需要填制记账凭证，会计分录如下。

借：本年利润

　　贷：所得税费用

当然，企业所得税也可以先不计提，而是在所得税缴纳行为发生时再进行所得税费用的核算。

9.2 连网税控系统申报纳税

税控系统是由国家税务总局与航天工业总公司等部门，集计算机、微电子、光电技术和数据加密等技术于一体开发研制的，具有很强的保密性和安全性。税务部门和企业利用该系统，能独立实现发票的防伪认证，不需连网就可随时随地稽查假发票和大头小尾的“阴阳票”。同时，从该系统的报税子系统取得的存根联数据和认证子系统取得的抵扣联数据将直接进入增值税计算机稽核系统，通过增值税计算机稽核系统，对增值税专用发票信息和纳税申报信息进行全面的交叉比对，及时掌握税源情况和发现税收管理过程中的各种问题。

9.2.1 税控开票系统的发行与安装

防伪税控系统的构成分为两端：一是运行在税务端的税务发行子系

统、企业发行子系统、发票发售子系统和认证报税子系统；二是运行在企业端的防伪税控开票子系统。

其中，防伪税控开票子系统由 3 部分组成：通用设备、专用设备和应用软件。通用设备是指计算机和打印机，专用设备是指金税卡、税控 IC 卡（金税卡和 IC 卡是一对一的，不能混用）和 IC 卡读卡器，应用软件主要指 Windows 操作系统和开票系统。

使用防伪税控系统开具增值税专用发票或增值税普通发票的增值税一般纳税人，在领购防伪税控专用设备后，需要凭借相关审批资料（如五证合一的营业执照）和防伪税控专用设备到主管税务机关办理初始发行，然后安装税控系统。主要流程如下。

第一步，申请使用税控开票系统。纳税人向当地主管税务机关申请核定增值税专用发票和普通发票票种，主管税务机关确认后，发放增值税专用发票最高开票限额或普通发票票种核定文书，同时向纳税人发放《增值税税控系统安装使用告知书》。

第二步，自愿参加培训。纳税人选派的开票人员自愿参加服务单位组织的免费培训。

第三步，购买税控专用设备。纳税人凭《增值税税控系统安装使用告知书》向技术服务单位购买税控专用设备并签订技术服务协议，技术服务单位按国家规定的价格发售税控专用设备，提供技术服务。

第四步，发行税控专用设备。纳税人持五证合一的营业执照和购买的税控专用设备到主管税务机关办税服务厅申请发行税控专用设备。税务机关将纳税人信息载入空白的金税盘或控税盘中。

第五步，安装税控开票系统。纳税人向技术服务单位提出安装申请，在提出安装申请前必须确保防伪税控专用设备和通用设备（计算机和打印机）已经配备齐全。技术服务单位接到纳税人的安装申请后为纳税人安装税控开票系统。

9.2.2 系统开票前的启动与初始化

企业通过税务机关和相关服务机构的协助，将防伪税控开票系统安装好后，还需要开启系统并对其进行初始化设置，这样才能执行开票操作。

1. 启动防伪税控开票系统

企业安装好防伪税控开票系统后，并不能马上开具发票，而需要进行第一次发票的购买，购买时要带上IC卡到税务机关进行购买发票授权，然后才能购买发票，通常每次限购一卷。而企业日常购票时，负责人带主开票机IC卡到税务机关购票，税务机关根据情况决定是否向企业售票。

负责人购票回企业后，将税控IC卡插入读卡器中，执行“发票读入”操作，将购买发票的起止号读入开票系统中，企业才能正式实施开具发票的工作。做法是：开启计算机，计入Windows操作系统，将税控IC插入IC卡读卡器中，然后双击“防伪开票”图标，即可进入企业的开票系统，随即完成发票的开具工作。

2. 防伪税控系统的初始化设置

企业在启动防伪税控开票系统后，第一次使用系统时要对其进行初始化设置，主要有如下5个步骤。

①登录系统。初次登录使用“管理员”身份进入系统后，这时口令默认为空，可对管理员登录口令进行修改。需要注意的是，系统发行安装后第一次登录进入系统时，默认有一次金税卡时钟修改的授权，企业可及时查看金税卡时钟是否正确，若不正确，可做相应修改，但需要税

务机关授权才能执行修改工作。

②开始初始化。此步骤将建立防伪税控开票系统使用的全套数据库，清空系统所有的当前库销项发票数据，录入系统管理员姓名，使系统进入“初始设置”状态。另外，当系统发生故障或数据不正确，且无法修复而必须要重新开始时，也需要执行该操作，执行前需要做好数据备份。

③输入企业具体的税务信息。金税卡和企业名称等信息由系统自动填写，是无法进行修改的。这一步骤还需要输入企业经营过程中使用的银行账号信息。

④编码设置及数据导入。编码设置可以在初始化中进行，也可在日常操作中设置，主要包括客户编码设置、增加和删除客户记录以及栏目显示宽度的修改等工作；而数据导入有两种，即编码导入和发票导入，主要针对已使用防伪税控系统的企业从 DOS 版本升级到 Windows 版本的情况，能将 DOS 版本中的客户编码、商品编码、发票类别编码和销项发票硬盘数据等导入当前系统中继续使用。

⑤结束初始化。结束初始设置工作，使系统从“初始设置”状态转为“正常处理”状态。而在做此操作前，应检查初始数据的录入是否完整准确，是否需要备份数据，因为一旦结束初始化，工作人员就不能再进行某些初始设置，比如发票导入。

9.2.3　网上完成抄报税

企业的抄税工作在防伪税控开票系统中完成，而报税及缴纳工作要在网上申报系统中完成。

财务相关人员启动开票软件，在登录界面输入用户密码和证书口令，单击“登录”按钮进入开票软件，如图 9-1 所示。

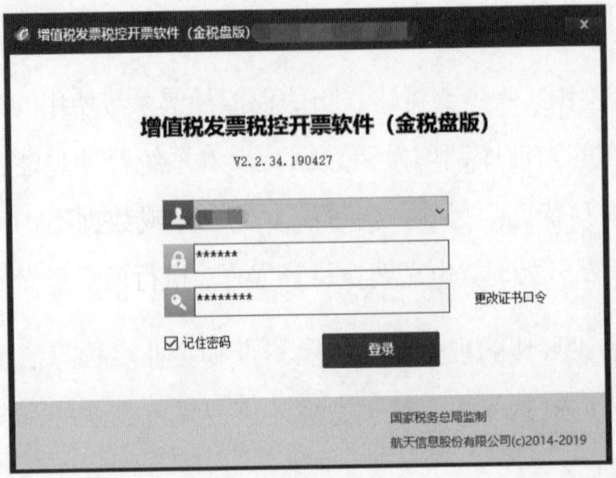

图 9-1

开票用的计算机在连接互联网状态下，征期内进入开票系统后，系统会自动进行“上报汇总”工作。企业可在“报税处理——状态查询”中查看抄税的起始日期和“报税资料”的状态（一般为“有”）。

而每一会计期间结束或每一个季度结束需要申报纳税时，要通过网上申报系统完成。企业可自行下载安装相应的软件，然后进行纳税申报。下面以通过“四川航天金穗软件下载平台”下载安装网上纳税人申报系统为例，讲解具体操作。

进入“四川航天金穗软件下载平台”官网（http://182.140.221.131/），在打开的页面中即可找到企业需要下载安装的税务软件，单击对应的超链接，如图 9-2 所示。

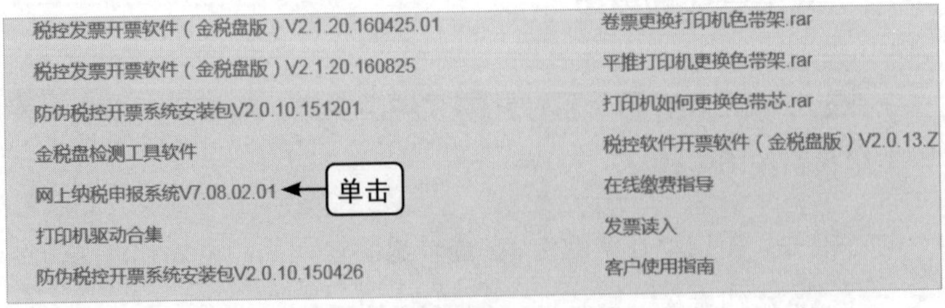

图 9-2

在打开的对话框中设置安装包的存储位置，单击“立即下载”按钮，开始下载安装包。如果安装包是压缩文件，则找到压缩文件所在的位置，右击，选择“解压到当前文件夹”命令，开始解压文件，如图 9–3 所示。

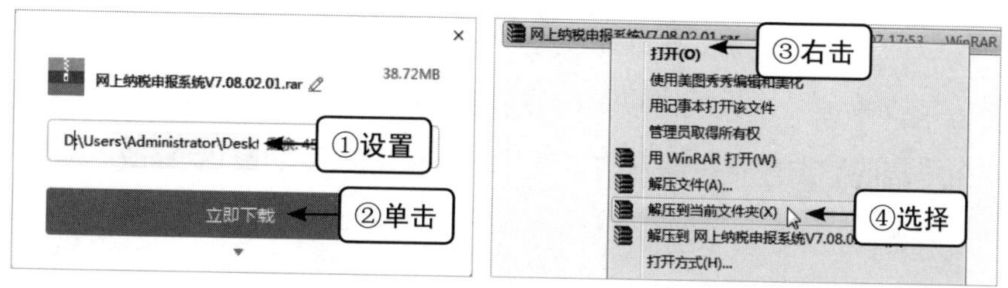

图 9-3

找到解压后的安装程序，双击即可进入安装向导，根据安装向导的操作步骤完成税务软件的安装工作，在电脑桌面上即可查看到税务软件的快捷图标，如图 9–4 所示。

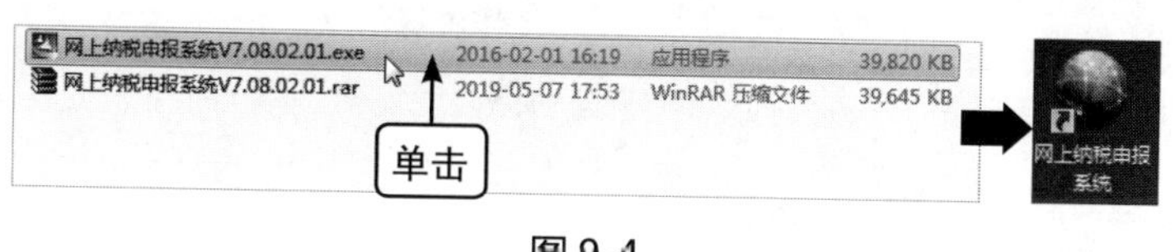

图 9-4

要注意，安装好相关的税务软件后，用户（纳税人）还不能正常使用，还需支付相应的价款购买税务服务，注册账号后才能顺利登录税务软件进行相关的税务工作。

9.2.4　税控系统也需要悉心维护

税控系统的维护主要从以下几个方面进行，包括数据整理、数据备份管理、操作员管理、菜单信息管理和运行日志管理。

（1）数据整理

数据整理包括系统文件检查、数据文件整理和数据库加密等工作。

系统文件的检查主要是检查文件是否完整，只有数据文件都完整才能保证系统正常运行，如果只是缺少索引而丢失数据文件，则可直接利用“数据文件整理”来恢复正常。

数据文件整理主要是在系统运行异常、硬盘空间紧张、数据文件索引丢失或系统经过数据恢复时，使用该功能使系统恢复正常。国税网上申报系统的数据库都是加密的，不允许企业或财会人员任意修改。

（2）数据备份管理

数据备份管理包括备份目录的设置和管理、数据备份、数据恢复、软盘备份、软盘恢复及查询备份数据和恢复业务等工作。具体内容如表9–3所示。

表 9–3　数据备份管理的工作内容

项目	工作内容
备份目录的设置与管理	1. 备份方式分为自动和非自动，自动备份是指当企业满足在系统中设置的备份条件时，系统自动激活备份操作，将数据备份到自动备份目录中。在自动备份设置窗口有几个特定的时间，企业可按自己的要求选取设置条件，一旦条件满足，系统就启动自动备份，将数据备份到某目录中。其中，年结转前的备份是强制的，其他可根据具体情况来设置。非自动备份是指企业根据实际需要，通过“数据备份”菜单进行备份； 2. “备份目录的管理”这一功能可建立多个备份目录，记录备份时间和次数及设置该目录为自动备份目录或非自动备份目录等。由于年结转的强制性，系统每年自动创建一个自动备份目录，并以年份作为该目录名称，供年结转数据使用。若一年内做了多次自动备份（如每月都月结），则都备份到同一目录中，以新数据覆盖旧数据，如果不希望数据被覆盖，则在系统自动备份前必须创建足够多的自动备份目录
数据备份	属于非自动备份。将当前工作目录中的所有数据复制到某个指定的硬盘备份目录中，操作前应在备份目录管理中先设置一个备份目录以供使用，该目录可选择自动备份目录，也可选择非自动备份目录，但如果选择自动备份目录，要注意在以后的自动备份中有可能将本次备份数据覆盖

续表

项目	工作内容
数据恢复	将硬盘备份目录中的所有数据复制到当前工作目录，恢复后进行系统文件的检查和数据文件整理操作。这将在系统数据库被损坏后才使用，在操作前应先做备份数据查询，以确认应该恢复哪一个备份目录中的数据。该操作要谨慎
软盘备份	为了更安全持久地保存数据，将硬盘上某个备份目录中的数据经过压缩备份到软盘上。在备份时可设置口令，同时要记住设置好的口令，否则在有需要时无法进行软盘恢复操作
软盘恢复	将软盘上备份数据解压缩并恢复到硬盘备份目录中，执行此功能后，硬盘备份目录中的原有数据将被软盘上的数据覆盖，因此要选择好适当的备份目录
查询恢复	这是两个对立的操作，使系统在当前工作目录和硬盘备份目录之间转换，转换时将重新登录。系统在当前工作目录时处于“正常处理”状态，在备份目录时处于“备份查询”状态，这种状态下只能进行查询和打印

（3）操作员管理、菜单信息管理和运行日志管理

操作员管理的操作用于对操作身份和管理员、操作员的名称及口令等进行管理，由管理员操作，可以增删操作员。在系统中选择了某操作身份后，就会在系统界面中显示出具有该身份的所有操作员或管理员，这时，在编辑状态下可对某操作员进行增删和更改名称口令等操作。

菜单信息管理就是对系统中的各菜单项进行管理；运行日志管理的工作就是查看系统运行的情况。

9.3

操作税控系统遇到问题怎么解决

企业财会人员在操作税控系统时，遇到问题在所难免，但为了提高工作效率，我们应该知道在遇到相应的问题时该如何解决，要掌握操作税控系统出现问题的解决办法。本节将着重讲解操作税控系统时经常遇到的一些问题，以及解决这些问题的措施和方法。

9.3.1 解决系统无法登录或使用的办法

税控系统若无法登录，就无法使用，安装成功也是白费工夫。经常有企业的财会人员在登录开票系统时出现错误提示，如金税卡开启失败或 IC 卡确认错误等，导致无法登录，而出现这些情况的原因如下。

◆ 操作员在登录开票系统时没有插入企业 IC 卡。

◆ 插入的 IC 卡与金税卡不匹配。

◆ 主机内没有插入企业开票金税卡。

针对这些原因，企业可采取的解决措施有：检查是否插入企业 IC 卡，若没有，则插入 IC 卡后再登录；如果插入 IC 卡后还是无法登录，则需要检查插入的 IC 卡与金税卡是否匹配，若不匹配，需要到税务机关换发 IC 卡，保证两卡匹配后再登录；若还是无法登录，则需要检查主机内是否插入了企业的开票金税卡，若没有，则需要插入金税卡后再进行登录。

通常来说，在进行这 3 方面的检查后就应该能够顺利登录系统。

有的企业财会人员在初次使用税控系统时，虽然进行了“初始化”操作，但初始化后却发现发票管理和报税处理业务模块无法使用。这可能是因为在执行“初始化”后没有执行“结束初始化”操作，导致系统无法进入正确业务处理状态。此时只要进行“结束初始化”操作，即可进行发票管理和报税等正常业务处理。

有的财会人员在进入客户编码和商品编码设置时，发现无法进行添加、修改或删除等操作，原因很可能是用户在进入编码设置窗口后没有单击“编辑”按钮，没有使窗口处于可编辑状态。解决办法是，单击“编辑”按钮，即可进行相关的编辑操作。

有的财会人员在初次使用开票系统时已经正确进行了注册、登录和初始化设置等操作，并已经领购了发票，但填开发票时却提示“金税卡没有可用发票”。出现这样的提示就表明金税卡中已经没有可用的发票了，企业在领购发票后必须先将 IC 卡中的发票号读入到金税卡后才能开票。

有的财会人员在从 IC 卡读入新购发票时操作失败，造成这种结果的原因有多种，具体解决办法介绍如下。

- 未插入企业 IC 卡或插入的不是本机 IC 卡。解决办法是，检查是否插入了企业的 IC 卡，若没有，则插入 IC 卡后重试；若插入了，则检查插入的是否是本机 IC 卡，若不是，则更换后重试。
- IC 卡中没有领购或分配的发票，或是发票流水号已经读走。解决办法是，确认企业是否已经领购了发票，若没有，则到税务机关领购并录入系统；若领购了，则检查发票的流水号，看录入的发票是否已经用完，如果已经用完，则重新领购并录入。
- 金税卡已到锁死期，不能读入发票。检查主机内的金税卡是否已到期，若已经到期，则需要对金税卡进行解锁，然后才能使用。

有的企业财会人员在将原来的DOS版开票系统更新为Windows版本后，想将原来的发票数据导入现在的开票系统中，填开发票前执行“发票”导入却无法实现。原因很可能是财会人员在结束初始化后再执行的“发票导入”操作。因为“发票导入”操作只能在系统开始初始化但尚未结束初始化的状态下执行，一旦初始化结束后，“发票导入”功能就不能使用了。解决该问题的办法就是要牢记在Windows系统结束初始化之前执行“发票导入”操作。

9.3.2 抄税时遇到问题该怎么办

有的企业在每月抄税起始日进行发票填开时，系统会提示“金税卡已到抄税期，请您及时抄税”。这是因为，我国为了严格控制企业按时抄税报税，税控系统会在每月抄税起始日未抄税前将发票的填开功能禁用，若每月抄税起始日到来时企业还未进行抄税就要开票，则系统就会弹出上述提示，表示发票填开功能已被禁用。此时，只要企业财会人员执行抄税处理操作并及时抄税，则系统就会恢复正常，发票填开功能可用。

如果企业在每月抄税起始日及时进行抄税处理并继续开票，但10天的报税期限过后，发票填开和读入新发票等业务操作无法进行，会是什么原因呢？企业每月及时抄税后，应在规定的报税期限内到税务机关报税，如果企业抄税后逾期未报税，则开票系统进入锁死期，金税卡被锁死，发票填开、读入和退回等操作自然就无法进行。此时，企业必须持抄税后的IC卡到税务机关报税成功，重新进入开票系统即可恢复正常。

9.3.3 进入系统后各种错误提示的解决办法

企业财会人员在进入系统后，很可能遇到各种“错误”提示，不同的提示表示着税控系统存在不同的问题，需要有不同的措施来解决。

①进入开票系统时，如果系统提示“写 FLASH 错！”或“29：累加和错！”，则表示计算机内的金税卡已经损坏，需要企业更换金税卡。

②进入开票系统时，如果系统提示“日历时钟错”，则表示计算机内的金税卡时钟已经停止，需要企业更换金税卡。

③进入开票系统时，如果系统提示“加密算法错”，则表示计算机内的金税卡加密失效，需要企业更换金税卡。

职场小贴士

除上述所列的一些税控系统操作问题外，使用者还可能遇到另外一些问题，比如想要将金税卡内剩余的发票退回到 IC 卡中但操作失败，原因有很多种。一是金税卡中已没有发票；二是未在读卡器中插入本机 IC 卡；三是 IC 卡中还有尚未退走的发票信息；四是金税卡已被锁死，不能进行“退回”操作。解决办法：先检查金税卡中还有没有发票，若没有，则重新录入，若有，则检查读卡器中是否插入本机 IC 卡；若没有插入，则插入后重试，若已经插入 IC 卡，则检查 IC 卡中是否有还没有退走的发票；如果有，则将发票信息退走，若没有尚未退走的发票信息，则检查金税卡是否已经被锁死；如果金税卡被锁死，则需要将其解锁，然后系统才能恢复正常。

9.3.4　发票认证扫描过程中出现问题如何做

发票在认证扫描过程中，主要可能出现以下 3 种问题，每种问题有其对应的解决办法。

◆ 扫描仪一次过两张发票或更多，造成发票漏认现象

原因和解决办法：由于每天扫描发票量较大，ADF 垫片组件（俗称“易损件”）上留有较多的灰尘和纸沫或易损件已严重磨损，致使扫描发票时打滑，从而导致一次过数张发票的现象。清除污垢或更换易损件后问题即可解决。

◆ 扫出的发票图像模糊不清，系统无法进行正常的识别认证操作

原因和解决办法：通常是由于扫描仪参数设置不正确造成。在认证系统中，进入扫描仪参数设置窗口，将图像尺寸单位设为“公分”，图像高为“14”，图像宽为“24”即可。

◆ 不能正常扫描，参数与原正常设置不一致，且无法修改还原

注意，这里“不能正常扫描”是指不能正常扫描发票，“参数与原正常设置不一致，且无法修改还原”是指“扫描仪参数设置”中的参数与原正常设置不符，且无法修改还原。

原因和解决办法：此问题是扫描仪驱动程序内部出现问题，重新安装扫描仪驱动程序，再在认证系统中将扫描仪参数恢复正常设置即可。

第10章

结账不是会计工作的完结

很多想要从事企业财会工作的人都以为“结账”是会计工作的最后一个环节，但实际工作中却不是这样。结账工作并不是会计工作的完结，在结账工作之后，还有报表编制和报表分析等工作。但是，结账工作却是企业会计工作中最重要和最不能掉以轻心的环节，因为结账工作一旦开始实施，很多账务处理将不能再做修改。

10.1

账务处理完毕后结账

结账是企业在把一定时期内发生的全部经济业务登记入账的基础上，计算并记录当期发生额和期末余额后，将余额结转到下期或新的账簿的一种会计行为。结账是为了总结某一会计期间内经济活动的财务收支状况，据以编制财务会计报表。直观地说，结账就是结算各种账簿记录。财会人员应按照规定，对现金、银行存款日记账等按日结账，而对其他账户按月、季或年结账。

10.1.1 企业结账有月结、季结和年结

企业结账主要有月结、季结和年结这3种形式，在同一会计年度内，同时包含这3种结账方式，具体介绍如下。

（1）月结

企业月结账是指财会人员每月进行月度结账。如果月结附带期限，比如月结5天付款、月结10天付款、月结30天付款和月结60天付款等，是指不考虑每月的天数，以每月财务结账形成往来账款数为基准，并以结账日次日为起算日，最长延期多少天付款。月结5天即指以财务月度结账形成往来账款数为基准，5天内付清往来款项。

手工结账时，做法如下：在当月最后一笔经济业务下面划一条通栏单红线，在红线下的“摘要”栏内注明“本月合计”“本月发生额及余额”

等字样，在“借方”“贷方”或“余额”栏中分别填入当月合计数和月末余额，同时在“借或贷”栏内注明借贷方向，然后在这一行下面再划一条通栏红线，以便与下月发生额划清。

表面上看，月结方便了财务对账和记账，但实际上给需求方占用供应方的资金或货品提供了借口。在实际操作中，需求方可用月结的方式占用供应商的资金高达 30 天、60 天甚至更长时间。在目前的经济环境下，不仅为更多跑路者提供了足够的路费，还给经济发展带来无穷隐患。

（2）季结

顾名思义，季结是指企业财会人员每一个季度对账务进行一次结账工作。与月结相比，季结使用的频率不高，且很多企业为了简化财务管理工作，并没有进行季度结账。

手工结账时，做法如下：在每个季度的最后一个月的月结的下一行的“摘要”栏内注明“本季合计”或“本季度发生额及余额”字样，同时结转出借、贷方发生总额及季末余额，然后在这一行下面划一条通栏单红线，表示季结结束。

（3）年结

年结即每年年末结一次账，其中，总账、日记账和明细账等一般要在年结时更换新账簿，但有的明细账，如固定资产明细账等可连续使用，不必每年更换。

年终时，财会人员要把各账户的余额结转到下一会计年度，只要在“摘要”栏内注明“结转下年”字样，结转金额不再抄写，如果账页的“结转下年”行以下还有空行，则应自余额栏右上角至“日期”栏的左下角用红笔对对角线注销，在下一会计年度新建有关会计账簿的第一行“余额”栏内写上上年结转的金额，并在“摘要”栏内注明“上年结转”字样。

10.1.2 掌握主要的结账方法

作为企业的财会人员，要清楚知道哪些账目需要结账，哪些账目不需要结账，相应账目如何结账，以及部分特殊账目要怎样结账等。将这些内容归纳总结为结账的方法，主要有如下一些。

①对不需要按月结计入当期发生额的账户（各项应收应付明细账和各项财产物资明细账等），每次记账后都要随时结出余额，每月最后一笔余额就是当月月末余额，即月末余额就是当月最后一笔经济业务记录的同一行内余额。月末结账时，只需在最后一笔经济业务下划通栏单红线，不需要再次结计余额。

②库存现金、银行存款日记账和需要按月结计发生额的收入、费用等明细账，每月结账时需在最后一笔经济业务下划通栏单红线，结出当月发生额和月末余额在红线下方，并在“摘要”栏内注明“本月合计”字样，再在下面划通栏单红线。图 10-1 所示为现金日记账的结账。

现金日记账

2019年		凭证		对方科目	摘要	借方									贷方									余额									核对
月	日	种类	号数			百	十	万	千	百	十	元	角	分	百	十	万	千	百	十	元	角	分	百	十	万	千	百	十	元	角	分	
					承前页																					4	5	7	0	6	5	0	
6	6	记	8	银行存款	提取现金			5	0	0	0	0	0	0												9	5	7	0	6	5	0	
6	10	记	15	备用金	付张三借备用金													3	0	0	0	0	0			9	2	7	0	6	5	0	
6	18	记	24	差旅费	付李四报差旅费														7	9	7	0	0			9	1	9	0	9	5	0	
6					本月合计			5	0	0	0	0	0	0				3	7	9	7	0	0			9	1	9	0	9	5	0	
6																																	

图 10-1

③对于需要结计当年累计发生额的明细账户，结账时应在“本月合计”行下结出自年初起至当月末止的累计发生额，登记在月份发生额的下面一行，同时在“摘要”栏内注明“本年累计”字样，在其下方划通栏单红线。需要注意的是，每年 12 月末的“本年累计”就是全年累计发生额，全年累计发生额下面将划通栏双红线。图 10-2 所示为年结账做法。

现 金 日 记 账

2018年		凭证		对方科目	摘要	借方									贷方									余额									核对
月	日	种类	号数			百	十	万	千	百	十	元	角	分	百	十	万	千	百	十	元	角	分	百	十	万	千	百	十	元	角	分	
					承前页																					4	5	7	0	6	5	0	
12	6	记	8	银行存款	提取现金			5	0	0	0	0	0	0												9	5	7	0	6	5	0	
12	10	记	15	备用金	付张三借备用金													3	0	0	0	0	0			9	2	7	0	6	5	0	
12	18	记	24	差旅费	付李四报差旅费														7	9	7	0	0			9	1	9	0	9	5	0	
12					本月合计			5	0	0	0	0	0	0				3	7	9	7	0	0			9	1	9	0	9	5	0	
12					本季合计			5	0	0	0	0	0	0				3	7	9	7	0	0			9	1	9	0	9	5	0	
					本年合计			5	0	0	0	0	0	0				3	7	9	7	0	0			9	1	9	0	9	5	0	

图 10-2

④总账账户平时只需结出月末余额。年终结账时，为了总结和反映全年各项资金运动情况的全貌，核对项目，要将所有总账账户结出全年发生额和年末余额，并在“摘要”栏内注明“本年合计”字样，在合计数下划通栏双红线。

⑤年度终了结账时，有余额的账户，要将其余额结转到下一会计年度，并在“摘要”栏内注明“结转下年”字样；在下一会计年度新建有关会计账簿的第一行“余额”栏内填写上年结转的余额，并在“摘要”栏内注明“上年结转”字样。结转下年时，既不需要编制记账凭证，也不必将余额再计入当年账户的借方或贷方而使当年有余额的账户的余额变为0，而是使有余额的账户的余额如实反映在账户中，如图 10-3 所示。

现 金 日 记 账

2018年		凭证		对方科目	摘要	借方									贷方									余额									核对
月	日	种类	号数			百	十	万	千	百	十	元	角	分	百	十	万	千	百	十	元	角	分	百	十	万	千	百	十	元	角	分	
					承前页																					4	5	7	0	6	5	0	
12	6	记	8	银行存款	提取现金			5	0	0	0	0	0	0												9	5	7	0	6	5	0	
12	10	记	15	备用金	付张三借备用金													3	0	0	0	0	0			9	2	7	0	6	5	0	
12	18	记	24	差旅费	付李四报差旅费														7	9	7	0	0			9	1	9	0	9	5	0	
12					本月合计			5	0	0	0	0	0	0				3	7	9	7	0	0			9	1	9	0	9	5	0	
12					本季合计			5	0	0	0	0	0	0				3	7	9	7	0	0			9	1	9	0	9	5	0	
					本年合计			5	0	0	0	0	0	0				3	7	9	7	0	0			9	1	9	0	9	5	0	
					结转下年																												

图 10-3

10.1.3 会计人员结账时要注意的问题

会计人员结账时，有很多工作需要做，其中有一些问题应引起财会人员的注意，具体如表 10-1 所示。

表 10-1 财会人员结账时应注意的问题

内容	注意要点
库存现金	如果库存现金的账面余额过大，则应及时调整
银行存款	审查出纳编制的银行存款余额调节表是否正确，未达账项是否真实且合理
应收票据	将余额与没有兑现的应收票据进行核对，检查是否有已经贴现或背书转让的票据没有及时进行账务处理
应收账款	是否有记串户的情况发生，结合预收账款科目检查是否存在多重设置
存货	大额入库的原材料和低值易耗品是否取得合法的入账凭证，数量是否准确等。检查入库单据，尤其是有编号的单据，看是否与入账相符，是否存在缺失情况
固定资产	检查固定资产入账价值是否按照税法要求执行，已提足折旧且报废的规定资产应及时进行清理
短期借款	检查短期借款余额是否与银行借款合同一致，检查利息计算是否正确，按合同规定的期末应付未付款是否正确预提
应付票据	检查是否有已经承兑的票据没有及时进行账务处理
应付账款	重点检查 4 种账户（长期挂账的账户、有借方余额的账户、业务频繁而期末余额小的账户以及很少活动或不活动的账户），确认应付款余额是否正确
应付工资	检查工资费用的分配和会计处理方法是否合规、合理
预提费用	检查大额预提费用提取凭证及相关文件资料，确定预提金额是否准确和会计处理是否正确，所有预提费用项目是否确属当期存在
主营业务成本	比较各月主要产品成本波动情况和年度销售成本波动情况，分析有无异常现象和波动原因等
管理费用	与往年及各月管理费用比较分析，异常波动或重大差异要查明原因

续表

内容	注意要点
税金及附加	结合应交税费科目中的“未交增值税”和“应交消费税”等确认计税基础，验算全年产品销售税金及附加计提和缴纳情况是否恰当
财务费用	与往年及各月财务费用比较分析，异常波动或重大差异要查明原因
营业外支出	检查罚没支出和捐赠支出等内容
所得税	检查企业应调整所得税的项目有没有进行调整
填制增值税纳税申报表	在填写完每年 12 月的增值税纳税申报表后，要注意将增值税纳税申报表中的数据与“应交税费——应交增值税”明细账、“应交税费——未交增值税”明细账和“主营业务收入”明细账进行核对
填制企业所得税纳税申报表	在填写该报表及其各项附表时，按税务机关汇算清缴文件的要求填写，在填写完毕正式申报前，应将所得税申报表主表与损益类科目进行核对检查
地税申报表	检查合同是否全部缴纳印花税，检查员工的各项报销费用明细、补贴和补助等是否符合免征个人所得税条件，检查房产税和土地使用税是否按照规定按期缴纳

在会计电算化下，会计人员进行结账时需要注意如下操作方面的问题。

- 各科目的摊、提和结转工作必须在结账以前完成。
- 当月输入的记账凭证必须全部记账，若有未记账的当月凭证，财务软件系统将不能结账。另外，一旦完成结账，会计人员就不能再输入当月凭证。
- 上月如果未结账，则当月无法结账。
- 结账后产生的账簿和报表才是完整的，结账前产生的账簿和报表不一定能反映当月的全部业务。
- 每月只能结账一次，所以结账前应做好数据备份，如果结账不正确，还可以恢复重做。
- 有些通用账务系统初始设置中需要设定每月的结账日期，使用软件时必须在规定的日期进行结账，否则系统将不予结账。

◆ 账簿中使用的红字具有特定含义，它表示蓝字金额的减少或负数余额。因此，结账时如果出现负数余额，可用红字在余额栏登记；但如果余额栏前印有余额的方向（如借、贷），则应用蓝黑墨水书写，而不能使用红色墨水填制。

10.1.4 手工结账的主要工作内容

企业财会人员进行手工结账的主要工作内容是对各项账目进行期末结转工作，如原材料、制造费用、完工产品成本、收入和损益等的结转，最终进行本年利润的结转工作。

结转原材料。制造加工型工业企业需要对原材料进行结转，但商贸企业一般不需要。

结转制造费用。制造加工型工业企业会涉及制造费用的结转，一般辅助材料都需要结转到制造费用中，而制造费用最后还要结转到“生产成本”里。

结转完工产品成本。制造加工型工业企业与商贸企业在结转完工产品成本时是不同的，制造加工型工业企业将生产成本结转到“库存商品”中，而商贸企业则将产品成本结转到“主营业务成本”中。

结转收入。财会人员将“主营业务收入”“其他业务收入”和“营业外收入”等结转到“本年利润”中去。

结转损益。将各种费用及附加费等结转到“本年利润”中去，包括管理费用、销售费用、财务费用和税金及附加等。

分配利润。核算“本年利润”科目的借贷方，结出该科目的余额，然后对余额进行利润分配，主要分配到“盈余公积”和“利润分配”科目中。

10.2

对资产、负债类科目进行结账处理

企业结账的准备工作包括各类科目的汇总清查，资产、负债类科目是众多类型中占比较大的两类，其结账的处理很重要。比如，财会人员在结账前，要对没有用的固定资产进行账面清理或更改变动；对于资产和负债各科目当期的发生额要进行汇总；以及对各科目的期初、期末余额进行对比核算等。

10.2.1　固定资产批量清理与变动

在企业经营过程中，有些以前购买的机器设备已经折旧完毕或已经不能再用，则会计人员需要从账面上将其清理。同一种机器设备用在相同的工作中，其使用寿命相差不大，在需要清理时可进行批量操作，具体步骤如下。

首先登录财务软件系统，在主界面中单击“固定资产”选项卡，在右侧单击“固定资产增加”按钮，如图 10-4 所示。

图 10-4

在打开的“固定资产管理”界面中将“固定资产卡片及变动－新增”对话框关闭，单击“过滤”按钮，在打开的“过滤”对话框中不进行任何设置，直接单击“确定”按钮，然后在界面主体部分就会显示企业登记入账的所有固定资产，如图 10–5 所示。

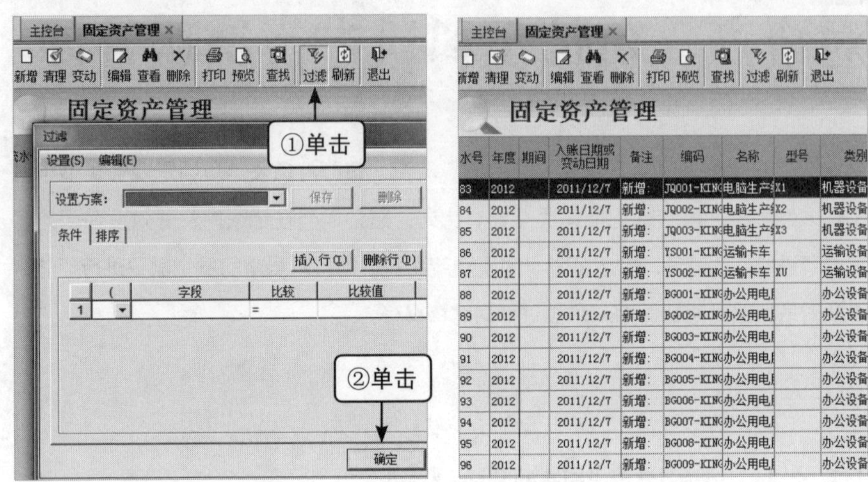

图 10-5

按住【Shift】键（连续选择）或【Ctrl】键（可跳跃式选择）不放，选择需要清理的固定资产，然后右击，在弹出的快捷菜单中选择“批量清理”命令，如图 10–6 所示。

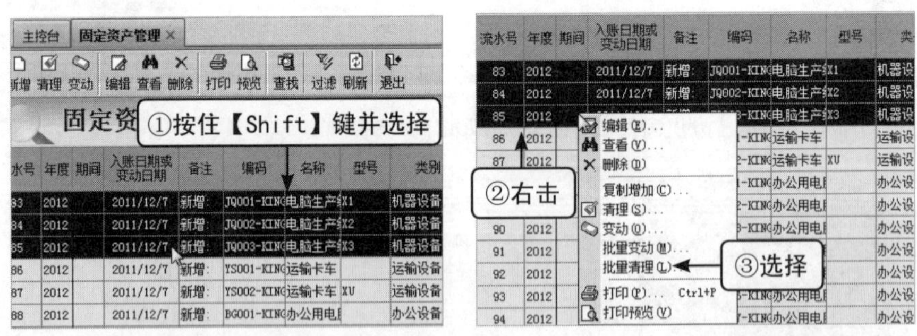

图 10-6

在打开的“批量清理”对话框中设置清理日期，然后单击“变动方式”

文本框右侧的按钮，在打开的“变动方式类别”对话框中选择固定资产减少的原因，这里选择“报废”选项，单击“确定”按钮，返回“批量清理”对话框后，单击“确定”按钮即完成批量清理操作，如图 10-7 所示。

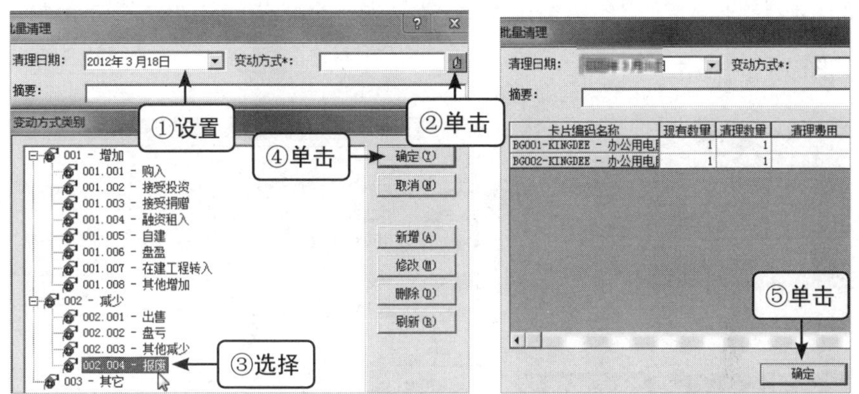

图 10-7

固定资产经过清理后，其记录还是会显示在固定资产管理列表中，此时再选择已经被清理的固定资产选项右击，在弹出的快捷菜单中选择“批量清理”命令，打开“错误”对话框，提示当前选择的固定资产已经被清理，无法再进行批量清理操作。如果选择“批量变动”命令，系统也会提示固定资产已被清理，不能再进行变动操作，此时单击“确定”按钮关闭“错误”对话框，如图 10-8 所示。

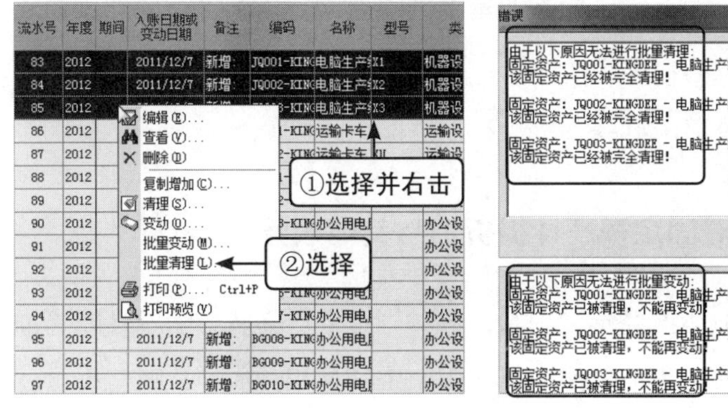

图 10-8

固定资产的变动就是对固定资产的信息进行修改编辑，财会人员在“固定资产管理”界面中选择要修改信息的固定资产选项，单击“变动”按钮，在打开的“固定资产卡片及变动－新增”对话框中修改固定资产的相应信息，修改完毕后单击“确定”按钮，即可完成固定资产变动操作，如图 10-9 所示。

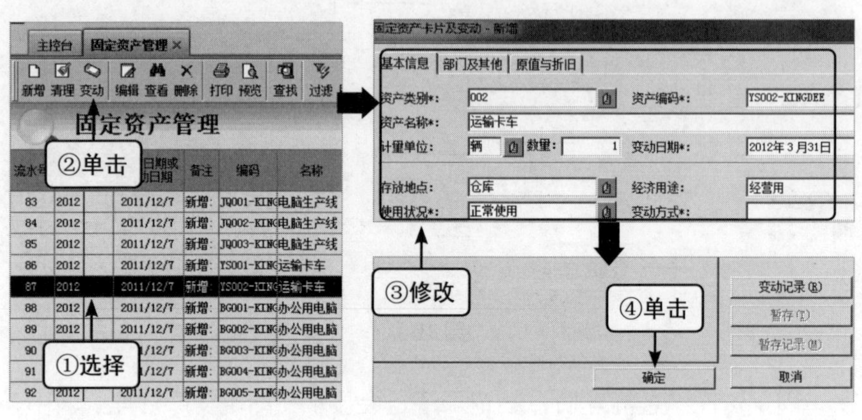

图 10-9

无论是新增固定资产还是清理固定资产，在进行这些操作的同时要编制相应的记账凭证。当企业新增固定资产时，除了要在“固定资产管理”界面录入固定资产的信息，还要在“账务处理”界面编制相应的记账凭证，借记“固定资产——××”科目，贷记“银行存款”科目；当企业清理固定资产时，除了要按照本节内容对固定资产进行清理操作外，还需要编制相应的记账凭证，借记“固定资产清理”和“累计折旧”等科目，贷记“固定资产”科目。

10.2.2 对固定资产计提折旧与其他账务

由于企业生产经营过程中，各种固定资产必然会随着时间的推移而渐渐磨损，直至不能再用。而在固定资产使用过程中，财会人员就要对固定资产的价值进行分期折旧。换句话说，就是要把固定资产的成本摊销到使用期间内的各个月份或年度。在财务软件系统中，只要预先设置好相关固定资产的折旧方式和折旧年限等数据，财会人员即可按照简单的步骤对固定资产计提折旧。

首先，在主界面中单击“固定资产”选项卡，单击“计提折旧”按钮，在打开的“计提折旧”对话框中单击“下一步”按钮，系统默认凭证摘要为“结转折旧费用”，此时单击“凭证字”下拉列表框右侧的下拉按钮，选择“转”选项，单击“下一步”按钮，然后单击“计提折旧”按钮，如图 10-10 所示。

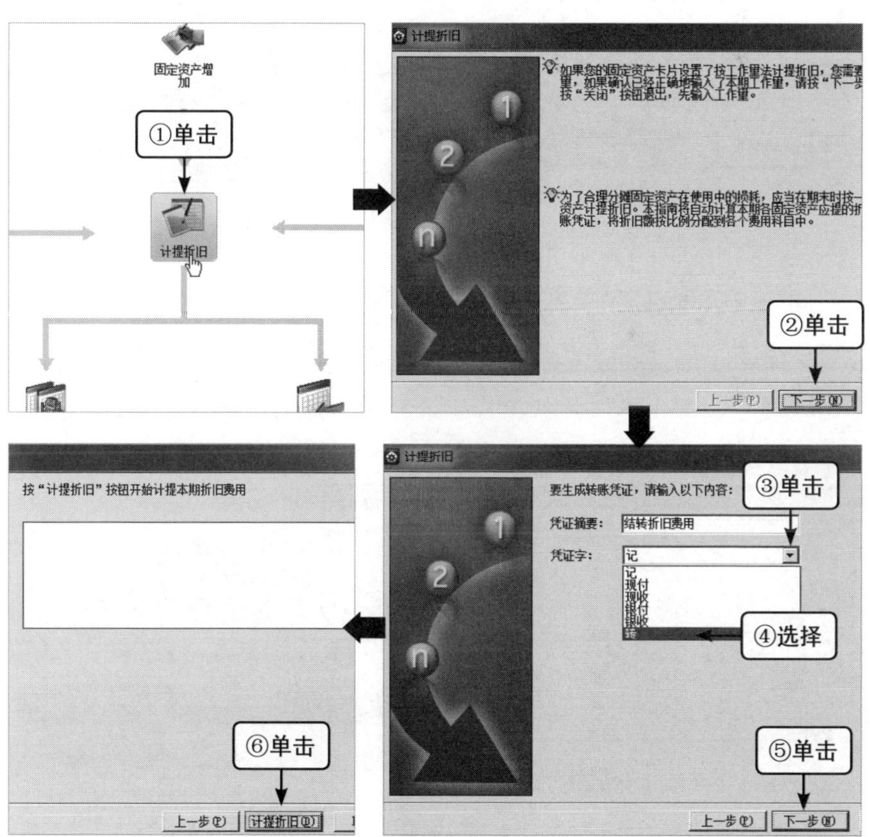

图 10-10

这样，系统将自动对固定资产计提折旧，不再需要财会人员动手计算当年固定资产计提折旧的金额和其他数据。另外，系统在计提折旧的过程中会自动生成相应的凭证。

除了对固定资产进行清理、变动和计提折旧外，财会人员还可通过财务软件对固定资产进行其他操作，比如工作量管理、固定资产生成凭证以及固定资产和总账对账等。在“固定资产”界面中单击“工作量管理”按钮，在打开的“工作量管理”界面可对固定资产的相关工作量进行调整，比如这里可对奥迪车的行驶公里数进行调整，如图 10-11 所示。

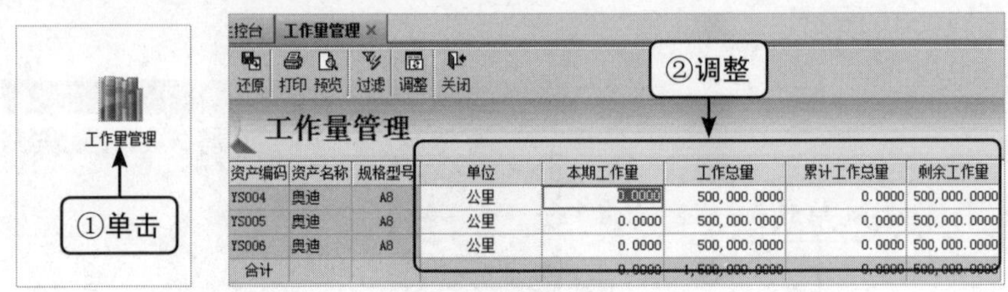

图 10-11

同样，在“固定资产”界面中单击“固定资产生成凭证”按钮，打开“固定资产生成凭证”界面的同时会打开“过滤界面”对话框，设置相关数据，单击“确定”按钮，即可生成固定资产的序时账簿，如图 10-12 所示。

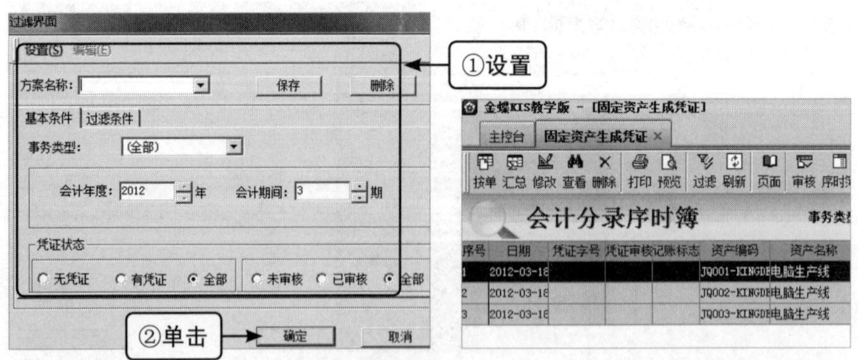

图 10-12

如果单击“固定资产与总账对账”按钮，则打开“固定资产与总账对账”界面和“对账方案”对话框，在对话框中可对“科目方案名称”和“会计期间”等进行设置，然后单击“确定”按钮，此时可查看固定资产与总账的对账情况，如图 10-13 所示。

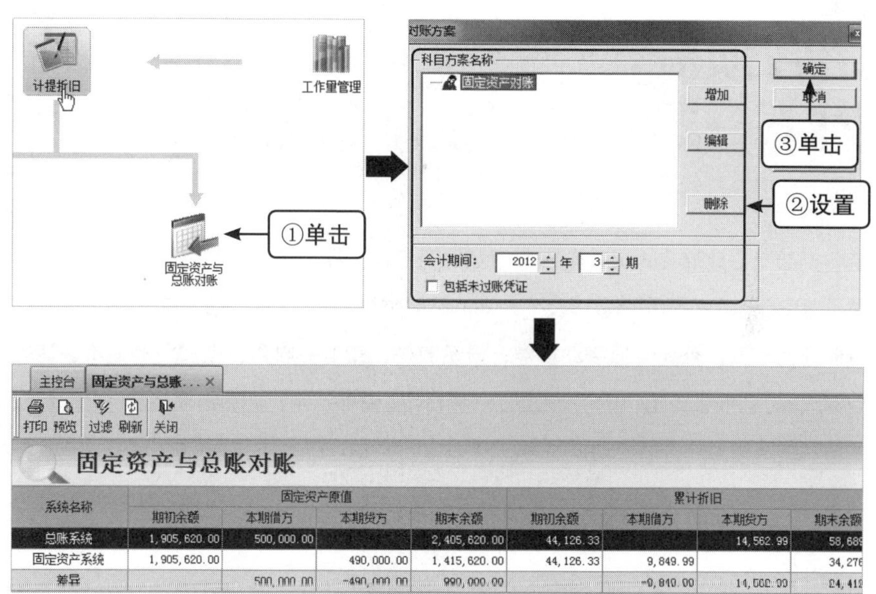

图 10-13

职场小贴士

企业在建立账套时，如果将资产、负债、所有者权益、成本和费用等设置为单独进行结账工作，则企业财会人员在统一进行财务期末结账工作之前，要分别对几大类科目实施单独的结账工作；但如果企业在最初建账时没有将几大类科目设置为单独结账，则财会人员只需在完成所有经济业务登记入账后进行统一的财务期末结账工作。通常情况下，无论企业在建账时如何设置结账工作的流程，对于企业固定资产的相关处理工作都不能少，否则会影响企业最终的财务核算结果。

10.3

结转损益，为下一期做账提供基础数据

结转损益是企业财会人员在期末进行结账工作时一项重要的工作内容，损益的结转关系着企业当期的盈利情况以及下一期的做账基础。企业损益主要指主营业务收入、其他业务收入、公允价值变动损益、投资收益、营业外收入、主营业务成本、其他业务成本、营业外支出、税金及附加、销售费用、财务费用、管理费用、资产减值损失、所得税费用和公允价值变动损益等。

10.3.1　结转收入、利得、费用和损失

企业财会人员结转收入、利得、费用和损失，实际上就是核算企业经营利润的过程，主要涉及营业利润、利润总额和净利润这 3 项利润。需要财会人员了解的计算公式有如下 3 个：

营业利润 = 营业收入－营业成本－营业税金及附加－销售费用－管理费用－财务费用－资产减值损失 ± 公允价值变动损益 ± 投资损益

利润总额 = 营业利润+营业外收入－营业外支出

净利润 = 利润总额 － 所得税费用

当财会人员利用财务软件自动结转收入、利得、费用和各种损失时，

系统会根据上述 3 个公式自动核算出营业利润、利润总额和净利润，为后续生成利润表提供相应的数据。

虽然不需要财会人员手动填制这些转账凭证，但也需要清楚这些结转工作涉及的会计分录，如表 10-2 所示。

表 10-2　收入、利得、费用和损失等结转分录

账务	会计分录	说明
结转捐赠所得和罚款所得	借：银行存款等 　　贷：营业外收入	企业接受外部捐赠或收到外部单位支付的罚款时，按货币形式登记借方
结转捐赠支出和罚没损失	借：营业外支出 　　贷：银行存款等	企业对外捐赠支出或向外单位支付罚没款时，按货币形式登记贷方
结转主营业务收入、其他业务收入和营业外收入	借：主营业务收入 　　其他业务收入 　　营业外收入 　　贷：本年利润	接受捐赠所得和罚款所得等会事先计入“营业外收入”科目进行核算
结转主营业务成本、其他业务成本、营业外支出、财务费用、管理费用和销售费用等	借：本年利润 　　贷：主营业务成本 　　　　其他业务成本 　　　　营业外支出 　　　　财务费用 　　　　管理费用 　　　　销售费用	对外捐赠、罚没款损失和被盗财物等会事先计入“营业外支出”或“管理费用”等科目进行核算，这里就不需要进行单独结转

结转分录中的主营业务收入、其他业务收入、主营业务成本、其他业务成本、财务费用、管理费用和销售费用等科目的数额，是一个会计期间内所有发生额的总和，系统主要通过科目余额表来获取这些科目的发生额总数和期末余额数，进而生成表 10-2 所示会计分录的转账凭证。

在财务软件中，财会人员可进行相应操作，使得系统对这些收入、利得、费用和损失等进行自动转账。而在进行自动转账前，财会人员需要对之前填制的记账凭证进行过账操作。

在“账务处理”界面中单击“凭证过账”按钮，在打开的“凭证过账”对话框中选中相应选项前的单选按钮，然后单击“开始过账”按钮，如图 10–14 所示。

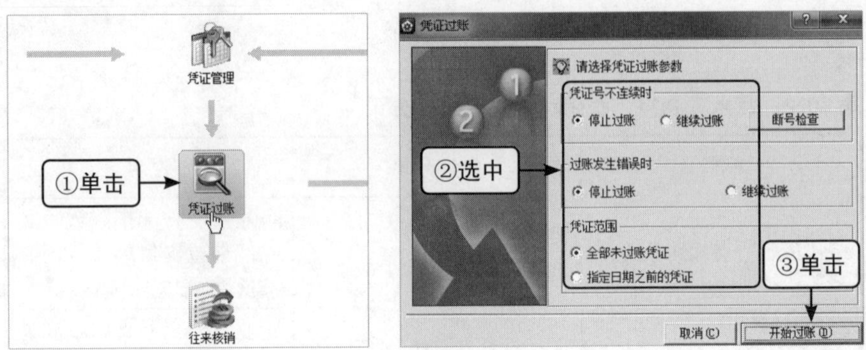

图 10-14

系统自动过账后，原来填制的记账凭证下方会显示出过账（或记账）人员的名字，如图 10–15 所示。

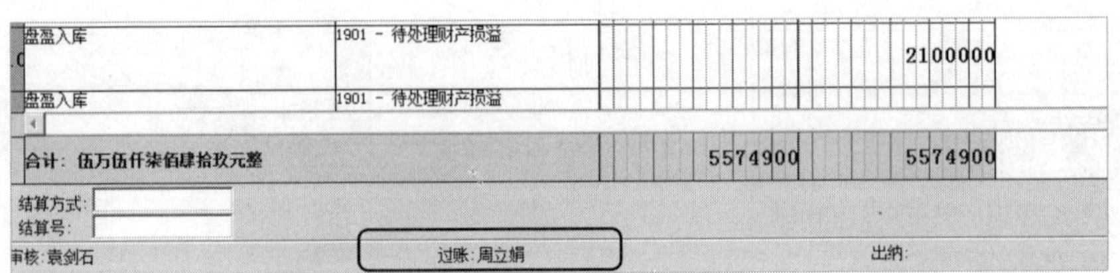

图 10-15

过账完毕后，返回“账务处理”界面中，单击“自动转账”按钮，在打开的“自动转账凭证”对话框中单击“新增”按钮，如图 10–16 所示。

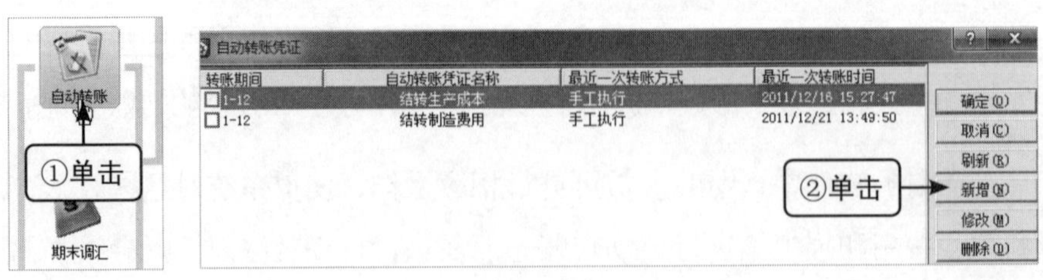

图 10-16

打开“自动转账凭证－新增”对话框，在的“名称”文本框中输入要进行自动转账的凭证名称，这里输入“计提管理费用”，单击“转账期间”文本框右侧的按钮，在新打开的“自动转账凭证”对话框中选择转账期间，这里选中“3”复选框，单击“确定”按钮关闭此对话框，如图 10-17 所示。

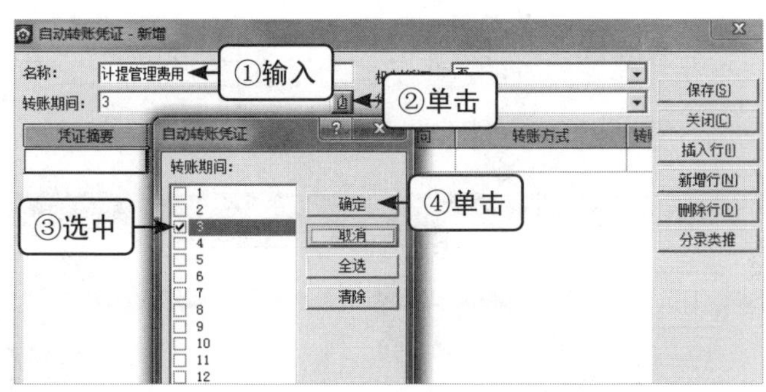

图 10-17

返回“自动转账凭证－新增”对话框后，单击“凭证字”文本框右侧的按钮，在弹出的下拉列表中选择“转”选项（将凭证字设置为“转”），在“凭证摘要”栏中输入“计提管理费用”，设置科目、币别、方向、转账方式和公式定义等内容，如图 10-18 所示。

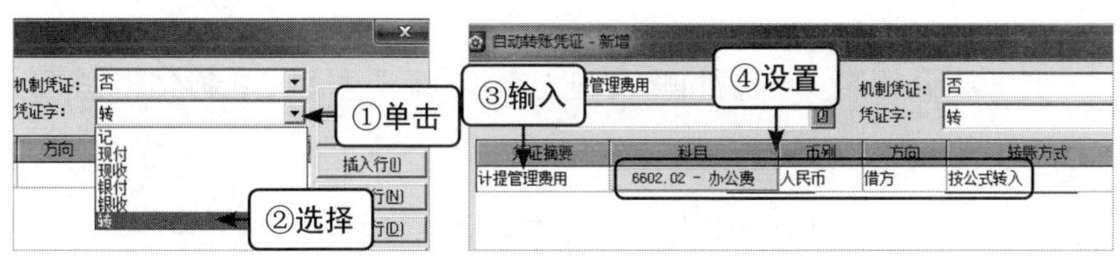

图 10-18

以同样的操作添加其他行数据，添加完毕后，在最后一行的“科目”栏中填入“本年利润”科目，设置其币别、方向和转账方式等内容，然后单击“保存”按钮，返回“自动转账凭证”对话框即可查看到新添加的“计提管埋费用”自动转账凭证，如图 10-19 所示。

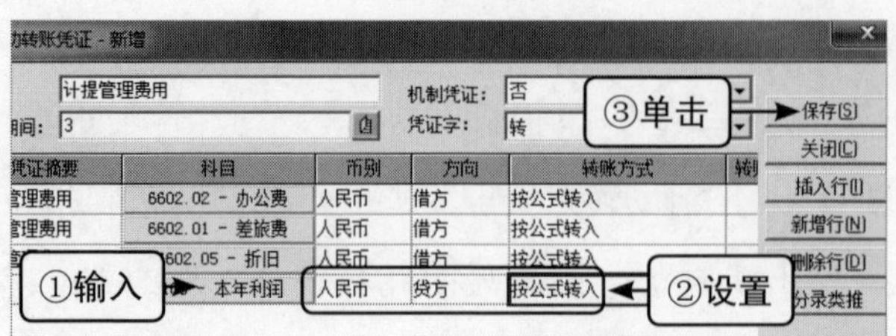

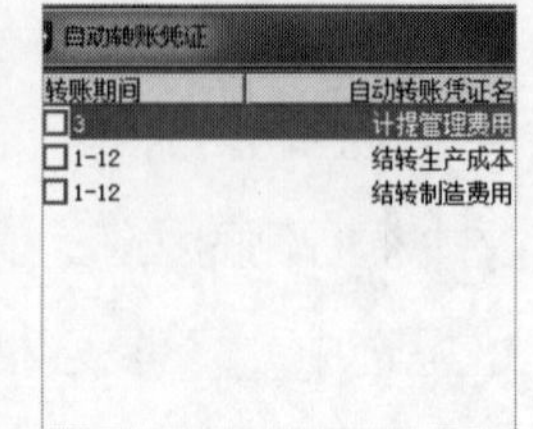

图 10-19

选中需要生成转账凭证的选项前面的复选框，单击“生成凭证”按钮，系统将自动结转管理费用，如图 10–20 所示。

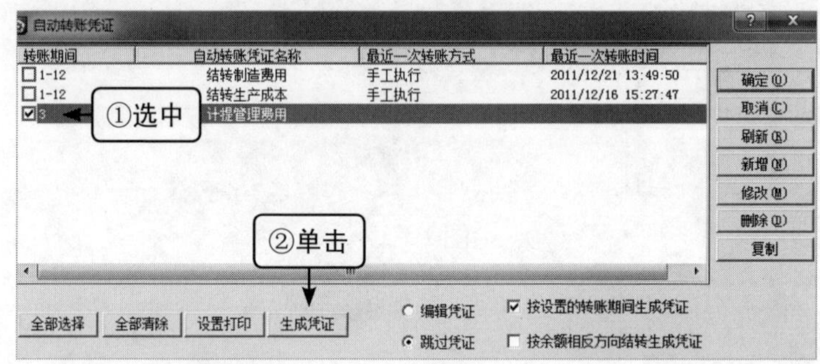

图 10-20

10.3.2　结转利润自动生成凭证

这里要介绍的“结转利润”是把“本年利润”科目的余额结转到“利润分配”科目中，主要有如下 3 个步骤。

第一步，将“本年利润”余额全部结转到“利润分配”中

在这一步骤中，财会人员需要明确，系统生成的记账凭证会涉及两种不同的会计分录，具体情况如下。

①“本年利润”科目的余额在借方，即企业当期的营业收入小于营业支出，此时结转利润的会计分录中，“本年利润”科目在贷方。这种情况下，将不涉及接下来的第二步和第三步。

借：利润分配——未分配利润

　　贷：本年利润

②“本年利润”科目的余额在贷方，即企业当期的营业收入大于营业支出，此时结转利润的会计分录中，“本年利润”科目在借方。该情况出现就会涉及接下来的第二步和第三步。

借：本年利润

　　贷：利润分配——未分配利润

第二步，从未分配利润中提取盈余公积

通过 10.3.1 节关于收入、费用、利得和损失等结转工作的内容，形成的“本年利润”余额为利润表中的利润总额，需要扣除所得税费用后才能作为净利润进行利润分配操作。

当企业的盈余公积总额还没有达到注册资本的 50% 时，企业就需要提取盈余公积，一般按照税后利润的 10% 计提，涉及会计分录如下。

借：利润分配——提取法定盈余公积 / 任意盈余公积

　　贷：盈余公积

第三步，核算未分配利润净额

当企业将需要提取的盈余公积和其他准备金提取完毕后，就要核算未分配利润的净额，这一净额可用于派发现金股利或红利。未分配利润净额通过第一步和第二步中的会计分录进行冲销核算，只有当“利润分配——未分配利润”科目的余额在贷方时，才表示企业当期有净利润，否则表示企业当期没有净利润。

在财务软件中，财会人员可进行相关操作，让系统自动生成利润结转的凭证。首先，在“账务处理”界面中单击“结转损益”按钮，在打开的“结转损益”对话框中单击“下一步”按钮，在出现新内容的情况下再单击“下一步”按钮，然后设置转账凭证日期、凭证字、凭证摘要、凭证类型和凭证生成方式（系统默认的设置通常是准确的），然后单击“完成”按钮，如图 10-21 所示。

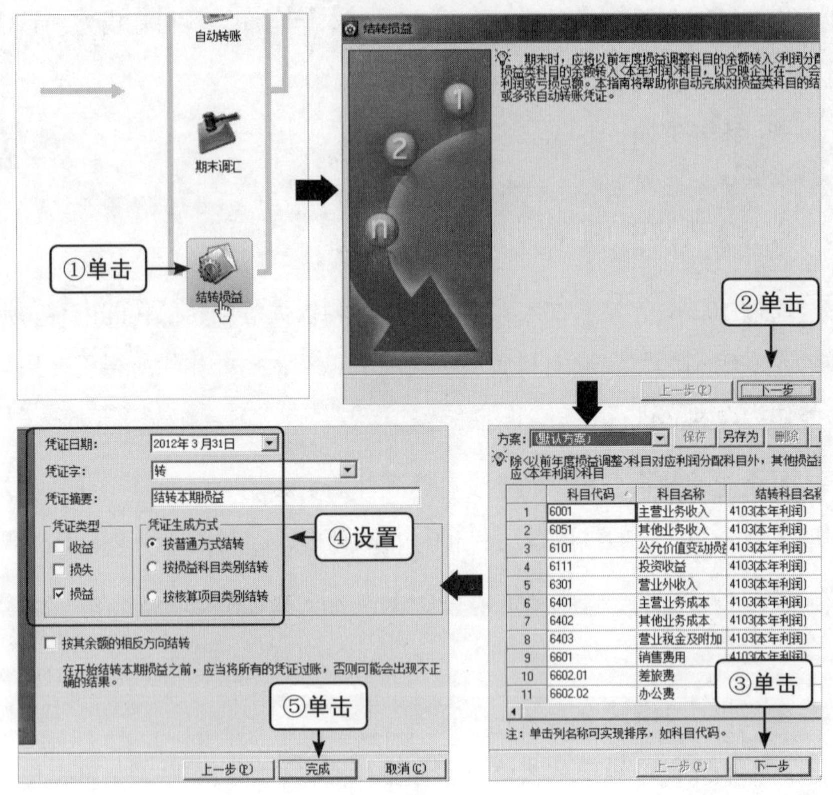

图 10-21

上述操作完毕后，系统会提示财会人员损益类科目的结转工作已经完成。此时财务系统中会储存一张包含了“利润分配——未分配利润”科目的记账凭证。该凭证的形成将为财会人员日后进行结账工作和编制利润表提供直接数据依据。

需要注意的是，有的企业因为其建立账套时根据自身需求进行了个性化设置，可能会遇到不用进行自动转账而直接结转损益的情况。

10.4

往来核销与财务期末结账

往来核销是指应收款与收款业务的核销及应付款与付款业务的核销，通过核销，可以了解企业尚未结算的往来业务及账期，便于及时支付或催收。一般情况下，企业利用财务软件处理账务时，往来核销工作完成后就面临期末结账工作。结账工作做好以后，企业财会人员的做账流程就告一段落，但结账并不是会计工作的完结。

10.4.1　如何进行往来核销

会计电算化下，企业财会人员可通过财务软件系统执行相关操作，使得系统自动进行往来核销。

在“账务处理”界面中单击“往来核销”按钮，在打开的“过滤条件”对话框中单击“会计科目”文本框右侧的按钮，如图 10-22 所示。

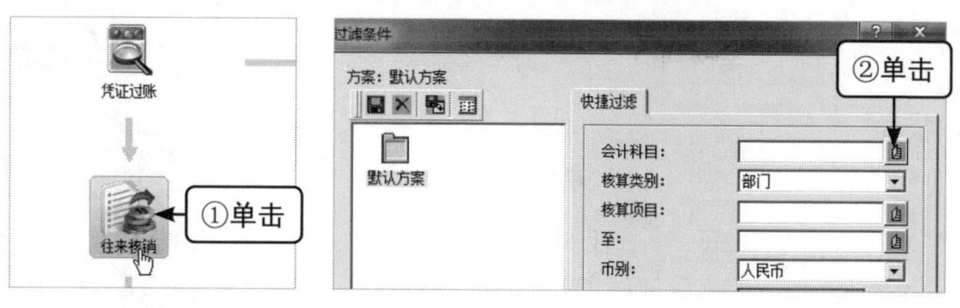

图 10-22

在打开的“会计科目”对话框中选择需要的会计科目选项，这里选择“应收账款”科目选项并双击（或单击“确定”按钮），返回“过滤条件”对话框可看到系统自动识别“核算类别”为“客户”，然后单击“核算项目”文本框右侧的按钮，如图 10-23 所示。

图 10-23

在打开的“核算项目 - 客户”对话框中，选择第一位客户选项并双击，返回“过滤条件”对话框后单击“至”文本框右侧的按钮，在打开的“核算项目 - 客户”对话框中选择最后一位客户选项并双击，返回“过滤条件”对话框后设置币别、核销日期及核销人等内容，单击“确定”按钮，如图 10-24 所示。

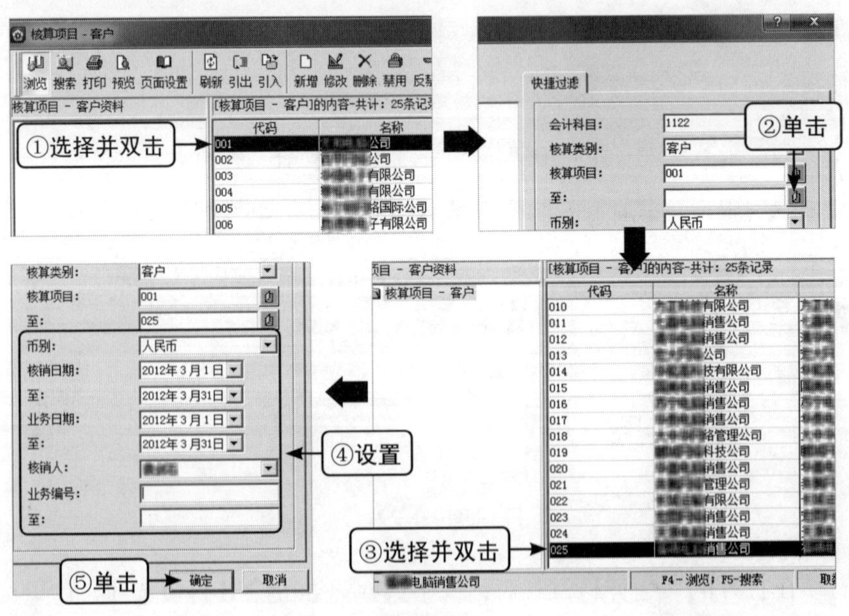

图 10-24

10.4.2　利用财务软件自动结账

一旦财会人员执行了“财务期末结账”操作，就表明企业当月或当期不再有经济业务需要填制记账凭证或进行账务处理。结账以后，财会人员将不能再对当期的账务进行修改，而只能在以后会计期间进行调整。

在“账务处理”界面中单击“财务期末结账”按钮，在打开的“期末结账”对话框中单击“开始”按钮（其余内容的选择和设置由系统默认），如图 10–25 所示。

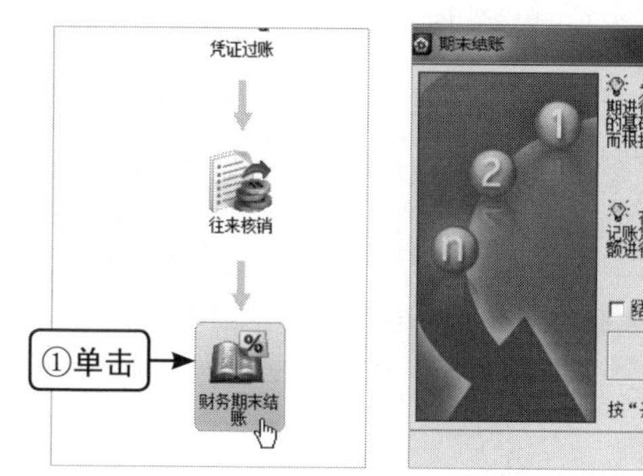

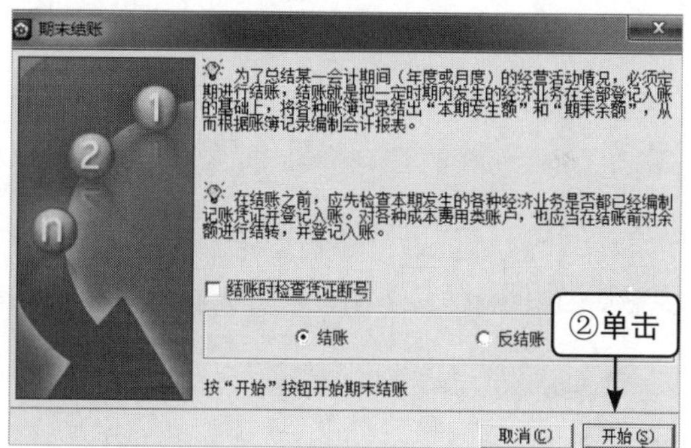

图 10-25

系统会打开一个“信息提示”对话框，提示操作员是否确定要进行结账工作，单击“确定”按钮。如果企业还没有对固定资产进行折旧的计提，则系统会提示操作员先对固定资产计提折旧，单击“确定”按钮，关闭“期末结账”对话框，如图 10–26 所示。

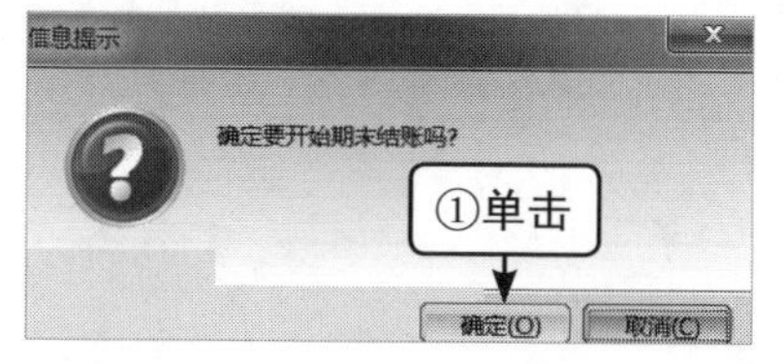

图 10-26

财会人员根据 10.2.2 节的操作内容对固定资产计提折旧，完毕后再根据上述步骤开始结账。当操作员在“期末结账”对话框中单击“确定”按钮后，系统会自动进行结账工作。

财会人员需要注意的是，结账完成后，为了防止结账后的数据丢失，很多时候会对数据进行备份。

有的财务系统在结账后还可执行“反结账”操作，目的是取消“结账”操作，方便财会人员返回还没有结账的账务处理状态，然后可以对错误的账务进行修改。

财会人员可按照上述步骤打开“期末结账”对话框，然后选中“反结账”单选按钮，然后单击“开始”按钮，系统会打开“信息提示”对话框，提醒操作员是否确定执行“反结账”操作，会计人员若确定要进行反结账，则可单击“是”按钮（若不确定，则单击“否”按钮），系统会自动进行反结账，如图 10–27 所示。

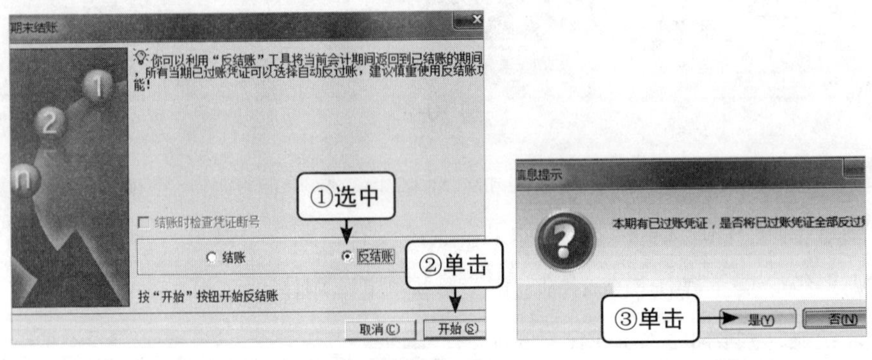

图 10-27

第11章

生成会计账簿并装订

在会计电算化下，企业内部的各种账簿都在填制记账凭证的同时自动生成并更新，需要查看时可通过相应操作达到目的。如果企业需要保存纸质的会计账簿，则需要将会计账簿从财务系统中导出或打印出来，成为纸质文档，然后由财会人员根据相关规定将散装的纸质账页装订成账簿。

11.1

不同公司的会计账簿不同

每个企业都是按照自身的经营需求来设置账簿或指定财务软件系统生成账簿的，所以，不同企业会有不同的会计账簿，所包含的会计资料也就会不同。但无论哪种账簿，其记账规则都是差不多的。财会人员首先要认识市场中大多数企业都会设置的账簿类型和账簿包含的会计资料，并且还要懂得会计账簿的记账规则。

11.1.1 大多数公司会设置的账簿类型

在会计电算化下，企业的会计账簿在登记记账凭证的同时会自动存在于财务软件系统中，企业或者财会人员需要时可在系统中搜索查看。那么，市场中大多数公司需要设置的账簿类型有哪些呢？

（1）现金日记账

一般企业只需要设立一本现金日记账，但如果企业经营业务涉及外币，则还需根据不同的币种分设现金日记账，如图 11-1 所示。

现 金 日 记 账

2019年		凭证		对方科目	摘要	借方									贷方									余额									核对
月	日	种类	号数			百	十	万	千	百	十	元	角	分	百	十	万	千	百	十	元	角	分	百	十	万	千	百	十	元	角	分	
7					承前页余额																					1	1	5	0	0	0	0	√
7	12	记	005	银行存款	取现作为备用金			5	0	0	0	0	0	0												6	1	5	0	0	0	0	√
7	12	记	006	管理费用	支付公司员工报差旅费														6	5	0	0	0			6	0	8	5	0	0	0	√
7	12	记	008	备用金	支付员工借备用金													1	0	0	0	0	0			5	9	8	5	0	0	0	√
7	12				本日合计			5	0	0	0	0	0	0				1	6	5	0	0	0			5	9	8	5	0	0	0	√
7	13	记	010	管理费用	支付办公用品费														5	3	5	0	0			5	9	3	1	5	0	0	√

图 11-1

现金日记账账簿就是由无数张图 11–1 所示的账页构成，该账簿用来逐日反映库存现金的收入、付出和结余情况，一般由企业的出纳人员进行登记。财会人员需要用到该账簿时，可从财务系统中调出资料并打印。

（2）银行存款日记账

银行存款日记账一般根据每个银行账号单独设立一本账簿，也就是说，如果企业只有一个基本存款账户，则只需设一本银行存款日记账；如果还有其他存款账户，则需要另外再设银行存款日记账账簿。图 11–2 所示为银行存款日记账账簿中的账页样式。

银行存款日记账

开户行 商业银行

账　号 612409[illegible]

2019年		凭证		对方科目	摘要	借方									贷方									余额									核对
月	日	种类	号数			百	十	万	千	百	十	元	角	分	百	十	万	千	百	十	元	角	分	百	十	万	千	百	十	元	角	分	
8					承前页余额																				4	5	8	7	0	0	0	0	√
8	12	记	004	库存现金	取现作为备用金												5	0	0	0	0	0	0		4	0	8	7	0	0	0	0	√
8	12	记	004	主营业务收	收到营业款			4	5	0	0	0	0	0											4	5	3	7	0	0	0	0	√
8	12	记	009	原材料	购入原材料一批												3	0	0	0	0	0	0		4	2	3	7	0	0	0	0	√
8	12				本日合计			4	5	0	0	0	0	0			8	0	0	0	0	0	0		4	2	3	7	0	0	0	0	√
8	13	记	011	主营业务收	收到营业款			6	4	0	0	0	0	0											4	8	7	7	0	0	0	0	√
8	13	记	013	应付账款	支付供应商欠款												1	5	0	0	0	0	0		4	7	2	7	0	0	0	0	√
8	13				本日合计			6	4	0	0	0	0	0			1	5	0	0	0	0	0		4	7	2	7	0	0	0	0	√
					过次页																												

图 11-2

银行存款日记账账簿是由无数张图 11–2 所示的账页构成，该账簿用来逐日记录银行存款业务收支情况，一般由企业的银行出纳人员登记。财会人员需要用到该账簿时，也可在财务系统中查询并打印。

（3）总分类账

一般企业只设一本总分类账账簿，各企业会根据自身业务量的大小选择账簿的页数。在会计电算化下，企业可根据自身需求，把财务系统中的总分类账打印出来并装订成订本账。该类账簿用来记录企业所设置的全部账户的总括信息，它可直接根据各种记账凭证逐笔登记，也可按照编制成的科目汇总表或汇总记账凭证进行登记，如图 11–3 所示。

总　账

会计科目及编号名称：____

年		记账凭证号数	摘要	页数	借方									贷方									借或贷	余额								
月	日				百	十	万	千	百	十	元	角	分	百	十	万	千	百	十	元	角	分		百	十	万	千	百	十	元	角	分

图 11-3

（4）明细分类账

明细分类账是按照明细分类账户进行分类登记的账簿，主要对经济业务的详细内容进行核算。当财会人员需要查看明细账户的账目时，即可生成明细分类账，必要时还可打印成纸质文档，如图 11-4 ～图 11-6 所示为三栏式明细账、多栏式明细账和数量金额式明细账。

____明细账

年		记账凭证号数	摘要	页数	借方									贷方									借或贷	余额								
月	日				百	十	万	千	百	十	元	角	分	百	十	万	千	百	十	元	角	分		百	十	万	千	百	十	元	角	分

图 11-4

____明细账

年		记账凭证号数	摘要	借方																					贷方																					借或贷	余额						
				合计							进项税额							已交税额							合计							销项税额							进项税额转														
月	日			万	千	百	十	元	角	分	万	千	百	十	元	角	分	万	千	百	十	元	角	分	万	千	百	十	元	角	分	万	千	百	十	元	角	分	万	千	百	十	元	角		万	千	百	十	元	角	分

图 11-5

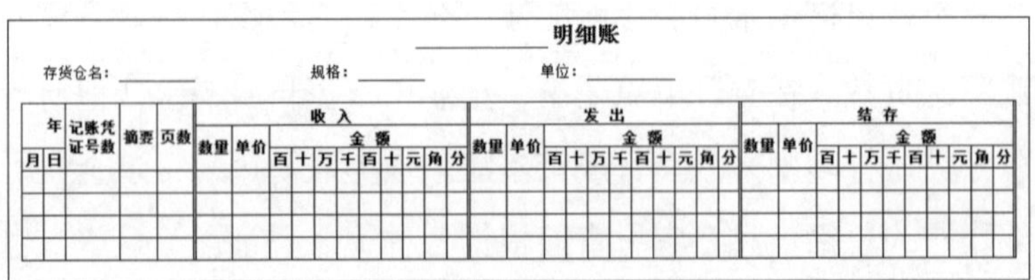

____明细账

存货仓名：____　　规格：____　　单位：____

年		记账凭证号数	摘要	页数	收入											发出											结存										
					数量	单价	金额									数量	单价	金额									数量	单价	金额								
月	日						百	十	万	千	百	十	元	角	分			百	十	万	千	百	十	元	角	分			百	十	万	千	百	十	元	角	分

图 11-6

11.1.2　熟练掌握会计账簿记账规则

会计账簿的记账规则包括三大部分，登记账簿的依据、登记账簿的时间和登记账簿的规范要求。

登记账簿的依据。为了保证账簿记录的真实、正确，财会人员必须根据审核无误的会计凭证登账。会计电算化下，财会人员要在记账或过账后才指定财务系统生成账簿。

登记账簿的时间。各种账簿应每隔多长时间登记一次是没有统一规定的，但一般原则是：总分类账要按企业所采用的会计核算形式及时登账；各种明细分类账要根据原始凭证、原始凭证汇总表和记账凭证每天进行登账或定期登账；现金日记账和银行存款日记账应根据办理完毕的收付款凭证随时逐笔顺序地登账，最少每天登账一次。

登记账簿的规范要求。对于账簿中所含内容的填写要规范，具体如表 11–1 所示。

表 11–1　登记账簿的规范要求

内容	含义
完整性	登记账簿时，应将会计凭证日期、编号、业务内容摘要、金额和其他有关信息逐项记入账内，同时记账人员在记账凭证上签名或盖章（会计电算化下系统自动识别记账人员名字），并注明已登账的符号“√”
连续性	各种账簿要按账页顺序连续登记，不得跳行或隔页，若发生跳行或隔页，应将空行或空页划线注销或注明“此行空白”或“此页空白”字样，并由记账人员签名或盖章
字迹颜色	登记账簿时，要用蓝黑墨水或碳素墨水书写，不得用圆珠笔（银行的复写账簿除外）或铅笔，红色墨水只能用于制度规定的情况，如按红字冲账的记账凭证。会计电算化下，系统将默认字体颜色为黑色
整洁性	登记的账簿要保持清晰并整洁，文字和数字要端正、清楚且书写规范，一般应占账簿格距的 1/2

续表

内容	含义
按规定结出余额	凡是需要结出余额的账户应定期结出余额。现金日记账和银行存款日记账必须每天结出余额，结出余额后应在“借或贷”栏内注明“借”或“贷”字样。没有余额的账户应在“借或贷”栏内写“平”字，并在“余额”栏的“元”位上用“0”表示
结转下页	每登记满一张账页而需结转下页时，应结出本页合计数和余额，写在本页最后一行和下页第一行的“余额”栏内，并在本页的“摘要”栏内注明“转后页”字样，在次页的“摘要栏”内注明“承前页”字样
更正错误的规则	会计账簿记录发生错误时，不允许用涂改、挖补、刮擦或药水消除字迹等手段更改，也不允许重抄，而应根据情况，按照规定采用划线更正法、补充登记法和红字更正法进行更正。由于记账凭证错误而使账簿记录出错的，应先更正记账凭证，再更正账簿

11.1.3 账簿包含的基本内容

各种账簿的形式和格式多种多样，但都应具备以下的基本组成内容。

- **封面**：主要标明账簿的名称，如总分类账簿、现金日记账和银行存款日记账等。
- **扉页**：标明会计账簿的使用信息，如科目索引、账簿启用和经管人员一览表等。
- **账页**：无数张账页构成一本完整的账簿，账页中要有账户名称、一级科目、二级或明细科目、登记账簿的日期、凭证的种类和号数、摘要、金额以及总页次和分户页次等。

在会计电算化下，如果企业不需要用到会计账簿，则可以不用将系统中的账簿打印出来，也就没有上述内容的说法；但如果企业需要用到纸质的会计账簿，财会人员需要将这些账簿打印出来并装订成册，由此会形成纸质会计账簿，进而涉及上述基本内容。

11.2

各种账簿的形成

在手工做账的情况下，企业账簿的形成主要依靠财会人员将当期所有经济业务涉及的账务一条一条逐一地登记到相关账页上，然后将同类的多张账页装订成册形成账簿。而会计电算化下，财会人员在财务系统中登记记账凭证的同时，系统就存在相应的账簿，一旦财会人员需要查看账簿，就可在系统中直接查看，也可将账页打印出来装订成一本一本的账簿。

11.2.1　如何生成日记账账簿

企业生产经营过程中涉及的日记账有两种，现金日记账和银行存款日记账。会计人员如何在财务系统中查看或打印出日记账账簿呢？

首先，在主界面中单击“出纳管理”选项卡，单击“现金日记账”按钮，如图 11–7 所示。

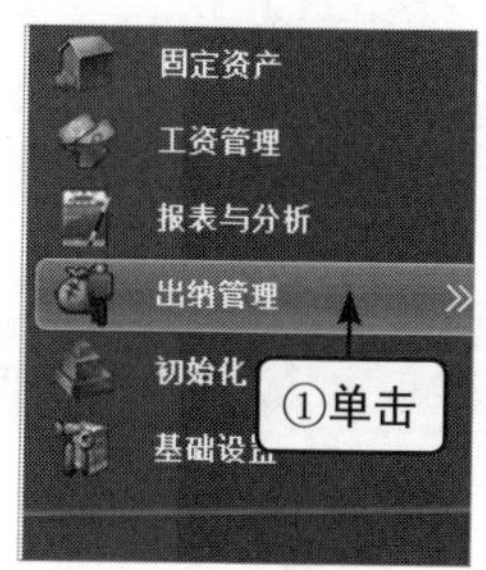

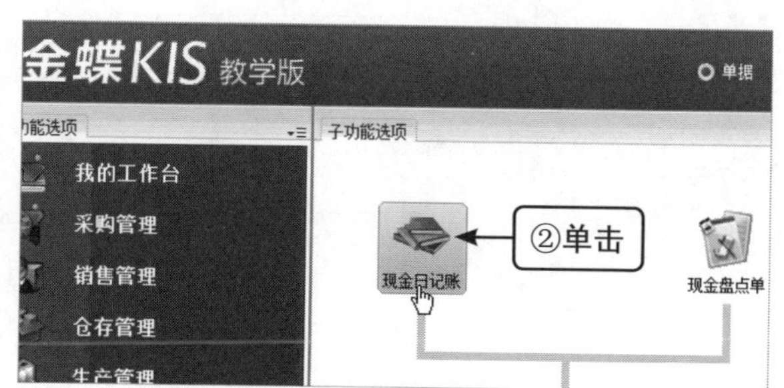

图 11-7

在打开的“现金日记账”对话框中，系统默认科目为“库存现金”，此时需要财会人员对币别、期间、币别选项和其他内容进行设置（需要查看哪一期间的现金日记账就设置相应的期间），然后单击“确定”按钮，在“现金日记账”界面就会显示出相应期间的现金日记账，如图 11–8 所示。

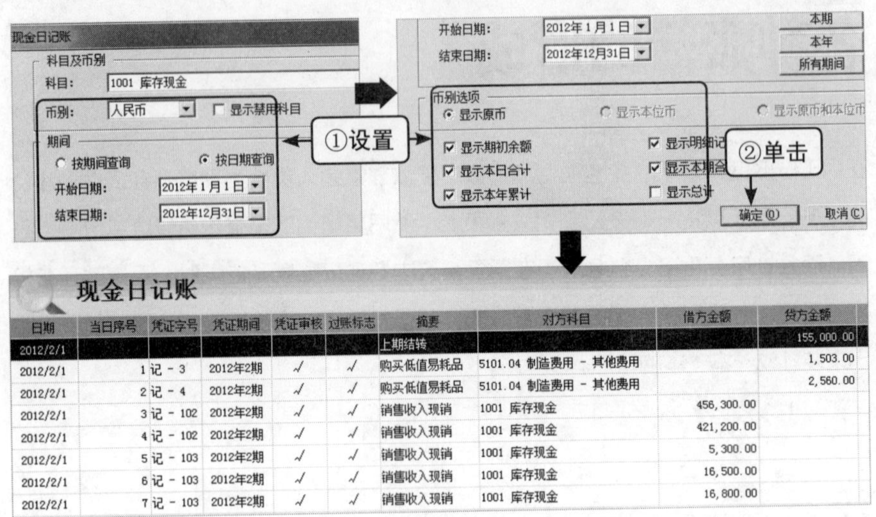

图 11-8

同样，在“出纳管理”界面中单击“银行存款日记账”按钮，打开“银行存款日记账”对话框，对其中的内容进行相应设置，单击“确定”按钮，如图 11–9 所示。

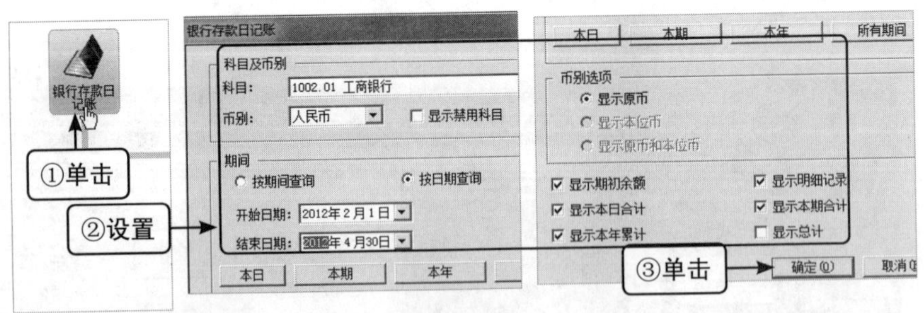

图 11-9

在“银行存款日记账”界面可以看到相应期间的银行存款日记账，

如图 11−10 所示。如果财会人员需要将日记账打印成纸质文档进行查阅及归档保管，则单击“打印”按钮即可。

金蝶KIS教学版 －［银行存款日记账］

打开 新增 修改 删除 引入 打印 预览 最前 向前 向后 最后 过滤 刷新 选项 按单 汇总 凭证 删凭证 关闭

银行存款日记账

单击

业务日期	日期		凭证字号	凭证期间	凭证审核	过账标志	摘要	对方科目
	2012/2/1						上期结转	
2012/2/1	2012/2/1	28	记 - 1	2012年2期	√	√	收到股东甲注册资本	4001 实收资本
2012/2/1	2012/2/1	29	记 - 5	2012年2期	√	√	购买低值易耗品	5101.04 制造费用 -
2012/2/1	2012/2/1	30	记 - 43	2012年2期	√	√	投资A公司	1511 长期股权投资
2012/2/9	2012/2/1	31	记 - 65	2012年2期	√	√	采购发票	1002.01 银行存款 -
2012/2/9	2012/2/1	32	记 - 65	2012年2期	√	√	采购发票	1002.01 银行存款 -
2012/2/9	2012/2/1	33	记 - 65	2012年2期	√	√	采购发票	1002.01 银行存款 -

图 11-10

11.2.2　明细分类账账簿的产生

在以往手工做账的时期，企业会计人员登记明细分类账账簿的工作非常烦琐。在会计电算化下，财会人员通过财务软件直接就可以生成明细分类账账簿，具体操作如下。

在“账务处理”界面中单击“明细分类账”选项，在打开的“过滤条件”对话框中选中“按期间查询”单选按钮，设置要生成明细分类账的会计期间和科目级别，单击“科目代码”文本框右侧的按钮，如图 11−11 所示。

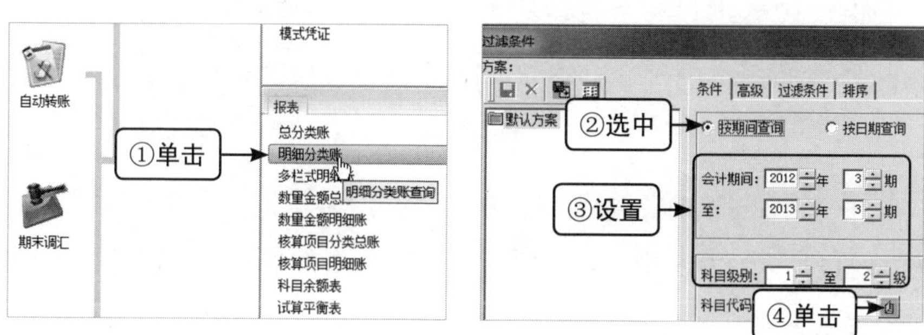

图 11-11

在打开的“会计科目”对话框中选择企业设置的第一个会计科目，这里选择“库存现金”选项并双击（或单击“确定”按钮），返回“过滤条件”对话框中，单击“至”文本框右侧的按钮，如图 11-12 所示。

图 11-12

再次打开“会计科目”对话框，选择企业设置的最后一个会计科目，这里选择“以前年度损益调整”选项并双击（或单击“确定”按钮），返回“过滤条件”对话框，设置币别，这里为“人民币”，按自身需求选中对话框右侧的复选框（一般不设置），然后单击“确定”按钮，如图 11-13 所示。

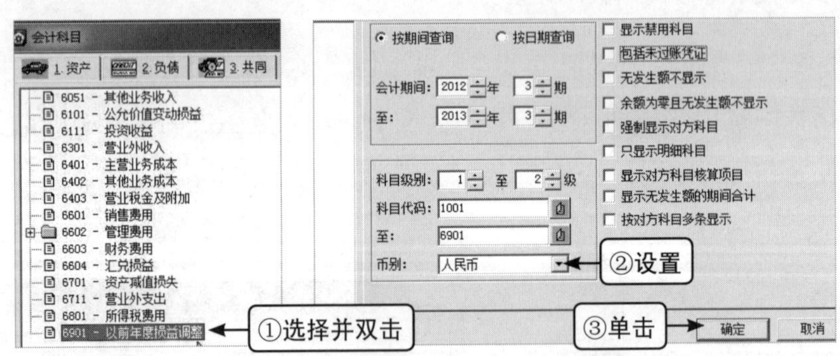

图 11-13

在“明细分类账”界面就会出现相应会计期间的明细分类账，如图 11-14 所示。从图中可以看出，这里生成的是“库存现金”科目的明细分类账。

明细分类账　--[1001]库存现金

日期	凭证字号	摘要	对方科目	借方金额	贷方金额		余额
2012/3/1		期初余额		0.00	0.00	借	1,265,890.25
2012/3/4	记 - 8	从银行取现	1002.01 银行存款 - 工商银行	50,000.00	0.00	借	1,315,890.25
2012/3/4	记 - 9	收到废品收入	6301 营业外收入	5,641.00	0.00	借	1,321,531.25
2012/3/31	记 - 11	11	1121 应收票据	100.00	0.00	借	1,321,631.25
2012/3/31		本期合计		55,741.00	0.00	借	1,321,631.25
2012/3/31		本年累计		1,309,952.40	163,321.15	借	1,321,631.25

图 11-14

如果要生成其他科目的明细分类账，则在设置“科目代码”时选择所需的会计科目，生成的明细分类账与“至”文本框中的会计科目无关。

11.2.3　总分类账账簿的得来

在所有会计资料中，总分类账账簿有着举足轻重的作用。它对日后生成财会报表起到提供直接数据的作用，因此，财会人员要懂得如何利用财务软件生成总分类账账簿。

在“账务处理”界面中选择“总分类账”选项，在打开的“过滤条件”对话框中，设置要生成总分类账的会计期间、科目级别、科目代码、币别和其他内容等（方法与生成明细分类账相同），然后单击“确定”按钮，如图 11–15 所示。

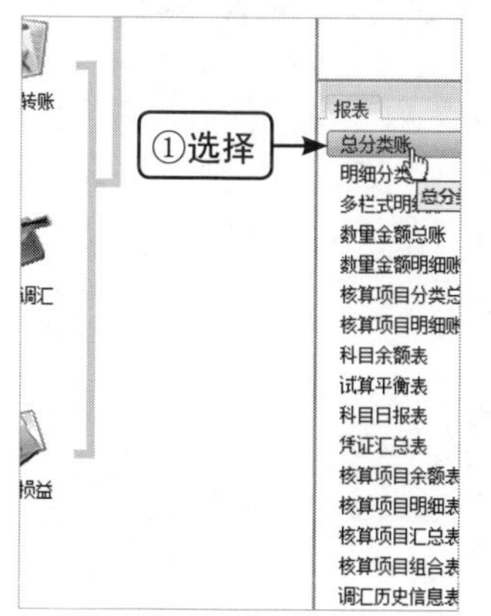

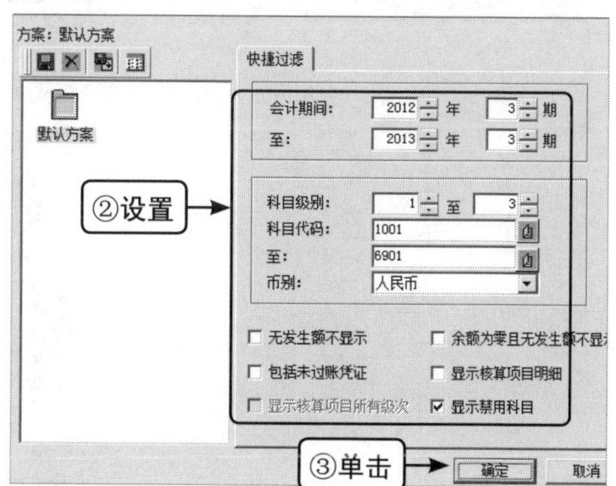

图 11-15

在“总分类账”界面就会列示出相应会计期间内的所有科目总分类账情况，图 11-16 所示为其中的部分内容。

总分类账

科目代码	科目名称	期间	凭证字号	摘要	借方	贷方	余额	
1001	库存现金	3		期初余额			借	1,265,890.25
		3	记8～11	本期合计	55,741.00	0.00	借	1,321,631.25
		3		本年累计	1,309,952.40	163,321.15	借	1,321,631.25
1002	银行存款	3		期初余额			借	16,253,134.77
		3	记3～12	本期合计	0.00	687,288.00	借	15,565,846.77
		3		本年累计	29,749,950.97	23,507,703.97	借	15,565,846.77
1012	其他货币资金	3		期初余额			平	
		3		本期合计	0.00	0.00	平	
		3		本年累计	0.00	0.00	平	
1101	交易性金融资产	3		期初余额			平	
		3		本期合计	0.00	0.00	平	
		3		本年累计	0.00	0.00	平	
1121	应收票据	3		期初余额			平	
		3	记11	本期合计	0.00	100.00	贷	100.00
		3		本年累计	0.00	100.00	贷	100.00
1122	应收账款	3		期初余额			借	8,014,750.00
		3		本期合计	0.00	0.00	借	8,014,750.00
		3		本年累计	12,460,312.00	10,221,562.00	借	8,014,750.00
1123	预付账款	3		期初余额			借	1,200,932.00
		3		本期合计	0.00	0.00	借	1,200,932.00
		3		本年累计	1,017,000.00	108,668.00	借	1,200,932.00

图 11-16

财会人员选择的会计期间跨度越长，则每一个会计科目的总分类账涵盖的内容越多，如图 11-17 所示。

总分类账

科目代码	科目名称	期间	凭证字号	摘要	借方	贷方	余额	
1001	库存现金	2012.3		期初余额			借	1,265,890.25
		2012.3	记8～11	本期合计	55,741.00	0.00	借	1,321,631.25
		2012.3		本年累计	1,309,952.40	163,321.15	借	1,321,631.25
		2012.4		本期合计	0.00	0.00	借	1,321,631.25
		2012.4		本年累计	1,309,952.40	163,321.15	借	1,321,631.25
		2012.5		本期合计	0.00	0.00	借	1,321,631.25
		2012.5		本年累计	1,309,952.40	163,321.15	借	1,321,631.25
		2012.6		本期合计	0.00	0.00	借	1,321,631.25
		2012.6		本年累计	1,309,952.40	163,321.15	借	1,321,631.25
		2012.7		本期合计	0.00	0.00	借	1,321,631.25
		2012.7		本年累计	1,309,952.40	163,321.15	借	1,321,631.25
		2012.8		本期合计	0.00	0.00	借	1,321,631.25
		2012.8		本年累计	1,309,952.40	163,321.15	借	1,321,631.25
		2012.9		本期合计	0.00	0.00	借	1,321,631.25
		2012.9		本年累计	1,309,952.40	163,321.15	借	1,321,631.25
		2012.10		本期合计	0.00	0.00	借	1,321,631.25
		2012.10		本年累计	1,309,952.40	163,321.15	借	1,321,631.25
		2012.11		本期合计	0.00	0.00	借	1,321,631.25
		2012.11		本年累计	1,309,952.40	163,321.15	借	1,321,631.25
		2012.12		本期合计	0.00	0.00	借	1,321,631.25

图 11-17

11.3

对账簿进行纸质档案保管

有些企业为了防止财务数据流失而给企业造成不必要的麻烦，会将数据备份，更为谨慎的，还会将财务系统中的各种账簿导出或打印成纸质档案进行保管。这样即使系统中的数据丢失，也还有纸质文档可供需要查看资料的人查阅。

11.3.1　账簿的导出与打印

账簿的导出和打印操作都比较简单，下面以明细分类账为例，讲解账簿的导出和打印操作。

在形成了明细分类账的“明细分类账”界面中单击“打印”按钮，只要计算机连接着打印机，就可以即刻打印出明细分类账，如图 11-18 所示。

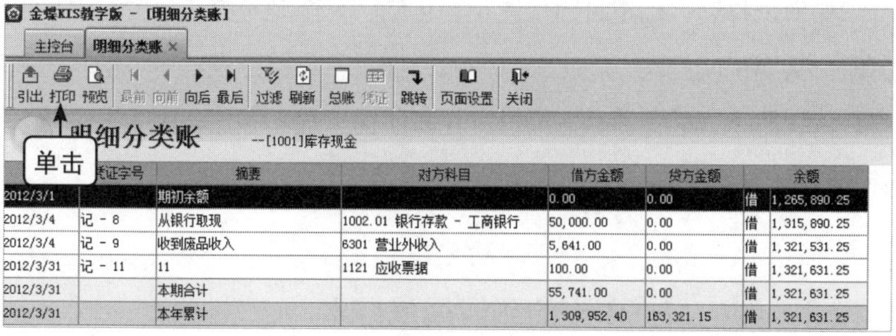
金蝶KIS教学版 - [明细分类账]
主控台
明细分类账
引出 打印 预览 最前 向前 向后 最后 过滤 刷新 总账 凭证 跳转 页面设置 关闭
明细分类账
--[1001]库存现金
单击
凭证字号 摘要 对方科目 借方金额 贷方金额 余额
2012/3/1 期初余额 0.00 0.00 借 1,265,890.25
2012/3/4 记 - 8 从银行取现 1002.01 银行存款 - 工商银行 50,000.00 0.00 借 1,315,890.25
2012/3/4 记 - 9 收到废品收入 6301 营业外收入 5,641.00 0.00 借 1,321,531.25
2012/3/31 记 - 11 11 1121 应收票据 100.00 0.00 借 1,321,631.25
2012/3/31 本期合计 55,741.00 0.00 借 1,321,631.25
2012/3/31 本年累计 1,309,952.40 163,321.15 借 1,321,631.25

图 11-18

直接打印出的纸质明细分类账与财务系统中的格式相似，财会人员可将打印出的多张明细分类账账页进行装订，形成纸质账簿。

若企业想将财务系统中的数据和相关财务资料转化成 Excel 文档，则需要进行“引出”操作。财会人员可单击“明细分类账”界面中“引出”按钮，打开“引出‘明细分类账’”对话框，选择数据类型为 Excel 选项，单击“确定”按钮即可，如图 11-19 所示。

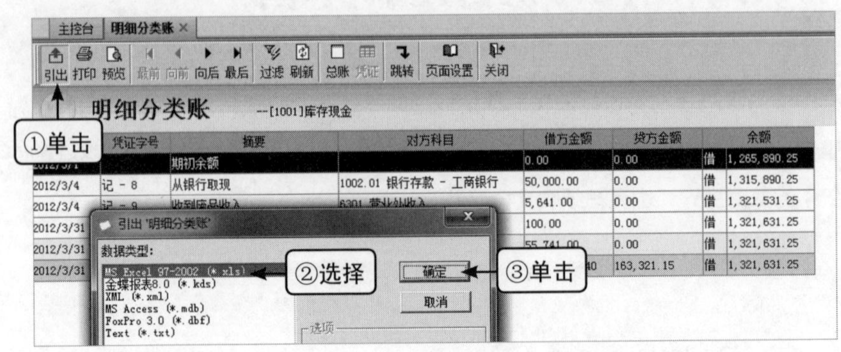

图 11-19

通常情况下，企业将财务系统中的数据导出成 Excel 文档，存储在企业自己的计算机（“本地”）中。

职场小贴士

财会人员在打印账簿之前，要确认账簿纸和打印机的类型，在正式打印之前进行“账簿试打”，确定打印位置是否正确，直至确定打印位置无误后再正式打印。需要说明的是，在正式打印时，如果科目范围设置为“空”，则系统将默认打印全部会计科目。另外，在打印前一般不预览，因为很可能只打印各个科目的第一张记录。

11.3.2 如何将打印出的账簿规范订本

财会人员通过财务系统打印出的账簿其实是一张一张的记录，需要人为地将这些记录装订成一册一册的账簿。那么，怎样才能将打印出的各种账簿进行规范订本呢？注意点如下。

①可事先在卖账簿的地方买专用的账皮，放在日后装订好的账本前后。也可以自己设计和打印账簿的封面和封皮，利用装订机装好。

②财会人员在装订账簿之前，首先按账簿启用表的使用页数核对各个账户是否相符，账页数是否齐全，序号排列是否连续等；然后按会计账簿封面、账簿启用表、账户目录、账簿按页数顺序排列的账页及会计账簿装订封底的顺序进行装订。

③账簿全部打印出来后，将账簿的左侧全部放在装订机下，用线装订。注意，附件放在后面，并按凭证号顺序放好装订（可包角）。

④会计账簿应牢固和平整，不得有折角、缺角、错页、掉页和加空白纸的情况，账簿的封口要严密，封口处要加盖有关印章。

⑤会计账簿封面应齐全平整，并注明所属年度、账簿名称和编号（一年一编，顺序为总账、现金日记账、银行存款日记账及分户明细账）等。

⑥会计账簿按保管期限分别编制卷号，比如现金日记账全年按顺序编制卷号；总账、各类明细账和辅助账全年按顺序编制卷号。

11.3.3 电子账簿与纸质账簿的保管有区别

电子账簿的实质是数据，只能看到而触摸不到；而纸质账簿不仅能看到，还能实实在在用手摸到，因此可能会给人更安全的感觉。正因如此，电子账簿和纸质账簿的保管就有一定的区别。

（1）电子账簿的保管

电子账簿保管工作的关键点是保证财务数据的安全性，通常的做法是对财务数据进行备份，并且不同的操作员在使用财务系统做账时要设置不同的登录密码，防止数据被人篡改。

财会人员退出财务系统，重新打开系统登录界面，单击“账套管理”按钮，登录到“账套管理”中，打开“账套管理”对话框，选择要进行备份的账套选项，单击“备份”按钮，如图 11-20 所示。后续操作（如选择备份路径）可参考 3.3.4 节的内容。这样即可对财务数据进行备份。

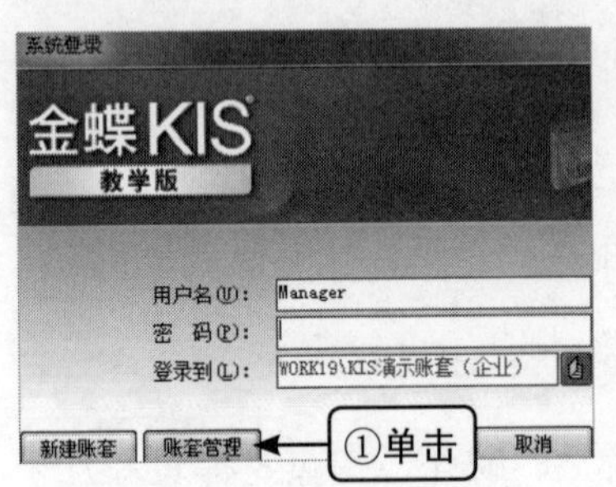

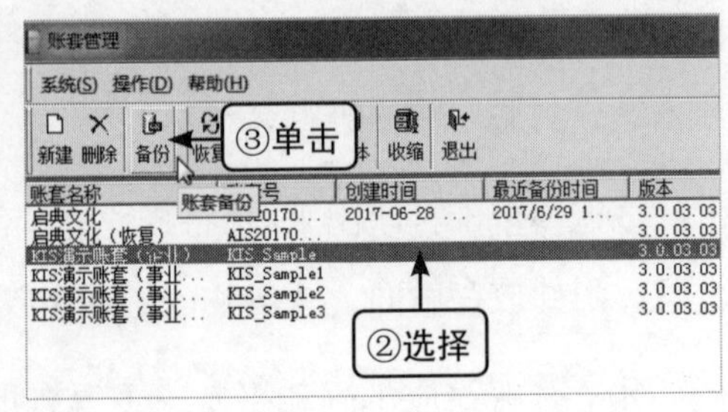

图 11-20

（2）纸质账簿

各种账簿应分工明确，有专门的人员进行保管，一般由账簿的记账人员负责保管。会计账簿未经领导或会计负责人批准，非经管人员不得随意查阅、摘抄和复制。会计账簿一般不得随意携带外出，特殊情况需要带出的，应经过单位领导或会计主管人员批准，并指定专人负责外出会计账簿的安全和完整。另外，会计账簿不得随意交与其他人员管理，防止涂改和毁坏账簿等问题的发生。

归档前，应检查更换的旧账是否齐全，是否全部结账，余额是否都已结转；订本式账簿应注销空行及空页；活页式账簿应抽出未使用的空白页，然后装订成册并注明账页的总页码及每一账户的分页码；更换下来的旧账簿在进行整理的基础上装订成册并编制目录，填写移交清单，办理移交手续，归档保管。将账簿名称、册数、页码和保管期限等填入“会计账簿归档保管登记表”。各种账簿不得丢失和任意销毁，报关期满后，应按照规定的审批程序报经批准后才能销毁。

第12章

编制企业的财务报表

企业财会人员在完成纳税申报和缴纳工作并结账后，需要编制一些财务报表，为企业管理者和决策者提供分析资料。同时，由于财务报表反映企业相应会计期间的资产、负债、盈利和现金流量等情况，所以也是外部单位或个人可能需要的会计资料。

12.1

资产负债表反映企业财务状况

资产负债表也称财务状况表，表示企业在一定日期（通常为各会计期末）的财务状况（资产、负债和所有者权益的状况）的主要会计报表。资产负债表利用会计平衡原则，将合乎会计原则的资产、负债和所有者权益等科目分为“资产”和“负债及所有者权益”两大区块，在经过分录、转账、分类账、试算和调整等会计程序后，以特定日期的静态企业情况为基准，浓缩成一张报表。

12.1.1 资产负债表包含的内容

资产负债表的功能除了企业内部除错、指导经营方向和防止弊端外，也可让所有阅读者在最短时间内了解企业经营状况。因此，企业管理者、企业财会人员和跟资产负债表打交道的其他人，都需要了解资产负债表包含哪些内容。

资产负债表有三大内容，资产、负债和所有者权益。它根据资产、负债和所有者权益之间的勾稽关系，按照一定的分类标准和顺序，把企业一定日期的资产、负债和所有者权益各项目进行适当排列。其中，资产按流动性大小进行列示，即流动资产、长期资产、固定资产、无形资产和其他资产；负债也按流动性大小列示，即流动负债和长期负债等；而所有者权益则按实收资本、资本公积、盈余公积和未分配利润等项目分项列示。

（1）资产

资产负债表中的资产反映由过去的交易或事项形成，并由企业在某一特定日期所拥有或控制的，预期会给企业带来经济利益的资源。以其流动性可大致分为流动资产和非流动资产两类，如表 12-1 所示。

表 12-1 资产的内容

分类	含义	科目
流动资产	预计在一个正常营业周期中变现、出售或耗用，或者主要为交易目的而持有，或者预计在资产负债表日起一年内（含一年）变现的资产，或自资产负债表日起一年内交换其他资产或清偿负债的能力不受限制的现金或现金等价物	货币资金、交易性金融资产、应收票据及应收账款、预付款项、应收利息、应收股利、存货、其他应收款和一年内到期的非流动资产等
非流动资产	是指流动资产以外的资产	长期股权投资、固定资产、在建工程、固定资产清理和无形资产等

（2）负债

资产负债表中的负债反映在某一特定日期企业所承担的，预期会导致经济利益流出企业的现时义务。同样，以其流动性可分为流动负债和非流动负债两大类。具体介绍如表 12-2 所示。

表 12-2 负债的内容

分类	含义	科目
流动负债	预计在一个正常营业周期内清偿，或主要为交易目的而持有，或自资产负债表日起一年内（含一年）到期应进行清偿，或企业无权自主地将清偿推迟至资产负债表日后一年以上的负债	短期借款、应付票据及应付账款、预收款项、应付职工薪酬、应交税费、应付利息、应付股利、其他应付款和一年内到期的非流动负债等
非流动负债	是指流动负债以外的负债	长期借款、应付债券和其他非流动负债等

（3）所有者权益

资产负债表中的所有者权益是企业资产扣除负债后的剩余权益，反映企业在某一特定日期股东（投资者）拥有的净资产的总额，包括 4 项内容，如表 12-3 所示。

表 12-3 所有者权益的内容

科目	含义
实收资本	是指投资者按照企业章程或合同、协议等的约定，实际投入企业的资本，它是企业注册登记的法定资本总额的来源，表明所有者对企业的基本产权关系。一般来说，企业的实收资本应与注册资本一致，企业实收资本比原注册资本数额增减超过 20% 时，要变更注册资本登记
资本公积	是指企业在经营过程中，由于接受捐赠、股本溢价及法定财产重估增值等原因形成的公积金。它与企业收益无关，而与企业资本相关。换句话说，资本公积是指投资者或他人投入企业、所有权归投资者且投入金额超过法定资本部分的资本
盈余公积	是指企业从税后利润中提取形成的，存留于企业内部且具有特定用途的收益积累，当盈余公积达到注册资本的 50% 后可不再提取。需要注意的是，在计算盈余公积的基数时，不应包括企业年初未分配利润
未分配利润	是指企业未作分配的利润，它可在以后年度继续进行分配，而在未分配之前属于所有者权益的组成部分。换句话说，未分配利润是指企业实现的净利润经过弥补亏损、提取盈余公积和向投资者分配利润后留存在企业的，历年结存的利润额

12.1.2 编制资产负债表的注意事项

企业财会人员编制资产负债表的首要注意事项是要分清资产负债表的编制格式，主要有账户式、报告式和财务状况式 3 种。其中，账户式资产负债表分为左右两方，左方列示资产项目，右方列示负债和所有者权益项目，左右两方的合计数保持平衡。这种格式的资产负债表应用最广，而企业会计制度规定并要求采用的也是这种格式的资产负债表，如图 12-1 所示。图 12-2 所示为报告式资产负债表的两种格式。

资产负债表

会企 01 表

编制单位：　　　　年　月　日　　　　单位：元

资产	期末余额	年初余额	负债和所有者权益（或股东权益）	期末余额	年初余额
流动资产：			流动负债：		
货币资金			短期借款		
交易性金融资产			交易性金融负债		
衍生金融资产			衍生金融负债		
应收票据及应收账款			应付票据及应付账款		
预付款项			预收款项		
其他应收款			应付职工薪酬		
存货			应交税费		
合同资产			……		
持有待售资产			其他流动负债		
一年内到期的非流动资产			**流动负债合计**		
其他流动资产			非流动负债：		
流动资产合计			长期借款		
非流动资产：			应付债券		
债权投资			……		
其他债权投资			**非流动负债合计**		
长期应收款			**负债合计**		
长期股权投资			所有者权益（或股东权益）：		
其他权益工具投资			实收资本（或股本）		
其他非流动金融资产			……		
投资性房地产			资本公积		
固定资产			减：库存股		
在建工程			其他综合收益		
……			盈余公积		
其他非流动资产			未分配利润		
非流动资产合计			所有者权益（或股东权益）合计		
资产总计			负债和所有者权益（或股东权益）总计		

图 12-1

资产负债表

编制单位：　　年　月　日　　单位：元

项目	金额
资产	
流动资产	×××
长期投资	×××
固定资产	×××
无形资产	×××
……	
其他资产	×××
资产合计	×××
权益	×××
负债	
流动负债	×××
长期负债	×××
……	
其他负债	×××
负债合计	×××
所有者权益	
实收资本	×××
资本公积	×××
盈余公积	×××
未分配利润	×××
所有者权益合计	×××
权益合计	×××

（a）

资产负债表

编制单位：　　年　月　日　　单位：元

项目	金额
资产	
流动资产	×××
长期投资	×××
固定资产	×××
无形资产	×××
……	
其他资产	×××
资产合计	×××
减：负债	
流动负债	×××
长期负债	×××
……	
其他负债	×××
负债合计	×××
所有者权益	
实收资本	×××
资本公积	×××
盈余公积	×××
未分配利润	×××
所有者权益合计	×××

（b）

图 12-2

不论是哪种格式的资产负债表，在编制时首先要把所有项目按一定标准进行分类，并以适当的顺序加以排列。企业财会人员除了要识别资产负债表的格式外，在编制资产负债表时还要注意编制方法和填制原理。而注意资产负债表的编制方法就是要掌握各项目数据来源的方式，具体如下。

- ◆ 根据总账科目余额直接填列，资产负债表中大部分项目的填列都是根据有关总账账户的余额直接填列的，比如应收票据、短期借款、交易性金融资产、应付职工薪酬和应交税费等科目。
- ◆ 根据总账科目余额计算填列，比如库存现金、银行存款和其他货币资金等科目。
- ◆ 根据明细科目余额计算填列，比如应收账款、预收账款、应付账款和预付账款等科目。
- ◆ 根据总账科目和明细科目余额分析计算填列，如长期借款科目。
- ◆ 根据科目余额减去其备抵项目后的净额填列，如存货和无形资产等科目。
- ◆ 资产负债表的“年初数”栏内各项数字，根据上年末资产负债表“期末数”栏内各项数字填列，而“期末数”栏内各项数字根据会计期末各总账账户及所属明细账户的余额填列。

资产负债表的编制原理是“资产 = 负债 + 所有者权益”会计恒等式，所有科目的填列都要符合该恒等式。如果资产负债表左边的资产合计数与右边的负债与所有者权益合计数不相等，则资产负债表的编制很可能出现了问题，此时就需要财会人员追查原因。

12.1.3 所有者权益

顾名思义，净资产就是减去负债后的资产，是企业所有者享有的企业总资产减去总负债后的剩余权益。因此，在财务中，所有者权益也称净资产，而净资产中不可或缺的就是资本。

既然所有者权益也称净资产，那么实收资本、资本公积、盈余公积和未分配利润等项目就属于企业的净资产。其中，实收资本（原始资本）和资本公积（储备资本）属于企业的实有资本，而盈余公积（利润计提）和未分配利润（各种计提和派发股息红利后剩余未明确分配的利润）属于企业的留存收益。

企业实收资本的来源有三条途径：一是企业建立之初和经营过程中投资者投入的资本；二是资本公积转增为实收资本的资本；三是盈余公积转增为实收资本的资本。

而未分配利润从数量上看，是期初未分配利润加上当期实现的净利润，减去提取的各种盈余公积和分出的利润后的余额。

在股市中，市盈率对投资者来说是进取性指标，而市净率（每股股价与每股净资产的比率）是防御性指标，即每股净资产是股价的最后防线。当上市公司倒闭清盘，其股票的财务账面价值就是每股净资产。因此，净资产概念的运用还是比较广泛的，但在会计上，还是将净资产统称为所有者权益。

12.1.4 利用财务软件导出资产负债表

在会计电算化下，企业的资产负债表已不再需要财会人员手动编制和填列数据，直接在财务软件中就可生成，然后根据需要，看是否执行“导出”或“打印”等操作。具体操作步骤如下。

当企业财会人员结账完毕后，相关负责人可登录到财务软件中（这里登录金蝶 KIS 版本），单击主界面中的“报表与分析”选项卡，然后在界面右侧单击“资产负债表”选项卡，如图 12-3 所示。

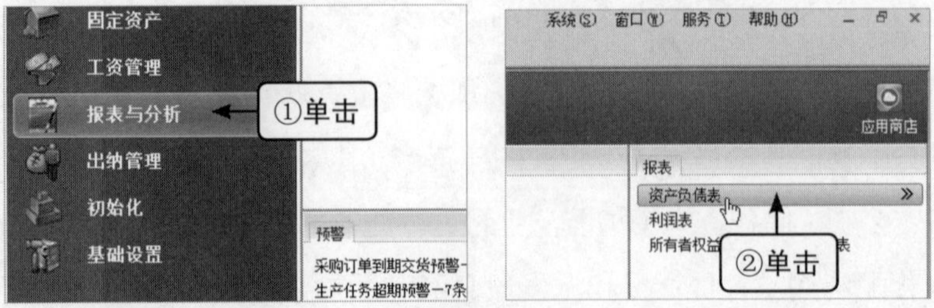

图 12-3

在打开的“报表系统 - 资产负债表”界面中即可查看到生成的资产负债表，如图 12-4 所示。

资产负债表

单位名称：[illegible]电子有限公司　　[illegible]　　单位：元

资　　产	期末余额	年初余额	负债和所有者权益（或股东权益）	期末余额	年初余额
流动资产：			流动负债：		
货币资金	30,482,137.28	9,502,135.77	短期借款	162,000.00	
交易性金融资产			交易性金融负债		
应收票据			应付票据		
应收账款	9,318,512.00	7,843,076.80	应付账款	25,780,995.80	11,565,079.00
预付款项	1,370,386.00	474,260.00	预收款项	4,421,991.20	1,408,861.20
应收利息			应付职工薪酬	133,294.46	
应收股利	8,000.00		应交税费	-3,204,239.97	
其他应收款	7,893,800.00	13,500.00	应付利息		
存货	26,033,256.45	15,572,834.46	应付股利		
一年内到期的非流动资产			其他应付款	3,000.00	
其他流动资产	-43,948.17		一年内到期的非流动负债		
流动资产合计	75,062,143.56	33,405,807.03	其他流动负债		
非流动资产：			流动负债合计	27,297,041.49	12,973,940.20
可供出售金融资产			非流动负债：		
持有至到期投资	200,000.00		长期借款	12,000,000.00	
长期应收款			应付债券		
长期股权投资	10,000,000.00	8,000,000.00	长期应付款		
投资性房地产			专项应付款		
固定资产	1,860,023.67	2,134,794.17	预计负债		
在建工程			递延所得税负债		
工程物资			其他非流动负债		
固定资产清理			非流动负债合计	12,000,000.00	
生产性生物资产			负债合计	39,297,041.49	12,973,940.20
油气资产			所有者权益（或股东权益）：		
无形资产			实收资本（或股本）	42,652,000.00	28,530,000.00
开发支出			资本公积		
商誉			减：库存股		
长期待摊费用			盈余公积		
递延所得税资产			未分配利润	5,173,125.74	1,026,453.50
其他非流动资产			所有者权益（或股东权益）合计	47,825,125.74	29,556,453.50

图 12-4

在“报表系统 - 资产负债表”界面的菜单栏中单击“文件”菜单项，在弹出的菜单中选择“引出报表”命令，打开“保存”对话框，选择资产负债表在计算机中的保存位置，设置文件名和保存类型（一般为 .xls 格式），然后单击“保存”按钮，如图 12-5 所示。

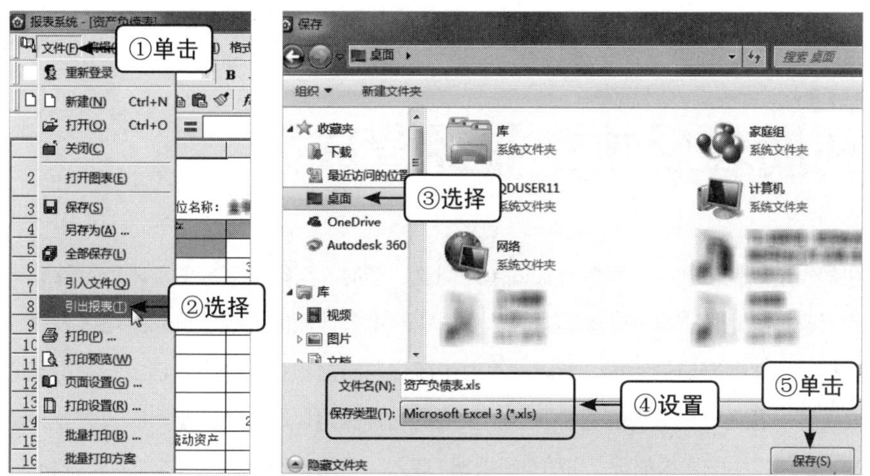

图 12-5

系统将提示“引出报表成功”，也就是说，通过财务软件形成的资产负债表已经导出并储存在当下工作的计算机中。如果财会人员需要直接将财务软件中生成的资产负债表打印出来，则需要选择“文件 / 打印”命令，在打开的“打印”对话框中根据需要设置打印的各种参数，然后单击“确定”按钮，即可完成打印资产负债表的操作，如图 12-6 所示。

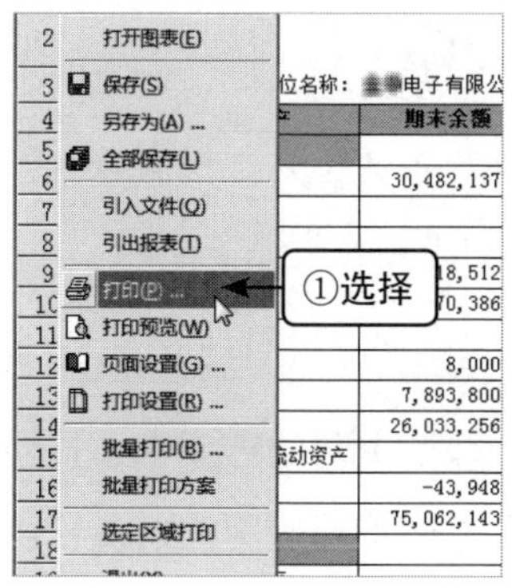

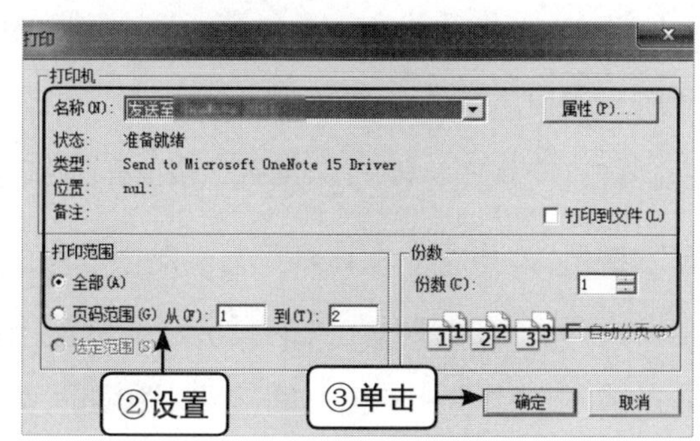

图 12-6

12.2

利润表反映企业经营成果

利润表是反映企业在一定会计期间（如月度、季度、半年度或年度）内的经营成果的报表，因此，它是一张动态报表。而企业一定会计期间的经营成果既可能表现为盈利，也可能表现为亏损，所以，有时也被称为损益表或收益表。它全面揭示了企业在某一特定时期实现的各种收入，发生的各种费用、成本或支出，以及企业实现的利润或发生的亏损情况。利润表是根据“收入－费用＝利润”的基本关系来编制的，其具体内容取决于收入、费用和利润等会计要素及其内容。

12.2.1 哪些项目构成利润表

利润表项目是收入、费用和利润要素内容的具体体现，也就是说，企业的利润表由收入、费用和利润 3 个项目构成。具体内容如下。

收入。是指企业在日常经营活动中形成的，会导致所有者权益增加的，非所有者投入资本的经济利益总流入，包括主营业务收入、其他业务收入和营业外收入（如利息收入、接受捐赠收入和股利收入等）。

费用。是指企业在日常经营活动中发生的，会导致所有者权益减少的，与向所有者分配利润无关的经济利益中流出，包括主营业务成本、其他业务成本、营业外支出、间接费用和期间费用（如管理费用、财务费用和销售费用等）。

利润。是指企业在日常经营活动中，收入减去费用后的余额，包括营业利润、利润总额和净利润。其中，营业利润为主营业务收入和其他业务收入之和，减去主营业务成本、其他业务成本和期间费用之和后的余额；利润总额是营业利润加上投资收益和营业外收入，再减去营业外支出的余额，是税前利润；而净利润是利润总额减去所得税费用后的余额，即税后利润。

12.2.2 利润表的编制方法

利润表的编制方法是要明确各部分数据的由来，计算利润时，企业财会人员应以收入为起点，计算出当期的利润总额和净利润额，计算步骤具体如下。

①以主营业务收入减去主营业务成本和税金及附加，计算主营业务利润，核算目的是考核企业主营业务的获利能力。主要公式如下：

主营业务利润＝主营业务收入－主营业务成本－税金及附加

②从主营业务利润和其他业务收入中减去管理费用、财务费用、销售费用、资产减值损失和信用减值损失，再加上投资收益、公允价值变动收益和资产处置收益等其他收益，计算企业的营业利润，核算目的是考核企业生产经营活动的获利能力。主要公式如下：

营业利润＝主营业务利润＋其他业务收入－管理费用－财务费用－销售费用－资产减值损失－信用减值损失＋投资收益＋公允价值变动收益＋资产处置收益等

③在营业利润的基础上，加上营业外收支净额，计算当期利润总额，核算目的是考核企业的综合获利能力。主要公式如下：

利润总额＝营业利润＋营业外收支净额（营业外收入－营业外支出）

④在利润总额的基础上，减去所得税费用，计算当期净利润额，核算目的是考核企业最终获利能力。主要计算公式如下：

净利润额 = 利润总额 – 所得税费用

企业财会人员在编制利润表时，明确需要填列的内容也是一种方法。而需要填列的内容有各项目的“本月数”栏和“本年累计数”栏，在编报中期和年度利润表时，应将“本月数”栏改成“上年数”栏。

针对利润表中的本月数，一般根据账户的当期发生额分析填列的项目有：营业收入、营业成本、税金及附加、销售费用、管理费用、财务费用、资产减值损失、公允价值变动损益、投资收益、营业外收入和所得税费用等；而根据利润表中有关项目的计算进行填列的主要是营业利润、利润总额和净利润等利润项目。

针对利润表中的本年累计数，应根据上月利润表的“本年累计数”栏各项目数额，加上当月利润表的“本月数”栏各项目数额，然后将其合计数填入“本年累计数”栏相应项目中。

12.2.3 通过财务软件导出利润表

在会计电算化下，不再需要财会人员手动编制利润表，可直接通过财务软件生成。如果需要将利润表保存到工作的计算机中，还可直接对其进行“导出”操作；如果需要纸质利润表，则可以直接打印。下面以金蝶 KIS 版本为例，介绍导出和打印利润表的操作步骤。

登录企业使用的财务软件系统，在“报表与分析”界面中单击“利润表”选项卡，在打开的“报表系统 – 利润表”界面中可以查到系统自动生成的利润表，单击菜单栏中的“文件”菜单项，在弹出的菜单中选择“引出报表”命令，如图 12–7 所示。

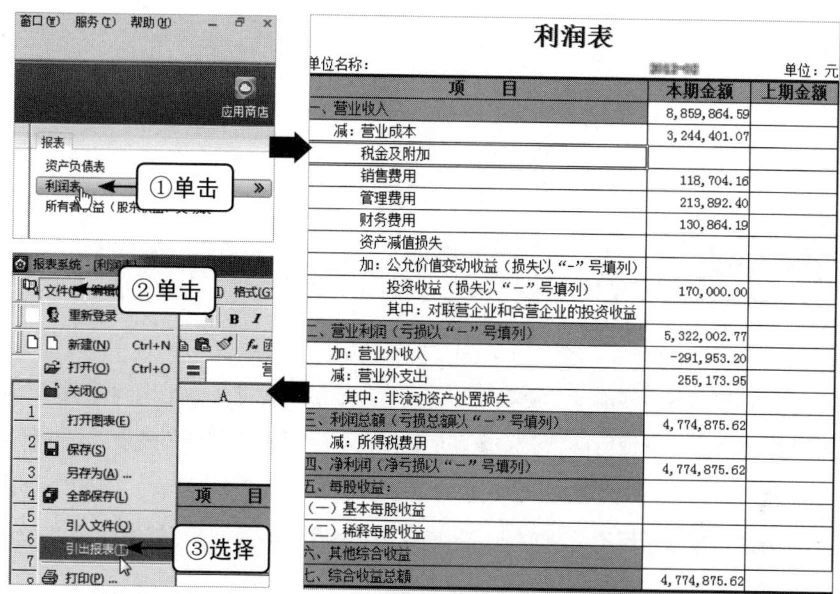

利润表

单位名称：　　　　单位：元

项　目	本期金额	上期金额
一、营业收入	8,859,864.59	
减：营业成本	3,244,401.07	
税金及附加		
销售费用	118,704.16	
管理费用	213,892.40	
财务费用	130,864.19	
资产减值损失		
加：公允价值变动收益（损失以“-”号填列）		
投资收益（损失以“-”号填列）	170,000.00	
其中：对联营企业和合营企业的投资收益		
二、营业利润（亏损以“-”号填列）	5,322,002.77	
加：营业外收入	-291,953.20	
减：营业外支出	255,173.95	
其中：非流动资产处置损失		
三、利润总额（亏损总额以“-”号填列）	4,774,875.62	
减：所得税费用		
四、净利润（净亏损以“-”号填列）	4,774,875.62	
五、每股收益：		
（一）基本每股收益		
（二）稀释每股收益		
六、其他综合收益		
七、综合收益总额	4,774,875.62	

图 12-7

后续保存步骤与资产负债表的导出类似，这里就不再赘述。而利润表也可以像资产负债表一样，直接打印出来形成纸质档案。具体操作是，财会人员在“报表系统 - 利润表”界面中单击“文件”菜单项后，在弹出的菜单中选择“打印”命令，如图 12-8 所示。后续操作也可参考资产负债表的打印操作步骤。

图 12 8

12.3
现金流量表反映现金流量的变化

现金流量表是财务报表的 3 个基本报告之一，反映的是企业在固定期间（每月或每季度）内，现金（含银行存款）的增减变动情形，还反映出资产负债表中各个项目对现金流量的影响。根据现金用途将现金流量表中的项目划分为经营、投资和融资 3 个活动分类，该表可用于分析企业在短期内有没有足够现金去应对开销。现金流量表是原来财务状况变动表或资金流动状况表的替代物，国际财务报告准则第 7 号公报规范了现金流量表的编制。

12.3.1 现金流量表内容

不管企业的性质如何，财务部门编制的现金流量表必定会包括三大内容，即经营活动现金流量、投资活动现金流量和筹资活动现金流量。各项内容包含的项目如表 12-4 所示。

表 12-4 现金流量表的内容

内容	项目
经营活动现金流量	1. 销售商品、提供劳务收到的现金； 2. 购买商品、接受劳务支付的现金； 3. 支付给职工以及为职工支付的现金； 4. 支付的各项税费等
投资活动现金流量	1. 收回短期投资、长期债券投资和长期股权投资收到的现金； 2. 取得投资收益收到的现金；

续表

内容	项目
投资活动现金流量	3. 处置固定资产、无形资产和其他长期资产收回的现金净额； 4. 短期投资、长期债券投资和长期股权投资支付的现金； 5. 购建固定资产、无形资产和其他长期资产支付的现金等
筹资活动现金流量	1. 取得借款收到的现金； 2. 吸收投资者投资收到的现金； 3. 偿还借款本息支付的现金； 4. 分配利润支付的现金等

现金流量表从不同角度反映企业业务活动的现金流入与流出，弥补了资产负债表和利润表提供信息的不足。通过现金流量表，报表使用者能了解现金流量的影响因素，评价企业的支付能力、偿债能力和周转能力，预测企业未来现金流量，为决策者提供有力依据。

需要注意的是，有时企业可能没有进行投资活动或筹资活动，但不能因为这样而减少现金流量表中的相应内容，比如不编制投资活动现金流量项目或筹资活动现金流量项目。正确的做法是，没有发生相关现金流量时，在相应项目的“当期发生额”栏中填“0”，有期末余额的填列好期末余额，没有期末余额的，也填为“0”。

12.3.2　经营活动复杂时需要编制附表

在会计实务工作中，由于经营活动包含的事项广泛而复杂，因此，在编制现金流量表后，一般还要编制其附表，自然原来的表格就成为现金流量表的主表。附表对主表编制出来的“经营活动产生的现金流量净额”进行验证，以提高主表的可信度。

在实际编制现金流量表时，其附表通常以补充资料的形式与主表合为一个报表，如图 12-9 所示。

现金流量表

会企 03 表

编制单位：　　　　　　年　月　　　　　　单位：元

项目	本月金额	本年累计金额
一、经营活动产生的现金流量：		
销售商品、提供劳务收到的现金		
收到的税费返还		
收到其他与经营活动有关的现金		
经营活动现金流入小计		
……		
经营活动现金流出小计		
经营活动产生的现金流量净额		
二、投资活动产生的现金流量：		
收回投资收到的现金		
取得投资收益收到的现金		
处置固定资产、无形资产和其他长期资产收回的现金净额		
处置子公司及其他营业单位收到的现金净额		
收到其他与投资活动有关的现金		
投资活动现金流入小计		
……		
投资活动现金流出小计		
投资活动产生的现金流量净额		
三、筹资活动产生的现金流量：		
吸收投资收到的现金		
取得借款收到的现金		
收到其他与筹资活动有关的现金		
筹资活动现金流入小计		
……		
筹资活动现金流出小计		
筹资活动产生的现金流量净额		
四、汇率变动对现金及现金等价物的影响		
五、现金及现金等价物净增加额		
加：期初现金及现金等价物余额		
六、期末现金及现金等价物余额		
补充资料		
现金流量附表项目		
1. 将净利润调节为经营活动的现金流量		
净利润		
计提的资产减值准备		
固定资产折旧		
无形资产摊销		
长期待摊费用摊销		
待摊费用减少		
预提费用增加		
……		
经营活动产生的现金流量净额		
2. 不涉及现金收支的投资和筹资活动		
债务转为资本		
一年内到期的可转换公司债券		
融资租入固定资产		
……		
3. 现金及现金等价物增加情况		
现金的期末余额		
减：现金的期初余额		
加：现金等价物的期末余额		
减：现金等价物的期初余额		
现金及现金等价物的净增加额		

图 12-9

在现金流量表的编制过程中，常见的问题是编制出来的附表很难与主表中的现金流量一致。如何检查主附表之间的勾稽关系，如何实现主附表之间的平衡，是企业财会人员在工作中需要思考和解决的问题。

首先，财会人员需要了解编制附表的基本原理，它的编制是一个将净利润还原为企业经营活动产生的现金流量净额的过程。净利润与经营活动产生的现金流量净额的差异主要表现为如下两个方面。

- 影响净利润在没有影响经营活动产生的现金流量净额。
- 影响经营活动产生的现金流量净额但没有影响净利润。

其次，附表编制的检查重点是检查上述两方面是否已经调整平衡。在调整因素时，资产减值损失、固定资产折旧、无形资产摊销和公允价值变动等是比较统一确定的，一般来说可直接引用利润表中的数据，容易导致不平衡的因素是存货的变动、经营性应收项目和应付项目的变动等事项。

①在填列附表中的“存货的减少（增加）”时，此处的存货应为经营性存货。如果企业发生了将存货资本化、对外投资或用于在建工程等业务，则这样的存货不属于经营性存货，应该在附表填列时予以扣除。

②购买或处置固定资产和无形资产时发生的应收、应付款，应从附表中的经营性应付项目或应收项目中扣除。因为其在其他应付（收）款或应付（收）账款中反映，但对应的现金流量为投资活动产生的现金流量，如果不在经营性应付（收）项目中剔除，则会导致主表和附表之间经营活动产生的现金流量出现差异。

12.3.3 怎样利用财务软件导出现金流量表

在会计电算化下，企业的现金流量表也不再需要财会人员手动编制，直接利用财务软件即可生成，需要时还能直接导出到本地计算机中或打印成纸质的现金流量表。具体操作如下。

登录财务软件，在“报表与分析”界面中，单击“现金流量表”按钮，在打开“现金流量表”界面的同时会打开“过滤条件”对话框，在对话框中选中相应查询方式前面的单选按钮，这里选中“按期间查询”单选按钮，设置生成现金流量表的会计期间和币别，设置项目汇总级次（一般为默认值），单击“确定”按钮，如图 12-10 所示。

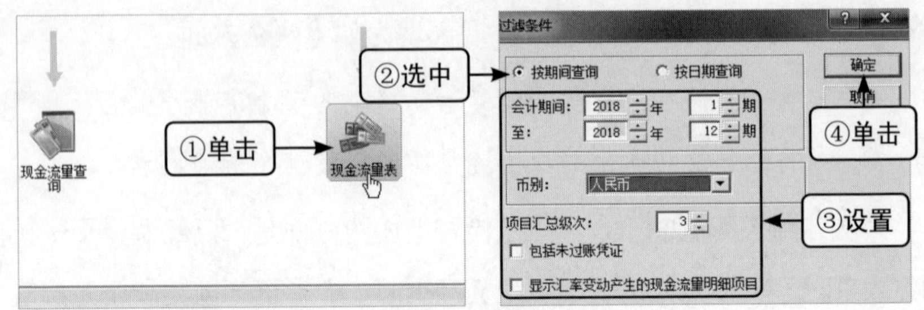

图 12-10

在“现金流量表”界面即可看到生成的现金流量表，如图 12-11 所示。

现金流量表

项目
一、经营活动产生的现金流量
销售商品、提供劳务收到的现金
收到的税费返还
收到的其他与经营活动有关的现金
现金流入小计
购买商品、接受劳务支付的现金
支付给职工以及为职工支付的现金
支付的各项税费
支付的其他与经营活动有关的现金
现金流出小计
经营活动产生的现金流量净额
二、投资活动产生的现金流量
收回投资所收到的现金
取得投资收益所收到的现金
处置固定资产、无形资产和其他长期资产所收回的现金净额
处置子公司及其他营业单位收到的现金净额
收到的其他与投资活动有关的现金
现金流入小计
购建固定资产、无形资产和其他长期资产所支付的现金
投资所支付的现金
取得子公司及其他营业单位支付的现金净额
支付的其他与投资活动有关的现金
现金流出小计
投资活动产生的现金流量净额
三、筹资活动产生的现金流量
吸收投资所收到的现金
取得借款收到的现金

补充资料:		
现金流量附表项目		
1、将净利润调节为经营活动现金流量		
净利润	38	-128,183.75
资产减值准备	39	
固定资产折旧、油气资产折耗、生产性生物资产折旧	40	
无形资产摊销	41	
长期待摊费用摊销	42	
处理固定资产、无形资产和其他长期资产的损失	43	
固定资产报废损失	44	
公允价值变动损失	45	
财务费用	46	
投资损失	47	
递延所得税资产减少	48	
递延所得税负债增加	49	
存货的减少	50	
经营性应收项目的减少	51	
经营性应付项目的增加	52	
其他	53	
经营活动产生的现金流量净额	54	-128,183.75
2、不涉及现金收支的投资和筹资活动		
债务转为资本	55	
一年内到期的可转换公司债券	56	
融资租入固定资产	57	
3、现金及现金等价物净增加情况		
现金的期末余额	58	
减：现金的期初余额	59	17,519,025.02
加：现金等价物的期末余额	60	
减：现金等价物的期初余额	61	
现金及现金等价物的净增加额	62	-17,519,025.02

图 12-11

后续打印操作和导出操作参考资产负债表及利润表的相关步骤，需要注意的是，有的财务软件不能导出现金流量表，只能直接打印。

12.4 如何编制对外提供的三大报表

企业的资产负债表、利润表和现金流量表 3 个财务报表的用处很多，尤其是对上市公司而言，每年都会在各大著名财经网站及各大股票软件上公开自身企业的财会报表，目的是让外界了解企业当下或近期的经营状况和经营成果。这一做法不仅能规范经济市场的运作模式，还能对企业吸引投资者对其进行投资起到一定的宣传和引导作用，从而解决有的企业资金周转困难的问题。但是，企业对外提供的三大报表有不同的格式，主要目的是满足使用者的需求，便于报表使用者获取有用信息。

与企业内部使用的财务报表相比，对外提供的财务报表会更加详尽，并且，企业对不同的需求者会提供不同格式的财务报表。对外报表是企业必须定期编制，定期向上级主管部门、投资者、财税部门和债权人等报送或按规定向社会公布的财务报表。

对外报表不仅包括资产负债表、利润表和现金流量表，还包括资产减值准备明细表、利润分配表、股东权益增减变动表、分部报表和其他有关附表。这类报表以会计准则为规范进行编制，因此，其格式和内容会有严格的规定，具体介绍如下。

（1）数字真实

财务报表中的各项数据必须真实可靠，并如实地反映企业的财务状况、经营成果和现金流量，否则会影响报表外部使用者对企业的正确判断。

（2）内容完整

对外提供的财务报表应简明扼要地概括企业经济活动、财务状况和经营成果的全貌，这样才能满足外部各方对会计信息的需求。凡是国家要求提供的财务报表，各企业必须全部编制并报送，不得漏编和漏报；凡是国家统一要求披露的信息都必须披露。

（3）编制及时

企业财会人员编制对外报表及时，才能及时地将企业的会计信息传递给报表使用者，为使用者的决策提供依据，否则，即使是真实可靠且内容完整的财务报表，但由于编制和报送不及时，对报表使用者来说，报表的信息使用价值也已经大大降低了。

（4）手续完备

企业对外提供的财务报表应具有封面，并且装订成册，同时还要加盖企业公章。财务报表封面上还应注明如下内容：企业名称、企业统一代码和组织形式、地址、报表所属年度或月份以及报出日期等。另外，还要由企业负责人和主管会计工作的负责人、会计机构负责人（会计主管人员）签名并盖章，而设置了总会计师的企业还应由其签名并盖章。

企业财会人员通过财务软件生成的财务报表，可作为编制对外报表的参考，若是生成的报表还没有全方位地概括企业的经营状况、经营成果及现金流量等情况的，财会人员在编制对外报表时要将遗漏的内容进行补充或添加。而对外提供的财务报表，根据使用者的不同需求，有“.xls”格式（Excel 形式）和“.kds”格式等。

很多企业的当期财务报表显示经营亏损，但为了对外争取到融资，就会对外提供假报表，俗称假账。这种做法是不可取的，这样会误导报表使用者对企业真实情况的认知，是一种欺骗行为，作为市场中的正规企业，不应该对外提供不真实的财务报表。

第13章

财务报表的数据分析

在很多企业中，财务报表的分析工作一般都是由财务负责人（财务部经理或财务总监）来操作，而一般的财会人员很少涉及这项会计工作。但是要想尽可能地为公司服务，做好领导的帮手，财会人员要高标准要求自己，就要学习一些财务报表的分析方法和工作内容，提升一定的财务报表分析能力，为自身以后的职业发展做好充分的准备。

13.1

分析资产负债表的数据

企业编制的资产负债表是三大财务报表中包含内容最多的一张报表，对其进行的数据分析工作比较多。相应的，该表能为报表使用者提供的有用会计信息也较多。通过分析资产负债表的数据，可大致了解企业的短期或长期偿债能力、运营能力和发展能力。而分析该表数据时，通常以相关的比率来体现企业的能力。

13.1.1　流动、速动比率分析短期偿债能力

流动比率（CR）是流动资产对流动负债的比率，用来衡量企业流动资产可变现偿还短期负债的能力。一般来说，比率越高，说明企业流动资产的变现能力越强，短期偿债能力也就越强；反之则能力弱。而流动比率为 2 ∶ 1，表示流动资产是流动负债的两倍，即使流动资产有一半在短期内不能变现，也能保证全部的流动负债可以得到偿还。所以，企业的流动比率最好在 2 ∶ 1 以上。流动比率的计算公式如下。

流动比率 = 流动资产合计 ÷ 流动负债合计 ×100%

与该比率相关的是速动比率（QR），是指速动资产对流动负债的比率，用来衡量企业流动资产中可以立即变现用于偿还流动负债的能力。与流动比率类似，速动比率越高，说明速动资产的变现能力越强，短期偿债能力越强；反之越弱。速动比率的计算公式如下。

速动比率 = 速动资产 ÷ 流动负债 ×100%

职场小贴士

速动资产是指流动资产中可以立即变现的那部分资产，计算方法为流动资产减去变现能力较差且不稳定的存货、预付账款、一年内到期的非流动资产和其他流动资产。也就是说，速动资产一般包括现金、有价证券和应收账款等。

理论上来说，企业的速动比率维持在 1:1 时较正常，它表明企业的每 1 元流动负债就有 1 元易于变现的流动资产来抵偿，短期偿债能力有可靠的保证。速动比率过低，企业的短期偿债风险较大；比率过高，企业的速动资产占用资金过多，会增加企业投资的机会成本。但上述理论分析并不绝对。

实际财会工作中，应考虑到企业的行业性质，比如商品零售业，由于采用大量现金销售，几乎没有应收账款，速动比率远低于 1 也是合理的；相反，有的企业虽然速动比率大于 1，但速动资产中大部分是应收账款，这并不代表企业的偿债能力强，因为应收账款能否收回具有很大的不确定性。所以，在评价速动比率时，还应分析应收账款的质量。

流动比率和速动比率的分析不能独立于流动资产周转能力的分析之外，存货和应收账款的周转效率低下也会影响流动比率分析的实用性。所以，流动比率和速动比率的应用应结合流动项目的构成和各流动资产的效率综合分析。相关计算公式如下。

流动资产周转率 = 主营业务收入净额 ÷ 平均流动资产总额

平均流动资产总额 =（流动资产年初余额 + 流动资产年末余额）÷ 2

存货周转率 = 销售成本 ÷ 平均存货余额

平均存货余额 =（期初存货余额 + 期末存货余额）÷ 2

案例陈述　分析企业的短期偿债能力

某企业2019年公布了2018年的年报，如表13-1所示为与企业短期偿债能力有关的数据。相关数据分析如下。

表13-1　某企业2016年与短期偿债能力有关的数据

科目	期末余额	期初余额	科目	期末余额	期初余额
流动资产	75 062 143.56	33 405 807.03	流动负债	27 297 041.49	12 973 940.2
存货	26 033 256.45	15 572 834.46	销售成本	3 244 401.07	
一年内到期的非流动资产	0	0	主营业务收入净额	8 859 864.59	
其他流动资产	－43 948.17	0	预付账款	1 370 386	474 260

流动比率＝75 062 143.56÷27 297 041.49×100%≈2.75

速动比率＝（75 062 143.56−26 033 256.45−1 370 386+43 948.17）÷27 297 041.49×100%≈1.75

流动资产周转率＝8 859 864.59÷[（75 062 143.56+33 405 807.03）÷2]≈0.16

存货周转率＝3 244 401.07÷[（26 033 256.45+15 572 834.46）÷2]≈0.16

由上述数据计算结果可知，流动比率大于2:1，速动比率大于1:1，所以初步判断该企业的短期偿债能力较强。然而，流动资产周转率却远低于1，说明企业的主营业务收入不佳；存货周转率也远低于1，说明企业存货周转能力不高，存货占用销售成本的比例过高，存货短期内变现偿债的能力有限。所以，该企业的短期偿债能力虽然不低，但需要管理者提高警惕，以防存货积压过多，影响企业的短期偿债能力。

13.1.2　长期偿债能力的分析

长期偿债能力是指企业偿还长期负债的能力，企业的长期负债主要有长期借款、应付债券、长期应付款、专项应付款和预计负债等。而通过资产负债表的数据反映企业长期偿债能力的比率有：资产负债率、产权比率、股东权益比率、权益乘数和有形净值债务率，下面对这些比率进行详细讲解。

（1）资产负债率

资产负债率也称负债比率，是企业负债总额与资产总额的比率，反映企业的资产总额有多少是通过举债而得到的。计算公式如下。

资产负债率 = 负债总额 ÷ 资产总额 ×100%

该比率越高，说明企业长期偿债能力越差，财务风险越大；反之，长期偿债能力越强，财务风险越小。因此，从企业的债权人角度看，他们希望企业的资产负债率较低（负债总额相对较少），这样说明企业股东提供的资本占比大，财务风险主要由企业所有者承担，债权人贷款的安全性较高；而站在管理者角度，他们既要考虑企业的盈利，也要考虑所要承担的财务风险，资产负债率作为财务杠杆比率，不仅反映企业的长期财务状况，也反映了企业管理层的进取精神，如果企业不利用举债经营或负债比率较小，则说明企业管理者比较保守，对企业前途信心不足。

负债必须有一定的限度，负债比率过高，企业的财务风险将增大，一旦资产负债率超过 100%，说明企业资不抵债，有濒临倒闭的危险。而资产负债率为多少才合理，并没有一个确定的标准，不同行业和不同类型的企业，他们的资产负债率会存在较大差异。比如，处于高速成长时期的企业，其资产负债率可能会高一些。

（2）产权比率

产权比率也称负债股权比率，是负债总额与股东权益总额的比值。该比率实际上是资产负债比率的另一种表现形式，它反映了债权人提供的资金与股东提供的资金的对比关系，因此可以揭示企业的财务风险以及股东权益对债务的保障程度。计算公式如下。

产权比率＝负债总额 ÷ 股东权益总额 ×100%

针对该比率，一般企业设置的标准值为1:2。比率越低，表明企业自有资本占总资产的比重越大，长期偿债能力越强。有形资产净值债务率与该比率类似。

（3）股东权益比率和权益乘数

股东权益比率是股东权益总额与资产总额的比率，它反映资产总额中有多大比例是所有者投入的。计算公式如下。

股东权益比率＝股东权益总额 ÷ 资产总额 ×100%

由该公式可知，股东权益比率与资产负债率之和为1。股东权益比率越大，负债比率就越小，企业财务风险也就越小，偿还长期债务的能力就越强。而股东权益比率的倒数称为权益乘数，即资产总额与股东权益总额的比值。权益乘数反映企业财务杠杆的大小，乘数越大，说明股东投入的资本在资产中所占比重越小，财务杠杆越大。

13.1.3　应收账款周转率体现营运能力

营运能力反映企业资金周转状况，资金周转状况好，说明企业的经营管理水平高，资金利用效率高。而企业的资金周转状况与供、产、销各个经营环节密切相关，任何一个环节出现问题，都会影响到企业资金的正常周转。

应收账款周转率是企业一定时期内赊销收入净额与应收账款平均余额的比率，它用来评价应收账款的流动性大小，反映应收账款在一个会计年度内的周转次数，可用来分析应收账款的变现速度和管理效率。具体公式如下。

应收账款周转率 = 赊销收入净额 ÷ 应收账款平均余额

赊销收入净额 = 销售收入净额 - 现销收入

销售收入净额 = 销售收入 - 销售退回 - 销售折扣 - 销售折让

应收账款平均余额 = （应收账款期初余额 + 应收账款期末余额）÷ 2

需要注意的是，在利润表中，“营业收入”就是“销售收入”。应收账款周转率越高，说明应收账款的周转速度越快、流动性越强，可以减少坏账损失，进而增强企业的短期偿债能力。

职场小贴士

企业还可用应收账款平均收账期来反映应收账款的周转情况，其公式为：应收账款平均收账期 = 360 ÷ 应收账款周转率 = 应收账款平均余额 × 360 ÷ 赊销收入净额。

13.1.4 存货周转率反映营运能力有局限性

存货周转率也称存货利用率，是企业一定时期的销售成本与存货平均余额的比率，说明一定时期内企业存货周转的次数，可反映企业销售效率和存货使用效率。其计算公式如下。

存货周转率 = 销售成本 ÷ 存货平均余额

存货平均余额 = （存货期初余额 + 存货期末余额）÷ 2

上述公式中，销售成本可从利润表中得知。在正常经营情况下，存货周转率越高，说明企业的资产流动性较好，资金利用效率较高；存货周转率越低，常常是库存管理不利，销售状况不好的表现，从而造成了存货积压，这时说明企业在产品销售方面存在一定的问题，要采取积极的销售策略。

一方面，针对季节性经营的企业来说，如果想通过提高存货周转率来提高资金使用效率，则会导致采购活动过于频繁，严重时还可能造成企业销售缺货；另一方面，有时企业处于特殊原因会增大存货储备量，比如在通货膨胀比较严重时，企业为了降低存货采购成本，可能会提高存货储备量，这一做法导致的存货周转率降低是一种正常现象。

职场小贴士

企业还可利用存货周转天数来判断存货周转状况，它表示存货周转一次需要的时间，天数越短，说明存货周转越快。其计算公式为：存货周转天数 = 360 ÷ 存货周转率 = 存货平均余额 × 360 ÷ 销售成本。

除了应收账款周转率和存货周转率可以体现企业的营运能力外，流动资产周转率、固定资产周转率和总资产周转率等都可以体现企业的营运能力，这里就不再赘述。

13.1.5 资产和股权资本的增长率与发展能力

发展能力是指企业在从事经营活动过程中表现出的增长能力，比如规模的扩大、盈利的持续增长和市场竞争力的增强等。通过资产负债表计算出的资产增长率和股权资本增长率可以反映企业的发展能力。

（1）资产增长率

资产增长率是企业当年总资产增长额与年初资产总额的比，它反映了企业当年度资产规模的增长情况。其计算公式如下。

资产增长率 = 本年总资产增长额 ÷ 年初资产总额 × 100%

本年总资产增长额 = 本年资产年末总额 − 本年资产年初总额

一般来说，资产增长率越高，说明企业资产规模增长的速度越快，企业的竞争力越强；反之，企业的竞争力越弱。但是，在分析企业资产数量增长的同时，还要注意分析资产的质量变化。

（2）股权资本增长率

股权资本增长率也称净资产增长率或资本积累率，是指企业当年股东权益增长额与年初股东权益总额的比率。它反映企业当年股东权益的变化水平，体现了企业资本的积累能力，是评价企业发展潜力的重要财务指标。其计算公式如下。

股权资本增长率 = 本年股东权益增长额 ÷ 年初股东权益总额 ×100%

本年股东权益增长额 = 本年股东权益年末总额 − 本年股东权益年初总额

股权资本增长率越高，说明企业资本积累能力越强，发展能力越好；反之，发展能力越弱。在企业不依靠外部筹资而仅通过自身盈利积累实现股权资本增长的情况下，股东权益增长额就只来源于企业的经营利润，这种情况下的股权资本增长率被称为可持续增长率。

可持续增长率可看作是企业的内生性成长能力，它主要取决于两个因素：股东权益报酬率和留存比率。计算公式如下。

可持续增长率 = 净利润 × 留存比率 ÷ 年初股东权益总额 ×100%

= 股东权益报酬率 × 留存比率

= 股东权益报酬率 ×（1− 股利支付率）

职场小贴士

留存比率是指企业用于支付股利以外的留存收益在净利润中的占比。股利支付率也称股息发放率，指净收益中股利所占的比重，它反映企业股利分配政策和股利支付能力，计算公式：股利支付率 = 每股股利 ÷ 每股净收益 ×100% = 股利总额 ÷ 净利润总额。美国使用该比率较多，通常初创公司和小公司的分配比例较低，而分配比例较高表明企业不需要更多的资金进行再投资。

13.2

利润表数据的运用

企业编制的利润表也包含很多重要的信息，比如企业当期的营业收入、营业成本、各项费用开支、税费缴纳情况以及营业外收支状况等。而通过相应计算公式，结合利润表中的相应数据，即可计算出一些重要的比率，这些比率在一定程度上可以反映出企业的偿债能力、盈利能力和发展能力。这对企业管理者分析企业现状和做出经营管理决策有较好的指导作用。

13.2.1　利息保障倍数衡量获利与偿债能力

利息保障倍数也称利息所得倍数或已获利息倍数，是税前利润加利息费用之和与利息费用的比值，它反映企业的经营所得支付债务利息的能力。其计算公式如下。

利息保障倍数 =（税前利润 + 利息费用）÷ 利息费用

税前利润指缴纳所得税之前的利润总额，而利息费用不仅包括财务费用中的利息费用，还包括计入固定资产成本的资本化利息。如果该倍数较小，说明企业难以保证用经营所得来按时按量支付债务利息，偿债能力不足，获利能力很弱；反之，偿债能力强，获利能力也强。

一般来说，企业的利息保障倍数至少要大于 1，否则就难以偿付债务及利息。但是，在利用这一指标时必须注意，会计核算费用遵循的是权责发生制，所以当期的利息费用不一定是当期的实际利息支出，而当期发生的实际利息支出也并不一定归集到当期的利息费用中。同时，当期的息税前利润也并不是当期经营活动产生的现金。

这样一来，用该倍数来衡量经营所得支付债务利息的能力就存在一定的片面性，不能清楚地反映实际支付利息的能力。因此，企业可进一步用现金利息保障倍数来分析经营所得现金偿付利息支出的能力，具体计算公式如下。

现金利息保障倍数 =（经营活动产生的现金流量净额 + 现金利息支出 + 付现所得税）÷ 现金利息支出

公式中，现金利息支出是指当期用现金支付的利息费用；付现所得税指当期用现金支付的所得税。现金利息保障倍数反映企业一定时期经营活动所取得的现金是现金利息支出的多少倍，它更明确地表明了企业用经营活动所取得的现金偿付债务利息的能力。

13.2.2　与盈利能力相关的各种报酬率分析

盈利能力指企业获取利润的能力，一般在对该能力进行分析时，只分析企业正常经营活动的盈利能力，不涉及非正常经营活动。因为一些非正常或特殊的经营活动虽能给企业带来收益，但它不是经常性的或持续性的，所以不能将其作为企业的一种持续性的盈利能力加以分析。

评价企业盈利能力的财务比率主要有资产报酬率、股东权益报酬率、成本费用净利率及市盈率与市净率等。

1. 资产报酬率

资产报酬率也称资产收益率，是企业在一定时期内的利润额与资产平均总额的比率。它主要用来衡量企业利用资产获取利润的能力，在实践中，根据财务分析目的不同，利润额分为息税前利润、利润总额和净利润，对应的资产报酬率就会分为资产息税前利润率、资产利润率和资产净利润率（资产净利率）。相关计算公式如下。

资产息税前利润率＝息税前利润 ÷ 资产平均总额 ×100%

资产利润率＝利润总额 ÷ 资产平均总额 ×100%

资产净利润率＝净利润 ÷ 资产平均总额 ×100%

其中，资产息税前利润率不受企业资本结构变化的影响，通常用来评价企业利用全部经济资源获取报酬的能力。一般来说，只要企业的资产息税前利润率大于负债利息率，就表示有足够的收益用于支付债务利息，所以，该比率不仅可评价盈利能力，还可评价偿债能力。

资产利润率不会受所得税政策变化的影响，它不仅能综合地评价企业的资产盈利能力，还能反映企业管理者的资产配置能力。而资产净利润率将受到企业经营活动、投资活动、筹资活动及国家税收政策等变化的影响，因此，它通常用于评价企业对股权投资的回报能力，股东分析企业资产报酬率时常用资产净利润率。

资产报酬率的高低没有一个绝对的评价标准，分析企业的资产报酬率时，通常采用比较分析法。与企业以前会计年度的资产报酬率做比较，判断企业资产盈利能力的变动趋势；或者与同行业平均资产报酬率作比较，判断企业在同行业中所处的地位。通过这种比较分析，可评价企业的经营效率，发现自身经营管理中存在的问题。如果企业的资产报酬率偏低，说明企业经营效率较低，经营管理存在问题，应调整经营方针。

2. 股东权益报酬率

股东权益报酬率也称净资产收益率或所有者权益报酬率，是企业一定时期的净利润与股东权益平均总额的比率，反映企业股东获取投资报酬的高低。其计算公式如下。

股东权益报酬率 = 净利润 ÷ 股东权益平均总额 × 100%

股东权益平均总额 =（股东权益期初总额 + 股东权益期末总额）÷ 2

股东权益报酬率越高，说明企业的盈利能力越强；反之，盈利能越弱。需要注意的是，在正常情况下，股份公司的股东权益市场价值都会高于其账面价值，因此，以股东权益市场价值计算的股东权益报酬率可能会远低于净资产收益率。其计算公式如下分解。

股东权益报酬率 = 资产净利润率 × 平均权益乘数

由此可见，提高股东权益报酬率有两种途径：一是在财务杠杆不变的情况下，通过增收节支来提高资产利用效率，进而提高股东权益报酬率；二是在资产利润率大于负债利息率的情况下，通过提高财务杠杆来增大权益乘数，进而提高股东权益报酬率。其中，途径一不会增加企业的财务风险，而途径二会导致企业的财务风险增大。

3. 成本费用净利率

成本费用净利率是企业净利润与成本费用总额的比率，它反映企业生产经营过程中发生的耗费与获得的报酬之间的关系。计算公式如下。

成本费用报酬率 = 净利润 ÷ 成本费用总额 × 100%

公式中的成本费用总额包括营业成本、税金及附加、管理费用、财务费用、销售费用和所得税费用等。该报酬率越高，说明企业为了获取报酬而付出的代价越小，企业的盈利能力越强；反之，盈利能力越弱。通过这一比率，不仅能评价企业盈利能力的高低，还能评价企业对成本费用的控制能力和经营管理水平。

4. 市盈率与市净率

市盈率与市净率是以企业盈利能力为基础的市场估值指标，这两个指标并不是直接用于分析企业盈利能力的，而是投资者以盈利能力分析为基础，对企业股票进行价值评估的工具。

（1）市盈率

市盈率也称为价格盈余比率或价格与收益比率，是指普通股每股市价与每股利润的比率，它反映企业市场价值与盈利能力之间的关系。其计算公式如下。

市盈率＝每股市价 ÷ 每股利润

资本市场上并不存在一个标准的市盈率，所以对市盈率的分析要结合行业特点和企业的盈利前景。一般来说，市盈率越高，说明投资者对企业的发展前景看好，愿意出较高价格购买企业的股票，所以成长性好的企业，其股票市盈率通常要高一些；反之，投资者对企业的发展前景不看好，就不愿意出较高价格购买企业的股票，所以缺乏成长性的企业股票市盈率要低一些。但需要注意，股票市盈率过高，也说明其投资风险较高，对于投资者来说也需要慎重考虑。

（2）市净率

市净率是指普通股每股市价与每股净资产的比率，反映企业股票的市场价值与账面价值之间的关系。其计算公式如下。

市净率＝每股市价 ÷ 每股净资产

该比率越高，说明股票的市场价值越高；反之，股票的市场价值越低。通常，资产质量好、盈利能力强的企业，其市净率较高；风险较大、发展前景较差的企业，其市净率会较低。在一个有效的资本市场中，若企业股票的市净率小于1，则说明投资者对企业未来发展前景持悲观态度。

除了资产报酬率、股东权益报酬率、成本费用净利率和市盈率与市净率等外，还有其他比率可反映企业的盈利能力，如销售毛利率、销售净利率、每股利润与每股现金流量及每股股利与股利支付率等。

13.2.3　销售增长率如何体现企业发展能力

销售增长率是企业当年营业收入增长额与上年营业收入总额的比率，它反映企业营业收入的变化情况，是评价企业成长性和市场竞争力的重要指标。其计算公式如下。

销售增长率 = 本年营业收入增长额 ÷ 上年营业收入总额 × 100%

本年营业收入增长额 = 本年营业收入总额 − 上年营业收入总额

销售增长率大于 0，表示企业当年营业收入增加了；反之，表示当年营业收入减少了。该比率越高，说明企业营业收入的成长性越好，企业的发展能力越强；反之，发展能力越弱。

另外，还有一个比率可以反映企业的发展能力，即利润增长率。它指企业当年利润总额增长额与上年利润总额的比率，能够反映企业的盈利能力的变化。其计算公式如下。

利润增长率 = 本年利润总额增长额 ÷ 上年利润总额 × 100%

该比率越高，说明企业的成长性越好，发展能力越强；反之，成长性越差，发展能力越弱。

前述内容介绍的资产增长率和股权资本增长率，以及这里涉及的销售增长率和利润增长率这 4 项财务比率，它们从不同角度反映了企业的发展能力。但需要注意的是，在分析企业的发展能力时，仅用一年的财务比率不能正确评价发展能力，而应计算连续若干年的财务比率，这样才能正确地评价企业发展能力的持续性。

13.3

现金流量表也能反映企业相关能力

现金流量表是财务三大报表之一，其中涵盖的数据也能反映企业的一些经营状况和财务信息。财会人员通过对数据进行深入处理，得出相应的二手数据资料，然后根据这些数据来分析企业相关能力的强弱，从而为企业管理者做出相应经营决策提供有力的参考资料。

13.3.1 现金流量数据也能反映短期偿债能力

通过现金流量表中的相应数据，财会人员或财务负责人可以计算出企业的现金比率和现金流量比率，以此来反映企业短期偿债能力的强弱。

（1）现金比率

现金比率是企业的现金类资产与流动负债的比值，它可以反映企业的直接偿付能力，因为现金是企业偿还债务的最终手段。而现金类资产包括库存现金以及随时可用于支付的存款和现金等价物等，即现金流量表中反映的“现金及现金等价物”项目。其计算公式如下。

现金比率 =（现金 + 现金等价物）÷ 流动负债 ×100%

如果企业现金缺乏，就可能发生支付困难，面临财务危机。也就是说，现金比率越高，说明企业有较好的支付能力，对偿付债务是有保障的；反之，说明企业支付能力弱，对偿付债务的保障也相应较弱。但是，如果该比率过高，可能意味着企业拥有过多的、盈利能力较低的现金类资产，企业的资产未能得到有效运用。

（2）现金流量比率

除此之外，现金流量比率也能反映企业的短期偿债能力，但它与流动比率、速动比率和现金比率不同，它是企业经营活动产生的现金流量净额与流动负债的比值，从动态的角度反映短期偿债能力。其计算公式如下。

现金流量比率 = 经营活动产生的现金流量净额 ÷ 流动负债 ×100%

该比率的高低所反映出的情况与现金流量一致，这里就不再赘述。但需要说明的是，经营活动产生的现金流量是过去一个会计年度的经营结果，而流动负债是未来一个会计年度需要偿还的债务，二者所处的会计期间不同。因此，现金流量比率这一指标是建立在以过去一年的现金流量表来估计未来一年的现金流量的假设基础之上的。使用这一财务比率时，需要考虑未来一个会计年度影响经营活动的现金流量变动的因素。

13.3.2　偿债保障比率与长期偿债能力

偿债保障比率也称债务偿还期，是负债总额与经营活动产生的现金流量净额的比值，它反映企业用经营活动产生的现金流量净额偿还全部债务所需要的时间。其计算公式如下。

偿债保障比率 = 负债总额 ÷ 经营活动产生的现金流量净额 ×100%

需提高警惕的是，公式中的被除数是“经营活动产生的现金流量净额”。一般认为，经营活动产生的现金流量是企业长期资金的最主要来源，而投资活动和筹资活动获得的现金流量虽然在必要时也可用于偿还债务，但不能将其视为经常性的现金流量，所以公式中特别强调是“经营活动产生”。偿债保障比率越低，企业偿债能力越强；反之，偿债能力越弱。

比如，某企业2019年实现的经营活动产生的现金流量净额为27 345 681.4元，投资活动产生的现金流量净额为24 681.72元，筹资活动产生的现金流量净额为586 749.5元，而当年负债总额为38 326 455.8元。那么，在计算该企业当年的偿债保障比率时，带入计算公式后的情况为：偿债保障比率＝38 326 455.8÷27 345 681.4×100%≈1.4，而不是38 326 455.8÷（27 345 681.4+24 681.72+586 749.5）×100%≈1.37。

在13.2.1节的内容中介绍了现金利息保障倍数，该倍数也能反映企业的长期偿债能力。

13.3.3　每股现金流量与企业盈利能力的关系

每股现金流量是企业普通股每股取得的经营活动的现金流量，它反映企业股票的盈利能力。计算公式如下。

每股现金流量＝（经营活动产生的现金流量净额－优先股股利）÷发行在外的普通股平均股数

企业管理者和注重股利分配的投资者应注意，每股利润的高低虽然与股利分配有密切关系，但它不是决定股利分配的唯一因素。若企业每股利润很高，但缺乏现金，那么也无法分配现金股利。因此，分析企业的每股现金流量很有必要，每股现金流量越高，说明企业越有能力支付现金股利；反之，说明企业支付现金股利的能力较弱。

职场小贴士

每股利润也称每股收益或每股盈余，是企业普通股每股所获得的净利润。它可反映企业盈利能力的大小，每股利润越高，说明企业的盈利能力越强；反之，盈利能力越弱。计算公式为：每股利润＝（净利润－优先股股利）÷发行在外的普通股平均股数。

13.3.4　如何通过财务软件生成分析数据

一般企业在建立账套时，系统会自动配置与财务报表相关的数据分析程序，财会人员需要对财务报表进行分析时，可直接在财务系统中进行相应操作，生成报表分析数据。大致步骤如下。

登录财务系统，在“报表与分析”界面中单击“报表分析”按钮，在打开的“报表分析系统－指标分析”界面中可看到分析类型有报表分析和指标分析（企业可手动增删报表）。如果需要对资产负债表进行数据分析，则选择“资产负债表”选项，然后单击“分析”按钮，如图 13–1 所示。

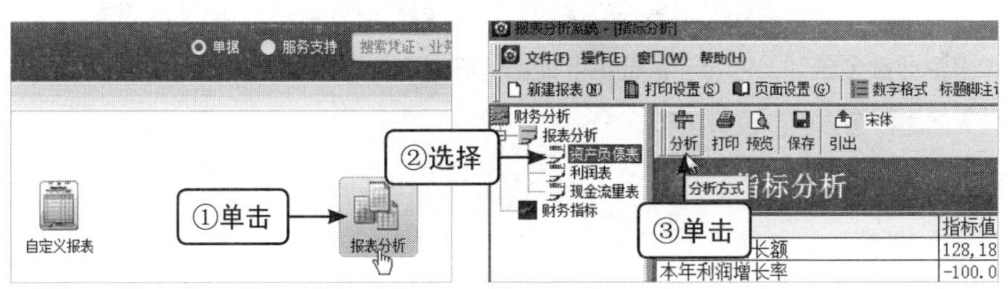

图 13-1

在打开的“数据期间”对话框中，设置数据期间（需要分析的资产负债表所处期间），单击“确定”按钮，系统自动生成相应分析数据。图 13–2 所示为资产负债表分析数据的一部分。

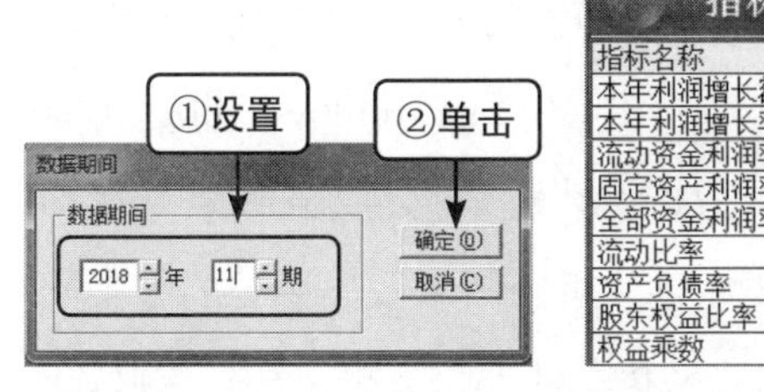

指标分析

指标名称	指标值
本年利润增长额	4,774,875.62
本年利润增长率	无数据
流动资金利润率	12.72%
固定资产利润率	无数据
全部资金利润率	10.97%
流动比率	2.75
资产负债率	45.13%
股东权益比率	0.00%
权益乘数	1.82

图 13-2

其他报表的分析与此类似，这里不再赘述。而选择相应报表选项后双击，可查看各报表中各个项目的结构分析情况。

13.4

财务战略与预算是年度工作的完结

财务战略是指为了谋求企业资金均衡有效地流动和实现企业整体战略，为增强企业财务竞争优势，在分析企业内外环境因素对资金流动影响的基础上，对企业资金流动进行全局性、长期性和创造性的谋划，并确保其执行的过程。财务战略关注的焦点是企业资金流动，而为了保证企业顺利达到财务战略目标，企业需要组织相应财会人员进行多方面的预算工作。

13.4.1 财务战略分析之SWOT分析法

财务战略分析是通过对企业内部条件和外部环境的分析，全面评价与财务资源相关的企业外部机会与威胁和企业内部优势与劣势，形成企业财务战略决策的过程。财务战略分析的方法主要是SWOT分析法。

SWOT分析法由麦肯锡咨询公司开发，主要分析研究企业内外的优势（Strengths）和劣势（Weaknesses）、机会（Opportunities）和威胁（Threats）。从财务战略的角度看，SWOT分析法涉及企业的外部财务环境和内部财务条件等众多财务因素，需要经过分析判断来找出主要的因素，并将其区分为内部财务优势、内部财务劣势、外部财务机会和外部财务威胁。

企业外部财务环境的影响因素。主要有产业政策、财税政策、金融政策和宏观周期，如产业发展的规划、产业结构的调整政策、积极或保守的财政政策、税收的总体负担水平、货币政策、利率政策及宏观经济周期、产业周期和金融周期所处的阶段等。

企业内部财务条件的影响因素。主要包括企业生命周期和产品寿命周期所处的阶段、企业盈利水平、企业的投资项目及其收益状况、企业的资产负债规模、资本结构及财务杠杆利用条件、流动性状况、现金流量状况以及企业筹资能力和潜力等。

针对上述企业的内部财务条件和外部财务环境，可对这些影响因素进行定性分析，具体情况如图 13–3 所示。

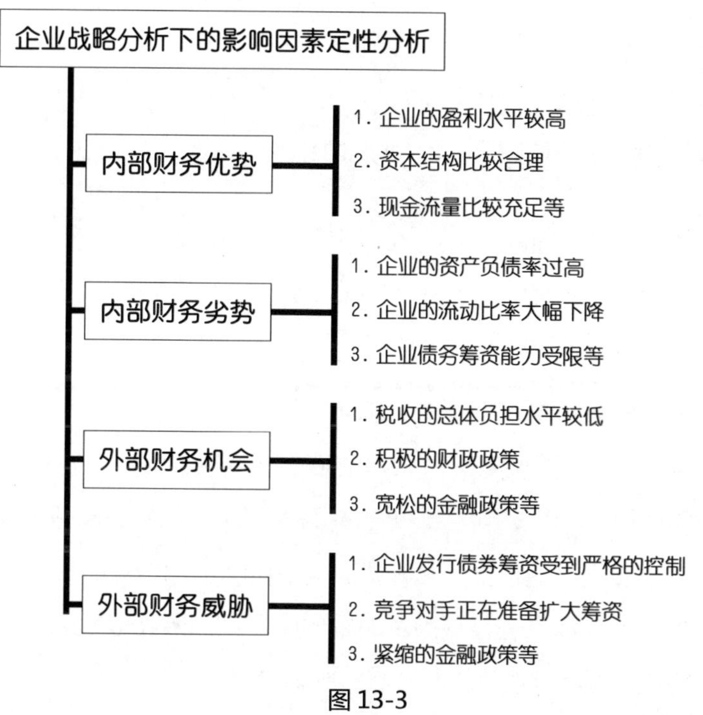

图 13-3

运用 SWOT 分析法时，可采用 SWOT 分析表和 SWOT 分析图来进行，从而为企业财务战略的选择提供依据。这里以如图 13–4 所示的 SWOT 分析图为例，讲解财务战略分析中的 SWOT 分析法。

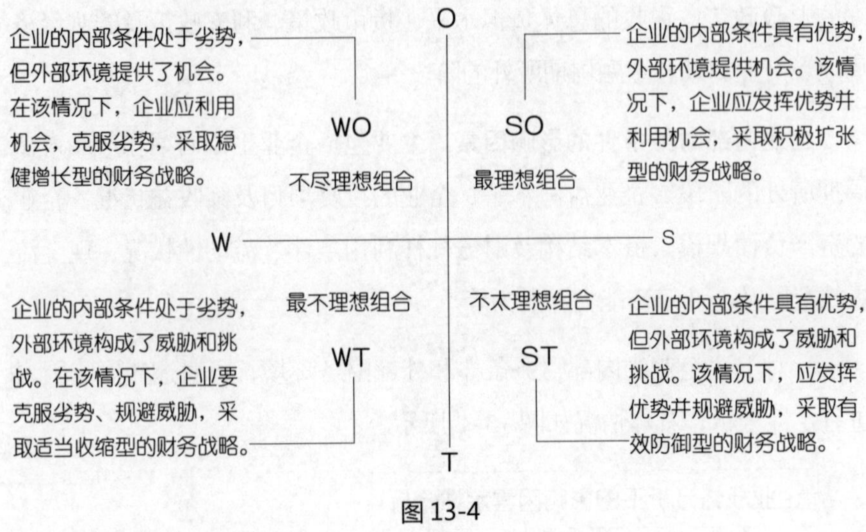

图 13-4

13.4.2 进行经营预算，控制来年资金运营

企业经营预算又称营业预算，是日常经营业务的预算，属于短期预算。经营预算通常与企业经营业务环节相结合，一般包括销售预算、生产预算和推销及管理费用预算等。

第一步，销售预算。是对销售活动进行的预算，主要用于购买、生产和现金流量决策。销售预算一般包括预测销售额（地域、产品和人员）、销售人员的费用、工资、提成、津贴、差旅费、销售会议费用、招聘费用、销售人员离职费用、通信费、邮寄费、电话费和上网费等。然后对销售的固定成本和变动成本进行预测。最后形成预算，要确定为达到最高管理层确定的销售额和利润目标所必需的成本费用。

第二步，生产预算。该预算是根据销售预算中的预计销售量，按产品品种和数量分别编制的，是计划为满足预算期的销售量及期末存货量所需的资源预算，包括生产总额和总产量。然后编制附属生产预算，如直接材料采购预算、直接人工（劳动力）预算和生产间接费用（制造费用和单位生产成本）预算。具体预算工作如表 13-2 所示。

表 13-2　生产预算中附属预算的具体工作

预算内容	工作及相应公式
直接材料采购预算	该预算工作的预计采购量取决于生产材料的耗用量和原材料存货的需要量。计算公式为：直接材料预计采购量 = 预计生产量 × 单位产品材料用量 + 预期期末直接材料存货 − 预期期初直接材料存货 = 预计生产需用量 + 预期期末直接材料存货 − 预期期初直接材料存货；直接材料预计采购金额 = 直接材料预计采购量 × 预计材料单价。为了便于编制现金预算，在直接材料采购预算中，还要对采购单价进行预估，预计材料单价是指各种材料的平均价格，通常可从采购部门获得
直接人工预算	该预算列示将根据预计生产量进行生产所需的直接人工、小时及相应的成本等预算，其中，直接人工成本通常从生产管理部门和工程技术部门获得，根据生产预算确定的每单位产出所需直接人工和生产量就可编制直接人工预算。计算公式为：预计直接人工总成本 = 预计生产量 × 单位产品直接人工小时 × 单位工时工资率
制造费用预算	该预算需要根据生产食品、管理当局的意愿、长期生产能力、公司政策和国家税收政策等外部因素进行编制。为了简化预算工作，通常按成本性态将制造费用分为变动性制造费用（动力、维修费、间接材料和间接制造人工等）和固定性制造费用（厂房和机器设备的折旧、租金、财产税及一些车间的管理费用等），其中，核算变动性制造费用的关键在于确认可变的具体项目并选择成本分配基础。计算公式为：预计制造费用 = 预计变动性制造费用 + 预计固定性制造费用 = 预计业务量 × 预计变动性制造费用分配率 + 预计固定性制造费用。制造费用预算的编制通常还包括费用方面预计的现金支出计算，以便编制现金预算
单位生产成本预算	该预算根据直接材料、直接人工、变动和固定制造费用的预算，计算确定产成品单位成本；然后将产成品单位成本乘以预计期末产成品存货数量，就可得到预计期末产成品存货额

第三步，推销及管理费用预算。该预算是指制造业务范围以外的，预计发生的各种费用明细项目，如销售费用、广告费和运输费等。该预算工作的相关标准可参考企业其他时期的费用支出情况或同行业平均水平。

13.4.3　筹资预算为企业经营和投资保驾护航

企业经营和投资业务的资本需要额是筹资的数量依据，所以必须科学合理地进行筹资预算，从而使企业筹集的资本既能保证满足经营和投资的需要，又不会有太多的闲置，促进企业财务管理目标的实现。企业筹资预算的影响因素有很多，如法律方面的限定、企业经营和投资方面的因素以及其他一些影响因素。

①法律方面的限定主要有注册资本限额的规定和企业负债限额的规定。比如，《公司法》规定股份有限公司注册资本为在公司登记机关登记的全体发起人认购的股本总额，法律、行政法规及国务院决定对股份有限公司注册资本实缴、注册资本最低限额另有规定的，从其规定；假设规定公司累计债券总额不超过公司净资产额的40%，在预算筹资数量时必须满足注册资本最低限额和债券总额最高限额的要求。

②企业经营和投资的规模。一般来说，企业经营和投资规模越大，所需资本越多；反之，所需资本越少。在企业筹划重大投资项目时，还需要进行专项的筹资预算。

③其他因素。例如利息率的高低、对外投资规模的大小和企业资信等级的优劣等，都会对预算的筹资数量产生一定的影响。

企业的筹资预算主要解决两个问题：一是资本筹集方式；二是资本需要总量及时间安排。从逻辑上来说，项目投资总额并不等于对外筹资总额，对外筹资总额是投资总额减去部分内源性资金后的净额。而筹资预算的作用在于事先明确项目的对外筹资总量，从而使筹资行为在事先规划的过程中为投资服务。另外，项目交错资本需要量的影响也很大，比如B项目所需资本投入来自A项目试运行产生的现金流，这种情况要在筹资总量的预算工作中得以体现。

筹资预算工作的进行有很多种方法，如因素分析法、回归分析法和营业收入比例法等。下面来简单认识这3种筹资预算方法。

（1）因素分析法

因素分析法是以有关资本项目上一年度的实际平均需要量为基础，根据预测年度的经营业务和资本周转的要求，来预测资本需要量。该方法较简单，学习者易掌握，但预测结果不太精确，因此，一般用于预算企业全部资本的需要额，也可用于对种类繁多、规格复杂、用量较小且价格较低的资本占用项目进行预算。采用这一方法时，首先要把呆滞积压等不合理占用资本部分从上一年度资本平均占用额中剔除。

（2）回归分析法

回归分析法是筹资预算工作的一种比较复杂的方法，首先基于资本需要量和营业业务量之间存在线性关系的假定建立数学模型，然后根据相关的历史资料，用回归直线方程确定参数，进而预算资本需要量。

（3）营业收入比例法

营业收入比例法是筹资预算方法中最复杂的一种，根据营业业务和资产负债表及利润表项目之间的比例关系，预算各项目资本需要额。运用该方法时一般要借助预计资产负债表和预计利润表，通过预计资产负债表预算企业资本需要总额和外部筹资的增加额，而通过预计利润表预算企业留用利润的增加额。

13.4.4　实施财务预算，控制未来收支

前面讲解的经营预算和筹资预算等工作需要企业财务部门以外的相关部门实施，而财务部门根据其他部门的相关预算进行财务预算。一般来说，财务预算包括现金流量（现金）预算、利润预算和财务状况预算。

（1）现金流量预算

现金流量预算可按月、周或日为基础进行编制，也可覆盖几个月甚

至一年。为了使企业能实现并保持已确定的最佳现金持有量水平，需要对未来可能的现金收支数量和时间进行预算，主要有以下两种方法。

收支预算法。通过将预算期内可能发生的一切现金收支分类列入现金预算表内，从而确定收支差异并采取适当财务对策。先计算预算期内现金收入、支出及结余或不足，再根据预算出的现金情况做出相应措施，比如，若现金结余，则提前归还贷款或进行投资；若现金不足，则提前安排筹资事宜。

调整净收益法。将企业按权责发生制计算的会计净收益调整为按收付实现制计算的现金净收益，并在此基础上加减有关现金收支项目，使净收益与现金流量相关联，从而确定预算期现金余缺并做出财务对策。采用此方法要先编制预计利润表，算出预算期的净收益，然后逐笔处理影响损益和现金收支的各会计事项，最后计算出预算期内的现金余额。

（2）利润预算

利润预算是企业预算期营业利润、利润总额和税后利润的综合预算，其中，营业利润预算包括营业收入、营业成本和期间费用等项目的预算；利润总额预算是在营业利润预算的基础上，再对营业外收入和营业外支出等进行预算；税后利润预算是在利润总额预算的基础上，再对所得税进行预算。除此之外，还可能涉及每股收益预算，它是在利润预算的基础上，再对基本每股收益和稀释每股收益进行预算。利润预算需要编制利润预算表（每一项目有“上年实际”和“本年预算”栏）。

（3）财务状况预算

财务状况预算又称资产负债表预算，是企业预算期期末资产、负债和所有者权益的规模及分布的预算。该预算工作内容主要包括短期资产、长期资产、短期债务、长期债务和股权资本等预算，预算过程中需要编制财务状况预算表（每一项目有“上年实际”和“本年预算”栏）。

第14章

合理避税为企业经营减负

“避税”是市场中很多企业都非常熟悉的一项管理工作，合理避税更是企业为了减轻自身经营负担、避免税务稽查而采取的必要措施。一方面，按照我国相关税法的规定进行避税操作，都是合法的；另一方面，如果公司避税不合法，就会发展成偷税、漏税，这就会给企业带来税务麻烦。因此，企业管理者和相关财务人员要懂得如何合理避税。

14.1

增值税避税，教你扔掉税赋大包袱

增值税是企业税务中的一项重要税种，掌握该税种的避税方法，会给企业减少一笔可观的税费支出，从而减轻一定的税负。但在运用避税方法时，要注意分寸，因为很可能一不小心就会使“避税”行为演变成“偷税”“漏税”行为。一旦企业被税务机关认定存在偷税、漏税行为时，企业将面临税务麻烦和相关处罚。

14.1.1　巧定“身份”的避税招数

在我国，小规模纳税人和增值税一般纳税人适用的增值税税率和税额抵扣等情况会有不同。

1. 小规模纳税人

应税服务的年应征增值税销售额（简称“应税服务年销售额”）在500万元（含）以下的，为小规模纳税人。但是，相关政策规定，应税服务年销售额超过规定标准的其他个人不属于一般纳税人；非企业性单位、不经常提供应税服务的企业和个体工商户，应税服务年销售额超过一般纳税人标准可选择按照小规模纳税人纳税。

同理，未超过500万元的纳税人，也可放弃申请成为小规模纳税人，而申请成为一般纳税人。

我国增值税对小规模纳税人采用简易征收办法，对其适用的税率称为征收率，且为 3%。小规模纳税人没有“进项税额抵扣”这一说法。

2. 一般纳税人

年应税销售额在 500 万元（不含）以上的，为一般纳税人。满足这一条件的纳税人，可以向主管税务机关申请一般纳税人资格认定，提出申请并且同时符合下列条件的纳税人，主管税务机关应为其办理一般纳税人资格认定。

- 有固定经营场所。
- 能够按照国家统一的会计制度规定设置账簿，根据合法、有效凭证核算，能够提供准确税务资料。

目前我国增值税对一般纳税人采用多种适用税率的方法，主要有 13%、9%、6% 和 0 等级别。并且，一般纳税人发生的增值税进项税额是可以抵扣的，但按照 3% 税率缴纳增值税的，不能进行进项税额抵扣。

例如，一个年应税销售额为 450 万元的企业，其有固定经营场所，会计核算也比较健全，能准确提供销项税额（76.5 万元）和进项税额（20.4 万元）。从年应税销售额角度看，该企业属于小规模纳税人，但因为其具备满足被认定为一般纳税人的条件，所以也可作为一般纳税人缴纳增值税。如果认定为小规模纳税人，则需要缴纳的增值税额为 13.5（450×0.03）万元；如果认定为一般纳税人，则实际缴纳的增值税额为 56.1（76.5−20.4）万元。由此可以看出，该企业申请为小规模纳税人能节省很多税费开支。

需要企业注意的是，一经认定为一般纳税人后，不得再转为小规模纳税人，所以，企业申请一般纳税人时要慎重。而超过小规模纳税人标准后，企业通常应该主动办理增值税一般纳税人相关手续，逾期不办理的，不得抵扣进项税额，不得使用增值税专用发票，确实要维持“小规模纳税人”身份的企业，需要向主管税务机关提交书面说明。

14.1.2 增值税税收优惠减轻税负

增值税税收优惠是指直接免征、直接减征、即征即退、先征后退和先征后返等措施。具体内容如表 14-1 所示。

表 14-1 增值税的税收优惠政策

优惠方式	适用范围
直接免征	1. 农业生产者销售的自产农产品； 2. 避孕药品和用具、古旧图书； 3. 直接用于科学研究、科学试验和教学的进口仪器与设备； 4. 外国政府或国际组织无偿援助的进口物资和设备； 5. 由残疾人组织直接进口供残疾人专用的物品等
直接减征	即按应征税款的一定比例征收，目前除了对简易征税的旧货规定了减半征收外，大多是采用降低税率或按简易办法征收的方式给予优惠。 1. 一般纳税人销售自己使用过的属于不得抵扣且未抵扣进项税额的固定资产，按简易办法 3% 征收税款的，减按 2% 征收增值税； 2. 小规模纳税人销售自己使用过的固定资产，减按 2% 征收增值税； 3. 一般纳税人销售自产的建筑用和生产建筑材料所用的砂、土、石料，商品混凝土，自来水，以及自己采掘的砂、土、石料或其他连续生产的砖、瓦、石灰等货物，可选择按简易办法 3% 征收增值税； 4. 一般纳税人销售寄售物品、典当业死当物品以及经国务院或国务院授权机关批准的免税商店零售的免税品等，暂按简易办法 3% 征收
即征即退	指税务机关将应征的增值税征收入库后，及时退还给纳税人。比如，对软件企业缴纳的超过 3% 税负的部分即征即退。 1. 安置残疾人就业发生的增值税； 2. 软件企业和动漫企业征收的增值税，超过税负的部分； 3. 资源综合利用产品及劳务发生的增值税； 4. 飞机维修劳务、水力或光伏发电以及管道运输服务等发生的增值税
先征后退	与即征即退差不多，只是退税的时间有差异。该情况多用于企业的进出口业务
先征后返	是指税务机关正常将增值税征收入库，然后由财政机关按税收政策规定审核并返还企业缴纳入库的增值税。比如，数控机床产品实行先征后返。具体有哪些适用范围可学习相关的税法

14.1.3　如何利用税率差异进行避税

税率差异是指性质相同或相似的税种，适用税率不同。税率差异产生的主要原因是财政和经济政策的不对称。一个国家对不同组织形式的企业规定不同的税率，如一般纳税人普遍适用税率为 13%，小规模纳税人普遍适用税率为 3%。

税率差异是普遍存在的客观情况，其产生往往是国家要鼓励某种经济、某种类型企业或某类地区的存在和发展。企业在合法和合理的情况下，利用税率差异而直接节减税收，达到为企业减轻税负的目的。

案例陈述　利用税率差异合理避税

某商业超市为增值税一般纳税人，2019 年 7 月共实现销售收入 180 万元（不含税），同时又经营各种风味小吃，并实现营业收入 15 万元，相应的货物采购成本为 105 万元（不含税）。已知该企业除了购货可抵扣增值税以外，没有其他可以抵扣的项目，则增值税的相关核算如下。

①不分别核算

当期应纳增值税 =（180+15）× 13% − 105 × 13% = 11.7（万元）

②分别核算

一般纳税人当期应纳增值税 = 180 × 13% − 105 × 13% = 9.75（万元）

小规模纳税人当期应纳增值税 = 15 × 3% = 0.45（万元）

当期合计应纳增值税 = 9.75+0.45 = 10.2（万元）

由此可见，分别核算的情况下，该企业可节税 1.5（11.7−10.2）万元。

从案例可分析得知，利用税率差异达到避税目的与巧定“身份”的避税，本质和效果都相似。

14.2

特殊商品的消费税避税技巧

消费税以消费品的流转额为征税对象，该税种是典型的间接税。消费税实行价内税，只在应税消费品的生产、委托加工和进口环节缴纳，在之后的批发或零售等环节不再缴纳消费税。消费税是以特定消费品为课税对象所征收的一种流转税，在对货物普遍征收增值税的基础上，选择部分消费品再征收一项消费税。因此，为了减少企业的税收负担，很多经营特定消费品的企业就会通过一些合法、合理手段来避税。

14.2.1　挂靠低档税率达到避税效果

消费税的征收方式是从量计征和从价计征并存，有的税目甚至在从价计征后还需要从量计征，比如卷烟、酒等。而消费税从价计征的适用税率有高达 56% 的税目，但也有低税率的税目，比如小汽车。

挂靠低档税率达到避税效果，只能从企业经营之初进行税务登记时实施，或者在经营过程中，为了挂靠低档税额而改变经营范围。该避税方法的实质是从缴纳税费的源头减少税款。

比如，企业经营摩托车销售业务，以前销售的是汽缸容量为 250ml 以上的摩托车，其消费税税率为 10%；为了减少企业应缴纳的消费税税额，可改为销售汽缸容量为 250ml 及以下的摩托车，这样其消费税税率就降到 3%，同样的销售额可少缴 7% 的税款。

在特定的消费品中，卷烟和金银首饰比较特殊，除了会在生产、委托加工和进口等环节缴纳消费税外，卷烟在批发环节也要缴纳消费税，而金银首饰在零售环节要缴纳消费税。

也就是说，如果企业的经营范围是卷烟，最好是处于生产环节、委托加工环节或进口环节，如果处于批发环节，则会多缴一次消费税。而如果企业的经营范围是金银首饰，则最好不要处于零售环节，可以做金银首饰的批发业务。

14.2.2　企业兼营也是一种消费税避税手段

兼营行为是指企业除主营业务外，还从事其他各项业务，具体有两种情况。一是经营的业务适合同一种税但税率不同，比如都是增值税的应税项目，既有适用 13% 的货物，又有兼营 9% 低税率的货物；二是经营的业务适合不同税种，且税率不同，比如增值税纳税人在经营一般征收增值税的货物同时，还经营需要征收消费税的货物。

企业兼营不同税负的应税产品时，由于可分别核算不同税率应税消费品的销售额或销售量，所以在一定程度上能使企业达到少缴税的目的。

案例陈述　企业兼营如何实现避税

某酒厂既生产税率为 20% 的粮食白酒，也生产税率为 10% 的汽酒和药酒等，同时还生产上述两类酒的小瓶装礼品套酒（粮食白酒 300 克 / 瓶、汽酒 200 克 / 瓶、药酒 200 克 / 瓶）。

2019 年 7 ~ 12 月，该厂生产粮食白酒 120 吨，销售金额为 672 万元；生产汽酒和药酒等 60 吨，销售金额为 456 万元；生产这两类酒的小瓶装礼品套盒共 18 000 套，销售金额为 115.2 万元。

原来的财务经理只配一名成本会计，在核算消费税应交税款时采用综合核算法，计算出的消费税税额如下。

应交消费税 =（672+456+115.2）× 20%+[（120+60）× 1 000 000 ÷ 500 +（300+200+200）× 18 000 ÷ 500] × 0.5 ÷ 10 000 ＝ 267.9（万元）

而企业经营模式为兼营，其消费税的计算缴纳应进行分别核算。具体核算内容如下。

粮食白酒消费税 =672 × 20%+120 × 2 000 × 0.5 ÷ 10 000 ＝ 146.4（万元）

汽酒、药酒消费税＝ 456 × 10% ＝ 45.6（万元）

小瓶装套盒应交消费税＝ [6 720 000 ÷ 120 000 000 × 300 × 18 000 × 20%+4 560 000 ÷ 60 000 000 ×（200+200）× 18 000 × 10%] ＝ 60 480+54 720 ＝ 115 200（元）＝ 11.52（万元）

共需缴纳消费税＝ 146.4+45.6+11.52 ＝ 203.52（万元）

因此，企业分别核算不同产品的消费税时，比综合核算消费税要少缴 64.38（267.9−203.52）万元的税额。

除此之外，该酒厂还可同时用另一种会计核算法提高资金利用率。就是计算套盒的每套超出价，具体如下。

每套超出价＝ 1 152 000 ÷ 18 000−[6 720 000 ÷ 120 000 000 × 300+ 4 560 000 ÷ 60 000 000 ×（200+200）] ＝ 16.8（元），共计超出 30.24（16.8 × 18 000）万元。该酒厂如果将这 30.24 万元作为包装物押金入账，则当一年后购买方无法退还包装物押金时，再冲账补税，这样就相当于获得了一笔无息贷款，在销售酒时少缴税，企业可用这部分不用缴纳消费税的包装物押金进行其他投资，获取收益。

14.2.3　委托加工方式也能达到避税目的

委托加工应税消费品时，由受托方代收代缴委托方的消费税。而对受托方来讲，只有加工业务收入缴纳增值税，没有应税消费品的销售收入，所以不缴纳消费税。那么，企业如何通过委托加工手段来实现避税呢？

案例陈述　委托加工应税消费品的税务筹划

A 公司委托 B 公司将一批价值 50 万元的原材料加工成 X 半成品，协议规定加工费为 37.5 万元；加工的 X 半成品运回 A 公司后，继续加工成 Y 产成品，加工成本和分摊费用共计 47.5 万元，已知该批产成品销售收入为 350 万元。假设 X 半成品的消费税税率为 30%，产成品的消费税税率为 36%。相关税务处理如下。

A 公司支付加工费的同时，向 B 公司支付其代收代缴的消费税，计算公式如下。

消费税 =（50 + 37.5）÷（1−30%）×30% = 37.5（万元）

而 A 公司销售 Y 产成品后，还需要缴纳消费税，计算公式如下。

消费税 = 350×36%−37.5 = 88.5（万元）

合计应缴纳消费税 = 37.5+88.5 = 126（万元）

如果 A 公司让 B 公司将原材料直接加工成 Y 产成品，协议约定加工费为 80 万元，而 A 公司收回后直接对外销售，销售收入仍为 350 万元，则税务处理如下。

A 公司支付加工费的同时，向 B 公司支付其代收代缴的消费税，计算公式如下。

消费税 =（50 + 80）÷（1−36%）×36% = 73.125（万元）

由于 A 公司收回的应税消费品直接对外销售，所以不再缴纳消费税，这种委托加工方式下应交的消费税比前一种委托加工方式少 52.875（126−73.125）万元。

所以，企业要想利用委托加工方式达到消费税的避税目的，最好能将加工业务全部委托给受托方，自身企业只需收回后直接销售。

14.2.4 以物易物如何避税

以物易物就是指用自己已有的物品或服务与别人交换，以获取别人的物品或服务，目前很多企业为了避税，常常以“以物易物”的方式减少业务中间环节，从而减少应缴税费。下面来看一个具体的实例。

案例陈述　以物易物的业务手段也能避税

某摩托车生产企业，2019 年 7 月对外销售同型号的摩托车时，共有 3 种价格，以 5 000 元单价销售 10 辆，以 4 500 元单价销售 30 辆，以 4 000 元单价销售 50 辆。已知摩托车的消费税税率为 10%。

该企业当月以同型号的 20 辆摩托车与另一企业换取原材料，而根据相关税法的规定，摩托车生产企业自产的应税消费品用于换取生产资料、消费资料、投资入股或抵偿债务等，应按照纳税人同类应税消费品的最高销售价格作为计税依据。所以，税款核算如下。

应交消费税＝ 5 000×20×10% ＝ 10 000（元）

如果企业按照当月的加权平均单价将这 20 辆摩托车销售后，再购买原材料，则税款计算如下。

应交消费税＝（5 000×10+4 500×30 ＋ 4 000×50）÷（10+30+50）×20×10% ＝ 8 555.56（元）

由此可见，当企业打算采取“以物易物”手段处理业务时，要想尽可能少缴消费税，最好能先销售再购进。因为从上述计算过程可知，直接换购比先销售再购进多交 1 444.44（10 000−8 555.56）元的消费税。

由案例可知，企业经营采取的“以物易物”手段有两种形式。

14.3

教你合理的企业所得税避税法

企业所得税是企业经营过程中一个重要的税种，针对生产经营所得和其他所得而征收税款。这里的“所得”是指企业的利润总额，即税前利润。换句话说，如果企业经营所得与其他所得越多，需要缴纳的企业所得税就会越多。所以，很多企业为了减轻自身的经营负担，都会采取一些避税措施来达到尽量少缴企业所得税的目的。需要企业和财会人员注意的是，在选用避税手法时，要注意其合法、合理性。

14.3.1 常规企业所得税优惠政策的利用

我国企业适用的企业所得税一般为 25%，而企业所得税优惠政策包括直接免征、减半征收、两免三减半、三免三减半、低税率、加计扣除、投资抵税、减计收入、有免征额优惠及西部大开发税收优惠等。为了减少企业的所得税费用，企业可改变经营范围或兼营符合优惠政策的业务项目。具体介绍如表 14-2 所示。

表 14-2 企业所得税的税收优惠政策

优惠方式	适用范围
直接免征	1. 蔬菜、谷物、油料、豆类、水果、中药材和林木等种植； 2. 农作物新品种选育； 3. 牲畜和家禽饲养； 4. 林产品采集、灌溉、农产品加工、农机作业与维修及远洋捕捞； 5. “公司 + 农户”经营等

续表

优惠方式	适用范围
减半征收	1. 花卉、茶、饮料作物和香料作物等的种植； 2. 海水养殖和内陆养殖等
两免三减半	自取得第一笔生产经营收入所属纳税年度起； 1. 对经济特区和上海浦东新区重点扶持的高新企业； 2. 境内新办软件企业（获利）； 3. 生产小于 0.8μm 的集成电路企业
三免三减半	自取得第一笔生产经营收入所属纳税年度起； 1. 国家重点扶持的公共基础设施项目； 2. 符合条件的环境保护和节能节水项目； 3. 节能服务公司实施合同能源管理项目
低税率	1. 资产不超过 3 000 万元、人数不超过 100 人且所得额不超过 30 万元的小型微利企业，适用税率为 20%； 2. 国家重点扶持的高新企业、投资 80 亿且集成电路为 0.25μm 的电路生产企业以及西部开发鼓励类产业企业，适用税率为 15%； 3. 非居民企业和国家布局内重点软件企业，适用税率为 10%
加计扣除	1. 研究开发费和形成无形资产的按成本 150% 摊销，据实扣除后加计扣除 50%； 2. 企业安置残疾人员所支付的工资，据实扣除后加计扣除 100%
投资抵税	1. 投资中小高新技术两年以上的创投企业（股权持有满两年），投资额的 70% 抵扣所得额； 2. 购置并实际使用的环保、节能节水及安全生产等专用设备，投资额的 10% 抵扣税额
减计收入	1. 农户小额贷款的利息收入、为种植和养殖业提供保险业务的保费收入、企业综合利用资源的产品所得收入等，减按收入 90% 计入收入； 2. 应纳税所得额低于 3 万元的小型微利企业，所得减按 50% 计税
具有免征额优惠	居民企业转让技术所有权的所得，不超过 500 万元的部分免税，超过 500 万元的部分减半征收所得税
西部大开发税收优惠	对设在西部地区以《西部地区鼓励类产业目录》中新增鼓励类产业项目为主营业务，且其当年主营业务收入占企业收入总额 70% 以上的企业，自 2014 年 10 月 1 日起，可减按 15% 税率缴纳企业所得税

需要注意的是，一些优惠税率的过渡方法。比如，自 2008 年 1 月 1

日起，原享受低税率优惠政策的企业，在新税法施行后 5 年内逐步过渡到法定税率；原享受企业所得税“两免三减半”和“三免三减半”等定期减免税优惠的企业，新税法施行后继续按原税法、行政法规及相关档规定的优惠办法及年限享受至期满为止。享受上述过渡优惠政策的企业是指 2007 年 3 月 16 日以前经工商等登记管理机关登记设立的企业。

14.3.2　改变资产折旧年限可避所得税

有的企业通过“加速折旧”的方法，缩短固定资产的折旧年限，进而达到少缴企业所得税的目的。但这种方法有限制，缩短后的折旧年限不得低于规定折旧年限的 60%，同时，能够使用该方法的固定资产只有两种：一是由于技术进步，产品更新换代较快的固定资产；二是常年处于强震动、高腐蚀状态的固定资产。

下面来看一个具体的案例，深入了解如何改变资产折旧年限来达到企业所得是避税目的。

案例陈述　缩短折旧年限避企业所得税

某有限公司是一家专门生产专用设备的制造业，为增值税一般纳税人。2019 年 7 月 1 日，新购进固定资产机器设备一台，不含税价格为 80 万元，购入当月就投入使用。已知企业打算对该项固定资产按 10 年直线法摊销，残值率为 5%。

由于该企业符合加速折旧的条件，因此企业决定缩短折旧年限，为企业减轻所得税缴纳的负担。所以，在预缴 2019 年 8 月所得税时，企业报送了《固定资产加速折旧（扣除）预缴情况统计表》，决定对该项固定资产从 2019 年 8 月 1 日起按 6 年期限进行折旧。那么，这样的方式究竟如何帮助企业减少所得税的应纳金额呢？

首先，企业如果按照10年直线法进行折旧摊销，则：

2019年8月应计提折旧额＝80×（1−5%）÷10÷12≈0.63（万元）

其次，税法规定企业可加速折旧，则按6年期限加速折旧时：

2019年8月应计提折旧额＝80×（1−5%）÷6÷12≈1.06（万元）

根据相关税法的规定，企业按税法规定实行加速折旧的，其按加速折旧办法计算的折旧额可全额税前扣除，所以，该企业2019年在所得税汇算清缴时，应调减应纳税所得额0.43（1.06−0.63）万元。这样一来，企业应纳所得税税额就会减少1 075（0.43×25%）元。

由上述案例可知，企业缩短折旧年限规避企业所得税的办法，是利用了所得税会计处理和税务处理的差异性，实际上并没有改变企业所得税的会计处理本质。

14.3.3 资产租赁活动为避税提供契机

在资产租赁活动中，一般是承租人享受税收上的好处，当然，有的情况下，出租人也会享受到资产租赁带来的避税好处。常用的资产租赁避税形式有如下几种。

①同一利润集团中，A企业出于某种税收目的，将盈利的生产项目连同设备一起以租赁形式转租给B企业，并按有关规定收取足够高的租金，最终使利益集团享受的税收待遇最优惠，税负最低。

②同一利润集团内部的A、B、C三家企业，A企业购买设备后验收计入固定资产账，过段时间后再以较正常的价格出售给B企业，从而使该设备以自己使用过的物品的名义售出；B企业再以较低价格将设备出租给C企业，这样集团总体计提了固定资产折旧，B企业按租金收入的17%缴纳增值税，而C企业的租金支出计入成本费用，按25%的比例减

少应缴纳的所得税费用。

③在企业划分核算单位的情况下，企业将房屋或建筑物以较低的租金水平租给所属独立核算的经营单位使用，一方面集团总部依然计提固定资产折旧，另一方面所属经营单位的租金支出又以各种成本费用列支，同时房产税也改按租金收入的 12% 缴纳。

④其他专门租赁公司提供租赁设备的情况下，承租人仍然可以获得税收上的好处。

简单来说，企业的资产租赁活动涉及的租金可以从税前利润中扣除，因此可冲减利润而达到避税目的。下面来看一个具体的案例。

案例陈述　资产租赁活动可避企业所得税

A 电子集团公司下的 B 电子公司将一项生产设备租给集团公司下的 C 公司，全部设备核定价格为 500 万元，年租金 60 万元，使用该设备获得的年利润可达到 80 万元。已知 B 公司所得税税率为 20%，C 公司所得税税率为 25%。相关税费核算如下：

C 公司在未支付租金时：

应缴纳的所得税 =（60+80）×25% = 35（万元）

C 公司扣除租金后：

应缴纳的所得税 =（80−60）×25% = 5（万元）

而 B 公司的租金收入应缴纳企业所得税：

应缴纳的所得税 = 60×20% = 12（万元）

扣除租金后，C 公司纳税额和 B 公司租金收入纳税额合计为：

5+12 = 17（万元）

该纳税总额占C公司未支付租金时全部利润的比重为：17÷（60+80）×100% ≈ 12.14%

通过资产租赁，A集团企业税负减轻：（25%−12.14%）÷25%×100% = 51.44%，或者表示为税负减轻：（35−17）÷35 ≈ 51.43%。

上述案例介绍的是同一集团内部企业之间的资产租赁活动，而实际的经济市场中，不属于同一集团的企业之间进行资产租赁活动的，也会享受到企业所得税的节税好处。

比如，甲公司预计全年税后利润为100万元，按照常规纳税法规，计提25%的企业所得税，税额为25（100×25%）万元。经过协商，甲企业的合作单位乙企业同意将一条生产线出租给甲企业，约定年租金为32.4万元，同时向甲公司分12个月分批开具总额为32.4万元的经营性设备租赁发票。当甲公司收到发票后可全额转入制造费用直接增加生产成本，进而减少毛利32.4万元，剔除等同条件，视同利润总额减少。调整后的应纳税税额为：（100−32.4）×25% = 16.9（万元），与原来相比，甲公司可节税8.1（25−16.9）万元。

14.3.4 业务招待费的使用有避税可能

业务招待费是商业活动中，为了经营业务的需要而支付的应酬费用。这项费用开支对企业财会人员来说并不陌生，但在实际工作中，面对一些业务招待费的财务与税务处理问题时，很多财会人员都表现得不知所措，甚至有的人一见到餐费发票就相应地作为业务招待费开支处理，认为在超标时进行纳税调整即可。这种理解是不准确的。

在会计实务中，业务招待费通常被计入“管理费用”中，并使用“业务招待费”明细科目来核算。那么，怎样让业务招待费的使用存在避税的可能呢？主要从以下3个方面入手处理。

- ◆ 合理分流业务招待费，改变支出项目性质，将业务招待费分流到扣除限额较大或没有扣除比率限额的项目中核算。
- ◆ 最大限度利用扣除比例，在双重扣除标准的情况下，业务招待费不能太高，也不能太低。
- ◆ 准确核定扣除基数，即销售（营业）收入。

那么，应该如何把握才能使业务招待费能够税前扣除呢？首先要从餐费中区分好业务招待费，主要从两个涉税边界着手。

把握企业经营行为和个人行为混合支出的边界。混合支出是指由于营利及个人原因发生的费用，这些支出应分为经营用途部分和个人用途部分，并按照各自适用的规定进行扣除。

把握正常性、必要性及数额合理性的边界。正常费用是指在某一取得所得活动中正常发生的、普遍且可以接收的；必要费用指对纳税人取得所得的活动来说是适当和有帮助的费用；数额合理性是指一项费用要想得以扣除，还要在数量上具有合理性。

业务招待费超标扣除是每个企业都会面临的问题，也是所得税汇算清缴时涉及调整最多的成本费用项目。对其不能税前扣除的部分直接增加应纳税所得额，即直接增加企业的税收负担；反之，能税前扣除的部分直接减少应纳税所得额，即直接减少企业的税收负担。在税务执法实践中，一般将以下 4 个方面的开支作为业务招待费来列支。

- ◆ 因企业生产经营需要而宴请或提供工作餐的开支。
- ◆ 因企业生产经营需要赠送纪念品的开支。
- ◆ 因企业生产经营需要而发生的旅游景点参观费、交通费以及其他费用的开支。
- ◆ 因企业生产经营需要而发生的业务关系人员的差旅费开支。

14.4

代扣代缴个人所得税的避税妙招

个人所得税是国家对本国公民、居住在本国境内的个人的所得和境外个人来源于本国的所得征收的一种所得税，由此可见，在企业上班的工薪人员需要在达到个人所得税征收标准时，按税法规定及时缴纳税款。但一般情况下，企业员工的个人所得税由企业代扣代缴，因此对企业来说，不仅涉及企业所得税税务，还要处理代扣代缴员工个人所得税税务。企业能从代扣代缴个人所得税中找到避税方法，为员工多争取一些拿到手的工资，也是有利于公司人力资源的长期管理的。

14.4.1 发放年终奖金是一种避税手法

年终奖金即年终奖，指每年度末企业给予员工不封顶的奖励，是对一年来的工作业绩的肯定。而年终奖的发放额度和形式一般由企业自己根据情况决定。对于企业员工来说，取得年终奖金应单独按照一个月的工资所得计算缴纳个人所得税，而计税方法有以下 3 种。

①取得年终奖金当月，个人工资≥费用扣除额（5 000 元）的，将年终奖金除以 12 个月，按照得出的数额找出对应的税率和速算扣除数，最后用“奖金全额 × 税率 – 速算扣除数”公式求出应缴纳的税款额。

②取得年终奖金当月，个人工资＜费用扣除数（5 000 元）的，将工资与年终奖金相加后减去 5 000 元，得出的数额再除以 12 个月，找出对应税率和速算扣除数，再用“得出的数额 × 税率 – 速算扣除数”公式

计算应缴纳的税款额。

③年终奖金与双薪同一个月内发放时，将所发的双薪与年终奖金合并除以 12 个月，找出对应税率，再用“双薪与年终奖金和 × 税率 − 速算扣除数”公式计算应缴纳的税款额。

由此可见，年终奖的发放方式会决定是否能达到避税目的。站在合理、合法的角度，企业要想通过发放年终奖来避税，方法有两种：一是年终奖分开发放；二是员工进行公益捐款。而在寻找年终奖的避税方法时，不可不掌握的知识点还有 6 个避税区，如表 14−3 所示。

表 14-3　年终奖 6 个避税区

全月应纳税所得额（即减去各扣除项）	税率	速算扣除数	避税区下限	避税区上限
≤ 3 000 元	3%	0	36 000	38 567
3 000 ~ 12 000 元（含）	10%	210	144 000	160 500
12 000 ~ 25 000 元（含）	20%	1 410	300 000	318 333
25 000 ~ 35 000 元（含）	25%	2 660	420 000	447 500
35 000 ~ 55 000 元（含）	30%	4 410	660 000	706 538
55 000 ~ 80 000 元（含）	35%	7 160	960 000	1 120 000
>80 000 元	45%	15 160	—	—

案例陈述　年终奖分开发放进行合理避税

章先生和卓女士所在的企业不同，而年底时两家企业预计都拿出人均 3 万元的资金进行年终奖励，假设两人当月工资收入都是 6 000 元。

章先生的公司化整为零：将 3.6 万元分成 1.8 万元“业绩年终奖”和 1.8 万元“先进奖”两笔发放。那么 1.8 万元加工资 6 000 元将达到 2.4 万元，减去 5 000 元免征额后，数额为 1.9 万元，适用税率为 20%，速算扣除数为 1 410，按工资个税的计算公式，计算出这部分收入应缴纳的个人所得税。

应纳个人所得税 = 19 000 × 20%−1 410 = 2 390（元）

而 1.8 万元作为年终奖，除以 12 个月后等于 1 500 元，适用 3% 的最低一档税率，这部分年终奖应缴纳的个人所得税计算如下。

应纳个人所得税 = 18 000 × 3%−0 = 540（元）

章先生当月应纳个人所得税为 2 930（2 390+540）元。

卓女士公司却将这 3.6 万元年终奖全部作为年终奖金发放，这样卓女士当月 6 000 元工资应纳个人所得税为：（6 000−5 000）× 3%−0 = 30（元）；而 3.6 万元年终奖在除以 12 个月以后的数额为 3 000 元，所以适用 3% 的税率，应缴纳个人所得税为：36 000 × 3%−0 = 1 080（元）。这样，卓女士当月要交的个人所得税共计 1 110（30+1 080）元。

由此可见，卓女士当月比章先生少缴个人所得税 1 820（2 930−1 110）元。这样看来，分开发放年终奖没有起到避税作用，问题出在什么地方呢？如果把章先生的“业绩年终奖”改为 3.4 万元，而“先进奖”改为 0.2 万元，会不会有不一样的效果呢？

首先，将 0.2 万元与工资 6 000 元相加达到 8 000 元，减去 5 000 元免征额后数额为 3 000 元，适用税率 3%，速算扣除数 0。

应纳个人所得税 = 3 000 × 3%−0 = 90（元）

然后，将 3.4 万元除以 12 个月后得出的数额为 2 833.33 元，适用 3% 的税率，速算扣除数为 0。

应纳个人所得税 = 34 000 × 3%−0 = 1 020（元）

这样，章先生当月应纳个人所得税税额为 1 110（90+1 020）元。这种分开发放方式与卓女士一次性发放年终奖效果一样。

分析可知，由于两人年终奖金为 3.6 万元，因此能够选择的避税期间为表 14−3 中的第一个，而这样的前提下，章先生年终奖分开发放还是没有达到避税效果。所以，可猜测年终奖分开发放的避税效果受年终奖金额大小的限制。如果两人的年终奖为 3.8 万元，章先生公司将其分成 3.6

万元“业绩年终奖”和 2 000 元“先进奖”；而卓女士公司仍然一次性全额发放年终奖，则相关计算过程如下。

首先，将 2 000 元与工资 6 000 元相加为 8 000 元，减去 5 000 元后所得数额为 3 000 元，适用税率为 3%，速算扣除数为 0。

应纳个人所得税 = 3 000 × 3%−0 = 90（元）

而 3.6 万元除以 12 个月后的数额为 3 000 元，适用税率为 3%，速算扣除数为 0。

应纳个人所得税 = 36 000 × 3%−0 = 1 080（元）

这样，章先生当月应纳个人所得税税额为 1 170（90+1 080）元。

卓女士当月 6 000 元工资应交个人所得税为 30 元；而 3.8 万元的年终奖金在除以 12 个月以后的数额为 3 166.67 元，使用税率为 10%，速算扣除数为 210，应缴纳个人所得税为：38 000 × 10%−210 = 3 590（元），共应交个人所得税 3 620（30+3 590）元。很明显，比章先生所缴纳个人所得税多 2 450（3 620−1 170）元。这样看来，年终奖金分开发放确实可以达到避税的目的。

由上述案例可知，企业发放年终奖金时，要想达到避税效果，不仅要考虑如何分开发放年终奖金，在这之前，还要考虑员工的年终奖金金额大小。因为，如果年终奖金金额大小不合适，会造成分开发放年终奖金应缴纳的个人所得税，比一次性发放年终奖金缴纳的个人所得税多。另外，员工平均每月的工资高低也会影响年终奖金分开发放的避税效果。

职场小贴士

根据《个人所得税法》和《财政部国家税务总局民政部关于公益性捐赠税前扣除有关问题的通知》的规定：个人所得对教育事业和其他公益事业捐赠的部分，未超过纳税人申报应纳税所得额 30% 的部分，给予税前扣除。这样就可以减轻个人纳税负担，但同时会减少个人收入，所以该方法不常被采用。

14.4.2 巧妙利用公积金

按照目前税务部门的规定，企业员工每月缴纳的住房公积金是可以在税前扣除的，且每月实际缴存的住房公积金不应低于其上一年度月平均工资 5%，也不高于 12%。也就是说，只要每月公积金的实际缴存数在上一年度月平均工资的 12% 幅度内，就可以在个人应纳税所得额中扣除。

比如，公积金的缴存基数为 10 000 元，最低需要缴纳 500 元的公积金。但如果员工个人主动多缴纳公积金，数额为 1 200 元，则这 1 200 元可以在个人所得税缴纳之前从个人所得中扣除，进而达到避税目的。另外，由于国家规定企业和员工缴存公积金金额比例为 1:1，所以当员工缴存 1 200 元的同时，企业也会为员工缴存 1 200 元公积金，为员工日后的其他开支提供强大的资金来源。

由此可以看出，企业和员工缴纳公积金的行为本身就具有避税效果，因为公积金可以在税前扣除。但需要注意的是，超过国家规定的范围和标准缴存的住房公积金不仅不能在企业所得税前扣除，在员工的个人所得税前也不得扣除，而员工个人超标准缴存的住房公积金同样不得在个人所得税前扣除。另外，员工自己缴纳的补充公积金，根本就没有可在个人所得税前扣除的规定，更别说有避税的作用了。

职场小贴士

补充住房公积金制度是住房公积金制度的补充，基本特征与公积金相同，是一种长期的住房储金。从 2016 年 5 月 1 日起，各地区应严格执行《住房公积金管理条例》和《建设部、财政部、中国人民银行关于住房公积金管理若干具体问题的指导意见》规定，凡住房公积金缴存比例高于 12% 的，一律予以规范调整，企业和个人的公积金缴存比例均在个人工资的 5% ~ 12% 之间，同时缴存额还有上下限的限制。而补充住房公积金的企业和个人缴存比例，分别在 1% ~ 9% 的范围内确定，比例可能不同。

14.4.3　非货币性支付怎样达到避税目的

目前，我国对个人工资薪金所得征收个人所得税时，是按照固定的费用扣除标准和应付工资进行的，不考虑个人的实际支出水平，这就使企业中产生了一种非货币性支付办法，可以为员工减少个人所得税的支付额，达到避税目的。

非货币性支付的一般做法是：在既定工资总额的前提下，为员工支付一些日常服务费用，并把支付的这些费用从应付给员工的货币工资中扣除，进而减少员工的货币工资，同时企业将这些费用作为福利费、教育经费和工会经费等核算，这些费用在计算企业所得税时都可按照一定的比例在税前扣除，这样也减少了企业所得税的应纳税负担。

案例陈述　非货币性支付方式既避税也提高员工可支配收入

小周是某公司的采购人员，月薪 5 500 元，每月房租 800 元，上班交通费用 300 元，工作午餐 400 元。小周每月剩余的可支配收入的计算如下。

可支配收入 = 5 500−[（5 500−5 000）× 3%−0]−800−300−400

= 3 985（元）

而如果公司为其提供集体住宿，并安排宿舍到公司的班车，同时还解决其工作餐，但是将工资相应调整为 4 000（5 500−800−300−400）元。这样，小周每月剩余的可支配收入又是多少呢？

可支配收入 = 4 000−[0 × 3%−0] = 4 000（元）

前一种工资核算方法下，小周要缴纳的个人所得税为 15 元，而后一种方式下，小周无需缴纳个人所得税，即少缴了 15 元个人所得税，全年可少缴 180 元；同时，企业可将 1 500（800+300+400）元的费用开支在企业所得税前扣除，减少企业纳税所得额，进而减少应缴纳的企业所得税税额。虽然看起来避税效果并不突出，但却给员工上班提供了方便，提高了员工的可支配收入，同时还减轻了企业的税收负担，也提升了企业管理水平。

需要注意的是，企业想要利用非货币性支付来达到避税目的，为员工提供的福利不能为现金或其他购物券。一般来说，企业可供选择的免税福利有：提供免费的工作餐（若是餐券，必须是不可转售的）、提供上下班交通工具或车辆；提供含家具在内的宿舍或住宅；提供补充的养老保险或企业年金；提供员工子女教育基金或奖学金等。

非货币性支出在一定程度上会损害国家的利益，因此，从国家的角度来说并不提倡这种避税做法。

14.4.4　业务提成与奖励可有效避个税

根据相关税法的规定，工资、薪金所得是指个人因任职或受雇而取得的工资、薪金、奖金、年终加薪、劳动分红、津贴、补贴以及与任职或受雇有关的其他所得，所以，员工获得的业务提成和奖励等也需要缴纳个人所得税。

而业务提成与奖励要想达到避税目的，通常的做法是：允许业务员运用发票进行报销，报销形式是利用通信费、交通费、差旅费、交际费和餐费等发票进行冲销。

为什么有这样的避税做法呢？因为业务员在工作中有很多支出是应该在其业务提成中扣除的，比如招待费、交通差旅费、汽油费和礼品支出等，是其取得收入必须支付的，所以，可以灵活变通地将开拓业务过程中发生的费用进行报销，进而抵消提成和奖励带来的工资总额的提高，这样就可相应地使业务提成和奖励部分应交的个人所得税减少。

14.5 其他税种也有避税可能性

在企业长期的经营过程中，除了会涉及增值税、企业所得税、消费税和个人所得税等主要税种外，还可能会涉及其他税种，如印花税、契税、房产税、车辆购置税、车船税、城市维护建设税、教育费附加、城镇土地使用税和关税等。这些税种虽然存在于特定的行业或特定的经济业务中，可能并不是所有公司都会涉及的税费缴纳问题，但作为一个想要在财会工作中长期发展的财会人员来说，适当了解这些小税种的避税措施也是百利而无一害的。

14.5.1　印花税虽“小”，但也有避税法

只要企业在经营过程中设立或领受了具有法律效力的凭证，那么就可能需要缴纳印花税。为什么是可能呢？因为需要缴纳印花税的凭证有一定的范围，具体参考本书 9.1.3 节的内容。尤其当企业的经济业务涉及的合同金额非常大时，印花税也会是一笔很大的开支，所以，财会人员需要了解印花税的避税方法。

（1）合理估计合同金额，避免虚增而增加印花税负担

很多企业在签订经济合同过程中，会根据预计情况估算合同数量和金额，但实际执行数量和金额很可能与合同中估算的不同。而根据我国法律的规定，印花税属于行为税，只要存在签订应税合同的行为，企业就应按规定全额计算应缴纳的印花税。不论合同是否执行或全部执行，

企业都要贴花，且对已履行并贴花的合同，记载金额与合同履行后实际结算金额不一致的，只要双方未修改合同金额，就不办理退税手续。

因此，对于仅有标的金额的合同，企业在签订时分别预计合同金额的最佳估计数和最低数，为避免未执行金额导致多缴印花税，企业可先按最低数额签订经济合同，待合同执行数量和金额基本确定时，以补充协议的形式进行数量金额的补充说明。另外，对于存在数量、单价的合同，企业在签订合同时可合理运用范围数量达到印花税避税目的，比如，合同执行下限为9吨，上限为11吨，实际签订合同数量为10吨（±10%），则此时印花税可按10吨计算缴纳。

（2）合同不能确定金额的，先定额缴纳再补缴

企业很多经济合同会跨越会计年度，而年度内合同价格可能随时发生变化，如果企业实现估算合同金额并缴纳印花税，可能导致企业所缴纳税费。为了避税，企业可在签订这样的合同时先按定额5元贴花，再在以后结算时按实际金额计税补缴印花税，同时补贴印花。

这样一来，企业不仅避免了对未执行部分或降价部分多缴纳印花税，还充分利用了资金的时间价值，延缓了税款的缴纳。

（3）降低合同金额或对不同纳税事项进行分别核算

印花税的计税依据是合同上记载的金额，交易双方出于共同利益的考量，可使各项费用及原材料等金额通过非违法途径从合同记载金额中减除出去，从而降低合同表面金额，达到少缴税款的目的。

比如，两家企业要签订一份加工承揽合同，数额较大。由于加工承揽合同的计税依据是加工或承揽收入（指合同中规定的受托方加工费收入和提供辅助材料的金额之和），因此，若双方能想办法将辅助材料金额降低，问题就能解决。具体做法可以是：由委托方自己提供辅助材料；

若委托方自己无法提供或无法完全提供，也可由受托方提供，这时，双方签订一份购销合同，将部分或全部辅助材料先转移所有权，接着，双方签订加工承揽合同，该合同金额就只是包括加工承揽收入而不包括辅助材料金额。

14.5.2　契税不常见，但避税手段要熟知

契税是以所有权发生转移变动的不动产为征税对象，向产权承受人征收的一种财产税。只要发生了土地使用权出售、赠与或交换，或者房屋买卖、赠与或交换等行为，都会涉及契税的缴纳。

在税法上，对于契税有一些税收优惠政策，而在市场中经营的企业可遵循优惠政策来确定公司的经营范围，这样可以达到避税的目的。除此之外，国家对于契税还有一些特殊的规定，具体如表 14-4 所示。

表 14-4　契税的优惠政策的特殊规定

行为	规定
企业公司制改造	1. 非公司制企业，按照《中华人民共和国公司法》的规定，整体改建为有限责任公司（含国有独资公司）或股份有限公司，或有限责任公司整体改建为股份有限公司的，对改建后的公司承受原企业土地和房屋权属的，免征契税； 2. 非公司制国有独资企业或国有独资有限责任公司，以其部分资产与他人组建新公司，且国有独资企业（公司）在新设公司中所占股份超过 50%，对新设公司承受国有独资企业（公司）的土地和房屋权属的，免征契税
企业股权重组	1. 在股权转让中，单位、个人承受企业股权，企业土地和房屋权属不发生转移的，不征收契税； 2. 国有、集体企业实施“企业股份合作制改造”，由职工买断企业产权，或向其职工转让部分产权，或通过其职工投资增资扩股，将原企业改造为股份合作制企业的，对改造后的股份合作制企业承受原企业土地和房屋权属的，免征契税

续表

行为	规定
企业股权重组	3. 对国有控股公司（指国家出资额占有限责任公司资本总额 50% 以上，或国有股份占股份有限公司股本总额 50% 以上）以部分资产投资组建新公司，且国有控股公司占新公司股份 85% 以上的，对新公司承受国有控股公司土地和房屋权属的，免征契税。以出让方式承受原国有控股公司土地使用权的，不属于这条规定的范围
企业合并	两个或两个以上的企业依据法律规定和合同约定，合并改建为一个企业，对其合并后企业承受原合并各方的土地和房屋权属的，免征契税
企业分立	企业依照法律规定和合同约定，分设为两个或两个以上投资主体相同的企业，对派生方和新设方承受原企业土地和房屋权属的，不征契税

因此，当企业经营行为有符合表 14-4 中所示的情形时，是不需要缴纳契税的，相关人员需要掌握并了解清楚。除了契税税收优惠和特殊规定外，比较合理且合法的避税方法就是利用房屋或土地使用权交换。

契税的暂行条例规定，土地使用权交换和房屋交换等，以交换的土地使用权和房屋价格的差额为计税依据，而不是房屋或土地使用权的原始价值。明确其计税依据，可以有效减轻税负。当差额足够小甚至没有时，就可达到避税目的。

比如，某纳税人 A 拥有一套 70 平方米的住房，想将其出售并同时购买一套新的 120 平方米的住房；纳税人 B 是城镇职工，没有住房，想购买一套 70 平方米的住房。这时，两人便可通过合同节省契税。做法是：B 以自己的名义买下 120 平方米的住房，根据规定免征契税，然后 B 和 A 交换各自拥有的房屋，这时只需就两套房屋的差价缴纳契税。假设 A 的房屋 70 万元（含装修），B 购买的房屋 100 万元，则 A 需要缴纳契税为（100−70）×4% = 1.2 万元。如果不进行房屋交换，则 A 应缴纳契税为 100×4% = 4 万元。所以，房屋交换行为可为 A 节省 2.8 万元的契税。

在进行房屋交换时，为了减少交换价差，房屋价值较低的一方可以按另一方的要求对房屋进行改造，增加房屋的市场价值，使得用于交换的两套房屋的价值基本接近。

14.5.3　房产税如何“避”

房产税与契税不同，房产税是以房屋为征税对象，按房屋的计税余值或租金收入为计税依据，向产权所有人征收的一种财产税。但是和契税一样，房产税也有税法规定的税收优惠，企业可根据税收优惠政策达到避税效果。同样，企业还可通过其他方法合理避税。

利用合作开发方式避税。该方法是利用经营收入、利息收入和分红收入在收入性质上可相互转化的特点，然后根据实际需要选择恰当的经营方式来减轻税收负担。

利用股权转让方式避税。股权转让业务不用缴纳城建税、教育费附加和土地增值税，从而会少缴纳不动产转让过程中的很大一部分税款。

利用转让定价方式避税。通过从高税国向低税国或避税地区以较低的内部转让定价销售商品和分配费用，或者从低税国或避税地区向高税国以较高的内部转让定价销售产品和分配费用，使国际关联企业的整体税收负担减轻。

套数不要贪多。对于家庭住房来说，首套房免征房产税，以后的二套房、三套房甚至更多房产都需要缴纳一定的房产税。企业也是一样，房产不要太多，可购置面积大点的厂房。

面积不要过大。对个人住房而言，面积越大，需要缴纳的房产税自然越多；而对于企业来说，并不是随便谁就能左右企业的用房需求，所以该方法不适合企业。

企业买房产时选择郊区。通常情况下，任何地方的郊区房价都比市区房价低很多，因此，同等面积的郊区房产可以少缴很多房产税。

14.5.4 车辆购置税与车船税的相同避税法

车辆购置税是对在境内购置固定车辆的单位和个人征收的一种税，它由车辆购置附加费演变而来，主要是针对汽车、摩托车、电车、挂车和农用运输车等征税。

而车船税是对我国境内应依法到公安、交通、农业、渔业和军事等管理部分办理登记的车辆和船舶，根据其种类，按照规定的计税依据和年税额标准计算征收的一种财产税，通常有车一族需要在投保交强险的同时缴纳车船税。

这两种税很相似，都是车主必须要缴纳的税款，所以避税措施也比较类似。要想尽可能地在车辆购置税和车船税上达到避税目的，常用的方法就是购买有车辆购置税减半征收、车船税优惠政策或有其他税收优惠的车型。比如，自主品牌 SUV 大头的哈弗，旗下部分车型在 2017 年 1 月 31 日前购买的可享受购置税减半优惠政策；购买 3 升以上排量的车型，车船税税额可能高达 3 000 多元，甚至 4 000 元，这样会比 3 升以下排量的车多交 1 000 元左右的车船税，比 2.5 升排量的车要多交 2 000 元左右的车船税。

由此可见，车辆购置税和车船税在避税时要考虑的不仅有车型和车的价格，还要考虑车的排量问题，综合这些因素才能有效达到避税效果。

职场小贴士

城市维护建设税和教育费附加这两项税费没有特别的避税办法，只要企业需要缴纳增值税和消费税，就要缴纳城市维护建设税和教育费附加。相应地，增值税和消费税得到有效规避后，城市维护建设税和教育费附加也会随之得到规避，但有的情况例外，比如增值税发生特殊的征收退还时，已缴纳的城市维护建设税和教育费附加不会退。

14.5.5　城镇土地使用税的避税技巧

经过社会各界人士的经营经验总结，发现城镇土地使用税的避税技巧就是遵循其国家或地方规定的税收优惠和减免等政策。具体内容如表 14-5 所示。

表 14-5　城镇土地使用税的税收优惠政策

政策	适用范围
国家预算收支单位的自用地免税	1. 国家机关、人民团体和军队自用土地，免征；但如果是对外出租或经营用，还是需要缴纳城镇土地使用税； 2. 由国家财政部门拨付事业经费的企业自用土地，免征； 3. 宗教寺庙、公园和名胜古迹自用土地，免征；但如果经营用则不免； 4. 市政街闭道、广场和绿化地带等公共用地，免征； 5. 直接用于农、林、牧、渔也的生产用地，免征； 6. 经批准开山填海整治的土地和改造的废弃土地，从使用月份起免缴城镇土地使用税 5 ~ 10 年； 7. 对非营利性医疗机构、疾病控制机构和妇幼保健机构等卫生机构自用的土地，免征；对营利性医疗机构自用土地免征 3 年； 8. 对于各类危险品仓库、厂房所需的防火、防爆、防毒等安全防范用地，可由各省、自治区、直辖市税务局确定，暂免征收； 9. 免税企业无偿使用纳税企业的土地（如公安或海关等单位使用铁路或民航等单位的土地），免征；但纳税企业无偿使用免税企业的土地的，纳税企业应照章缴纳城镇土地使用税；纳税企业和免税企业共同使用、共有使用权的土地上的多层建筑，对纳税企业可按其占用的建筑面积与建筑总面积的比例计征城镇土地使用税； 10. 对行使国家行政管理职能的中国人民银行综合（含国家外汇管理局）所属分支机构自用的土地，免征
国有重点扶植项目免税	1. 对企业的铁路专用线和公路等用地，在厂区以外、与社会公用地段未加隔离的，暂免征收； 2. 对企业厂区外的公共绿化用地和向社会开放的公园用地，暂免征收； 3. 对水利设施及其管护用地（如水库库区、大坝、堤防、灌渠和泵站等用地），免征；其他用地（如生产、办公和生活用地等）照章征收； 4. 对林区的育林地、运材道、防火道和防火设施等用地，免征；林业系统的森林公园和自然保护区等，可比照公园免征城镇土地使用税； 5. 对高校后勤实体免征城镇土地使用税

续表

政策	适用范围
国家税务局确定减免项目	1. 个人所有的居住房屋及院落用地； 2. 免税企业的职工家属的宿舍用地； 3. 民政部门举办的、安置残疾人占一定比例的福利工厂用地； 4. 集体和个人开办的各类学校、医院、托儿所和幼儿园等用地； 5. 房地产开发公司建造商品房的用地，原则上应按规定计征城镇土地使用税

14.5.6 进出口关税的合理避税方法

进出口关税在税法上规定了一些优惠政策，符合优惠政策的经营项目自然可以收获避税带来的好处，但除此之外，企业还可采取其他措施达到避税目的，具体如下。

- 关联交易。许多跨国公司在价格上高进低出，调节利润，若有消费税的，还可成立新的贸易公司，贸易公司低价收购生产企业的商品；反之，生产企业尽量高价出售产品给外贸公司，外贸公司出口时就可多退税。
- 在避税地建立离岸公司，可以规避国家税务和外汇的监管，少缴企业所得税、个人所得税和进出口关税。
- 进出口企业在进口报关时，将不同的产品进行单独报关进口，这样会比所有产品统一税率要少缴纳关税。
- 适当降低进出口货物的申报价格，且能让海关审定认可为正常成交价格，进而可以达到避税目的。
- 进出口运输施行转运，而在转运过程中，有些小技巧的使用可以达到避税效果。比如，尽量不要选择直邮，而是宁愿通过转运多转一次手；选择合理口岸寄送不同的物品；以及数量和重量较大的，要做好分箱工作等。